しんがり

清武英利

講談社＋α文庫
プラスアルファ

プロローグ　号泣会見の真相

創業百年の節目に山一證券の代表取締役となった野澤正平《のざわしょうへい》は、「焼き芋社長」と陰口をたたかれることがあった。長野の農家の四男坊で、畑いじりが趣味の朴訥《ぼくとつ》な人柄だったのである。

「野村證券の社長がスパゲティなら、うちの社長は焼き芋ですよ」

ある役員は取引先とのゴルフコンペで、そう軽口をたたいてしまった。国際化を志向する野村のトップはイタリア料理のようにハイカラだが、うちの社長はほかほかであっても泥臭いという意味である。

野村證券は「ガリバー」と呼ばれ、日本の証券界で頭抜けた存在だった。かつて山一も首位の座にあったが、業界四位に転落して久しかった。

その山一のトップを、王者の野村より一段低いところに置いて謙遜する気持ちもあったろうが、山一役員の言葉にはそれよりも、野澤を田舎者だと軽んじる社内の気配がにじんでいた。

野澤は回り道の苦労人だ。父親は畳職人でもあったが、それだけでは八人の子供を養えず、田畑を耕して暮らしを立てていた。正平は家を支えるために、地元の進学校である屋代東高校（現・長野県屋代高校）を卒業後、三年間、畑仕事に明け暮れて、それから法政大学経済学部に入学したのだった。入社後も経営企画や社長秘書といったエリートコースを歩くことはなく、国内営業一筋に歩いてきた。

「野澤さんは真面目一本、営業から泥臭く這い上がった人だから」

と、かばってみせる幹部もいたが、彼が社長に指名された理由は、社内政治に縁遠く、まさに純朴な「焼き芋」だったからである。そのために、山一證券の取締役の少なからぬ数の者が、「金融ビッグバン（大改革）」の時代に海外事情にあまりに疎く、土の匂いのする野澤の力量に対して、初めから不安を抱いていたことは事実で、その本音が時折、陰口のような形で現れた。

彼らが生きるのは、証券会社がひしめく東京都中央区の兜町《かぶとちょう》である。東京証券取引所を中心に、海に千年山に千年というやり手の証券マンやファンドマネージャーたちが泳ぎ回る世界であった。

その世界で君臨するには、野澤の根は正直過ぎた。思ったことが顔に出るため、特に労働組合との団体交渉には不向きであった。

一九九七年十一月二十二日。野澤がこの会社の社長に就任してから百四日目のことである。三連休の初日だというのに、東京都中央区新川《しんかわ》の山一證券会議室では、午後五時から野澤ら経営陣と従業員組合との団体交渉が始まろうとしていた。

窓の外の曇天は闇の中に溶け込み始めていた。眼下には灯りの入った永代橋《えいたいばし》が見える。その巨大な橋は下町を緩やかに抜けてきた隅田《すみだ》川に、水色のアーチを映して佇立《ちょりつ》していた。

しかし、組合の幹部たちに感傷にひたる余裕は全くなかった。組合は長い間、労使協調路線を取ってきたが、その日は、彼ら一万人の山一グループ社員と二万人の家族にとって、かつてない試練の長い一日だったからだ。

その日の日本経済新聞は朝刊一面の大半を使って、

〈山一證券自主廃業へ　負債3兆円、戦後最大〉

とすっぱ抜いていた。テレビニュースはそれに追随し、午後になっても繰り返し、老舗《しにせ》証券会社の破綻を告げていた。

この日は土曜日だから証券取引所は閉まっている。大蔵省（後に財務省と金融庁に分割）で裏打ち取材した日本経済新聞社は証券市場が大混乱に陥るのを恐れて、三連休の初日にスクープを打ったのだが、山一本社には報道陣らが押しかけ、大騒ぎになっていた。

一方、山一では本社幹部と全国百十六店の支店長全員が早朝にたたき起こされている。彼らは休日に駆けつけてはみたものの、本当に会社がなくなるのか、それとも存続の可能性があるのか、肝心なことは知らされなかった。

自主廃業とは、証券会社が監督官庁の大蔵省に対して自主的に証券業の廃業届を出すことである。日経新聞には、はっきりと「(山一が) 大蔵省に自主廃業を申請する方針を固めた」という文言で、会社自らが免許を返上すると報じられている。それなのに、山一にいる自分たちはそれが事実であるかどうかも知ることができない——本社に駆け込んだ幹部たちはそのことにも啞然として、何をしたらいいのかわからないまま、社内をうろうろしていた。

「一体、自主廃業とは何だ。突然、そんなことがあるのか。会社が生き残る可能性はないのか」

従業員組合書記長の西田直基《なおき》は、野澤を問い詰めようと待ち構えていた。

山一證券は、一八九七(明治三十)年に間口二間(三・六メートル)、奥行き五間(九メートル)の「小池国三《くにぞう》商店」として店開きした老舗である。日清戦争の「戦勝相場」に便乗して成長し、日露戦争から関東大震災、太平洋戦争、そして阪神・淡路大震災と、恐慌、好景気の大波の狭間で百年間、兜町の雄として在った。一方で家庭的な雰囲気を残し、「人の山一」とも呼ばれている。かつては、身分の上下に関係なく社長以外は互いに「さん」付けで呼び合った時代もあった。旧富士銀行（現・みずほ銀行）を中心とする芙蓉《ふよう》グループの系列である。名門企業の幹事証券会社を次々と引き受けて、永遠に残る会社の一つに数えられていた。

――そんな百年企業が簡単に潰れるのだろうか。一夜明けたら会社が潰れていたということがあっていいわけがない。

組合幹部の頭の中は、疑問のうえに猛烈な怒りが加わって早くも熱くなっていた。ところが、入室してきた社長の姿を見て、七人の執行委員たちは仰天してしまった。野澤が泣きながら会議室に入ってきたのである。会社に連日泊まり込み、前夜からほとんど寝ていなかった社長の目は充血していた。西田は思わず声を漏らした。

「ぐしゃぐしゃじゃないか」

組合幹部も小さな声を上げた。

「おいおい、なんだよ……」

「やっぱり本当なんだ！」

西田だけでなく、会議室にいた専従の執行委員全員が、終日流れたニュースが事実であることを確信した。

組合の一縷《いちる》の望みは、大蔵省や山一が公式に自主廃業の事実を認めていなかったことである。だが、眼鏡越しの野澤の充血した目は、会社がもうだめだ、と言っている。組合幹部たちは「新聞やテレビニュースは誤報である」「山一は潰れない」と野澤に胸を張って言ってほしかったのだ。

「申し訳ありません！　実は、大蔵省が……自主廃業を」

野澤が口を開いたが、汗と涙を拭きふき、しかも興奮しているためさっぱり要領を得なかった。

「社長、支離滅裂だよ……」

組合幹部が呆気《あっけ》にとられるほどの動転ぶりである。やむを得ず、隣に座った会長の五月女正治《さおとめしょうじ》が引き取って説明した。

「社長と私は大蔵省から自主廃業を求められておりました……」

しかし、突然の自主廃業の通告を組合が「はいそうですか」と認められるわけがない。ある執行委員の顔は真っ赤だった。

「なぜ、自主的に廃業しなくてはいけないんですか！　どうして会社更生法（による救済）はだめなんですか。営業権譲渡など、他の生き残り方法もあるでしょう」

五月女は野澤に代わって、社員の前でいきなり告白した。

「山一には約二千六百億円の帳簿外の債務があります」

それは長年にわたって社員たちに隠されてきた秘密であり、名門企業を瀕死の淵に追いやっているものの正体であった。

執行委員たちは息を飲んだ。「ふざけるな！」という罵声の代わりに、「ううう」という低い唸りのような声が漏れた。

「大蔵省証券局は山一がそれを隠していたのは許せない、というのです。会社更生法で立て直すという方法はないのか、と私たちも動きましたが、東京地裁は『簿外債務のような法令違反行為があると、更生法の適用は難しい』という判断です。さらに、更生法を適用するには会社が大きすぎるし、財務体力も銀行の支援もない、ということなんです」

そして、五月女は野澤とともに、「力が足りず、あまりに申し訳ない」と声を絞り出し、頭を深々と下げた。

破綻の淵にある山一證券を救済してもらうには、日本銀行から特別融資を受けるしかない。実際に山一は一九六五年にも潰れかけて、日銀特融で息を吹き返したことがあるのだ。しかし、五月女は大蔵省が「会社更生法で生き残ろうとする企業は、日銀特融の対象にはならない」と主張していることも付け加えた。まして、債務隠しのような不正行為をしている会社の救済など論外だ、と証券局長が強硬であることも──。

簿外債務とは、帳簿外で借金を隠していたということである。粉飾決算で約八万人もの山一の株主と社員たちをだまし続けてきたことを意味する。

しかし、書記長らは少しずつ冷静さを取り戻していた。

──この場でワーワーと不正を追及したり、社長たちをなじったりしてもどうにもならない。問題は、明日からの生活だ。

「給与や賞与は出るんですか」

呆然と聞いていた執行委員から次々と声が出た。

「かなりの社員が社内融資を受けています。その弁済はどうなるのか。みんなが保有している持ち株はどうなるのですか」

「どうしても廃業というのなら、再就職について協力してほしい。何としても社員を助けて下さい！」

野澤は怒声に圧倒され、目を伏せながらくぐもった声で言った。

「社員は悪くない。それはわかっています。一部の役員が悪いんです」

とたんに、入社八年目の執行委員が泣きながら立ち上がった。

「社長！　こんなところで、そんな話をしてもしょうがないです。世間は社員が悪いと思っています。社員が悪くないのであれば、公の場で言ってほしいんです」

会議室は静まり返った。その涙は、「泣きたいのは社長ではなく、何も知らされなかったこっちの方だ」という痛烈な批判だった。会社が消滅する事態になれば、組合はあまりにも無力だ。社長が謝るのならばみんなに、そして世間に向けて、誰が悪いのかを説明してもらいたい。その声は社員全員の声だったであろう。

それから二日後、野澤は十六階の社長室から出て、東京証券取引所の記者会見場で自主廃業を発表した。報道陣の質問がまばらになったころだった。マイクを握りしめて野澤は突然、テレビカメラや報道陣の前で泣きながら叫んだ。

「社員は悪くありませんから！　悪いのはわれわれなんですから！　お願いします。再就職できるようお願いします」

従業員組合の幹部たちは、焼き芋社長が約束を守ったことをテレビで確認し、深いため息をついた。

日本の大企業の社長が泣きながら頭を下げる写真は全世界に配信された。米紙ワシントン・ポストはその写真を添えて、こんな社説を掲げた。

た。

〈Goodbye, Japan Inc.（さよなら、日本株式会社）〉

確かにそれは、日本の終身雇用と年功序列の時代が終わったことを告げる涙だった。

組合の幹部たちは団交の事実を封印し、翌九八年三月末、社員たちに混じって再就職先へ散って行った。従業員組合は最後に、再就職支援など五項目の要求を野澤に突き付けたが、そんな彼らの要求からもすっぽり抜け落ちたことが二つある。

その一つは、二千六百億円にも上る債務隠しの真相究明であった。山一という大企業を滅亡に追いやった「簿外債務」。それはいつ、どのように、誰の決断で生まれ、どのような人間によって隠し続けられたのか――。社員自らの手で疑問を解き、去っていく同僚や家族に明らかにする作業である。

自主廃業のただ中にあって、社員だけでなく役員までもが再就職へと走り出している。その流れに逆らって、この最後の調査を引き受けた社員たちがいた。一部の者は三ヵ月間、無給であった。

そして、抜け落ちたもう一つは、一年半を要した会社の清算業務である。社員たちが集めてきた二十四兆円の預かり資産を、顧客に確実に返していく後ろ向きの仕事だった。

　こうした最後の仕事場に、社内権力者の取り巻きやエリート社員の姿はない。債務隠しについて言えば、その秘密を知っていたり、早くから調査を進めたりしていた幹部たちはいたのである。だが、そのエリートたちは調査や清算業務には加わらなかった。

「後軍《しんがり》」という言葉がある。戦に敗れて退くとき、軍列の最後尾に踏みとどまって戦う兵士たちのことだ。彼らが楯となって戦っている間に、多くの兵は逃れて再起を期す。会社破綻を企業敗戦ととらえれば、自主廃業の後で働いた社員たちは、しんがりの兵士そのものであった。

　山一證券の場合、後軍に加わった社員たちは、会社中枢から離れたところで仕事をしてきた者ばかりである。会社の講堂に集めると後列に並ぶような社員たちだ。

　その多くが、「場末《ばすえ》」と呼ばれたビルで仕事をした人々だった。

本作品は二〇一三年一一月、小社より刊行されました。
本文中の年齢、肩書、地名などは執筆当時のものです。

しんがり

山一證券　最後の12人

主な登場人物

嘉本隆正《かもとたかまさ》（五十四歳）「場末」の山一證券業務監理本部《ギョウカン》に赴任した硬骨の常務。社内調査委員会を組織し、破綻原因を究明する。「組長」と呼ばれた。

菊野晋次《しんじ》（五十八歳）嘉本の盟友にしてギョウカンのナンバー2。嘉本の四歳年上の通称「タヌキおやじ」。西郷隆盛《さいごうたかもり》を敬愛する薩摩隼人《さつまはやと》で、「負け戦」の清算業務の責任者を引き受ける。

長澤正夫（五十一歳）「高倉健」に憧れるギョウカンのナンバー3。直情の業務管理部長で、隠匿資料を発掘して調査報告書作成を助けた。調査委員会の事務局長を務める。

竹内透（四十五歳）ギョウカンの検査課次長。山一の「簿外債務管理人」を突き止める。元高校球児で、強情だが正義感に満ちたクリスチャン。

横山淳《じゅん》（三十六歳）ギョウカン最若手の検査役で、パソコンに強い。複雑な飛ばしマップを作成。

堀嘉文《よしぶみ》（五十四歳）無給で調査委員会に加わった山一取締役。関西弁の徹底した追及で債務隠しに手を染めた社員に恐れられる。

橋詰武敏（五十四歳）寡黙な常務。トレーディング部門を統括し六人目の調査委員となる。菊野同様、農家の出身で、長野県上田高校の元剣道部主将。

杉山元治《げんじ》（五十二歳）国際畑を歩き、嘉本のヒアリング対象者の一人だったが、山一国際部を批判し、七人目の調査委員に加わる。

印出《いんで》正二（三十七歳）ギョウカンの業務管理部企画課長。「検事」と呼ばれる切れ者で、当初、簿外債務の調査にあたり、のちに清算業務を指揮する。

虫明《むしあき》一郎（三十五歳）東京拘置所に通って、逮捕された山一幹部たちのケアを担当する。ギョウカンの業務管理部企画課付課長。菊野の下で印出とともに清算業務を指揮する。

郡司由紀子　調査委員会を手伝う嘉本の秘書。向こう意気が強く、再就職先で検査役として働く。

白岩弘子　多額の山一株を失った営業企画部付店内課長。菊野らに見込まれ清算チームへ。

年齢はいずれも一九九七年十一月当時

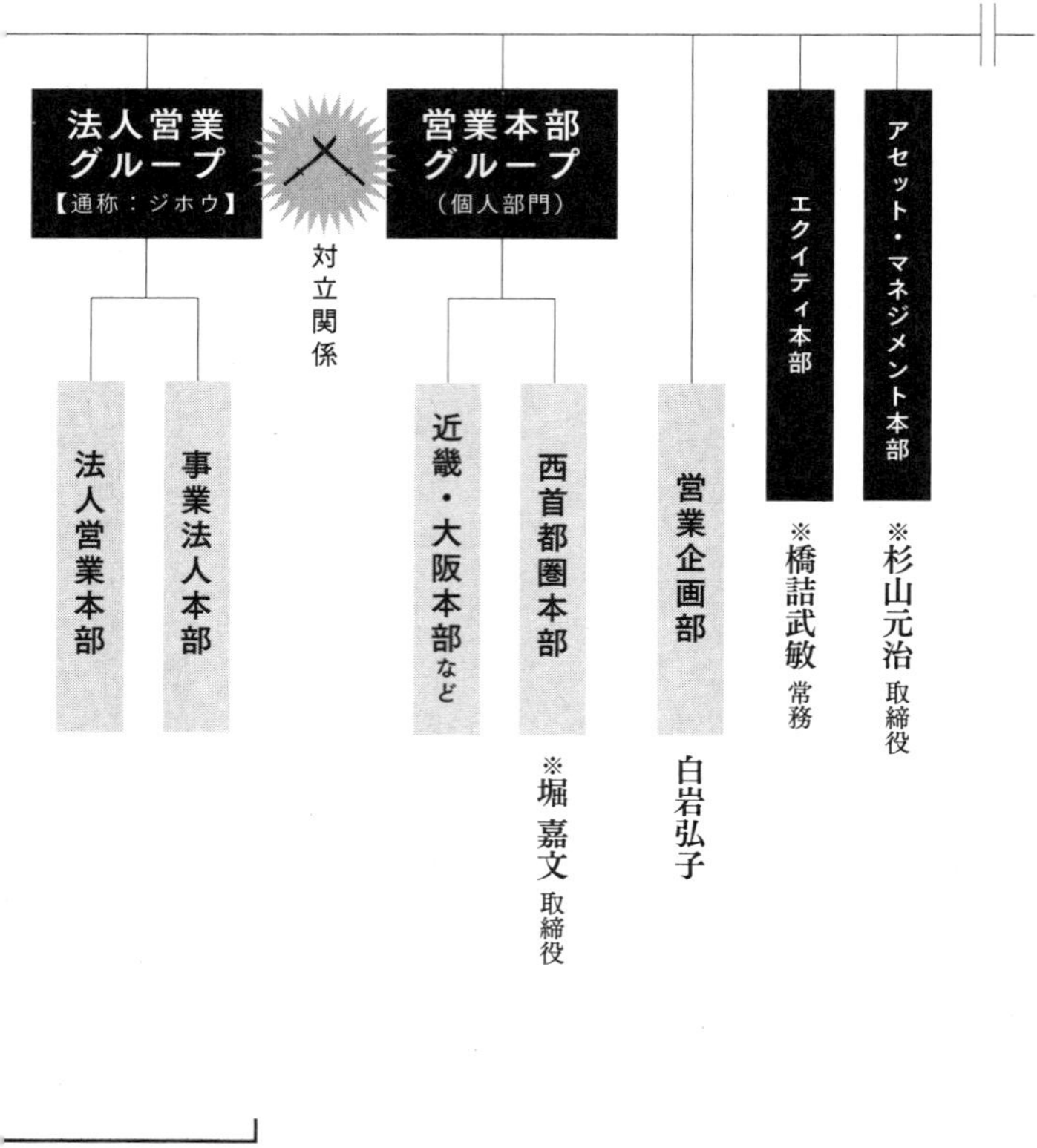
法人営業グループ
【通称：ジホウ】
対立関係
営業本部グループ
（個人部門）
法人営業本部
事業法人本部
近畿・大阪本部など
西首都圏本部
※堀 嘉文 取締役
営業企画部
白岩弘子
エクイティ本部
※橋詰武敏 常務
アセット・マネジメント本部
※杉山元治 取締役

※は社内調査委員

山一證券組織概要図

（1997年8月11日時点のものを基準に作成）

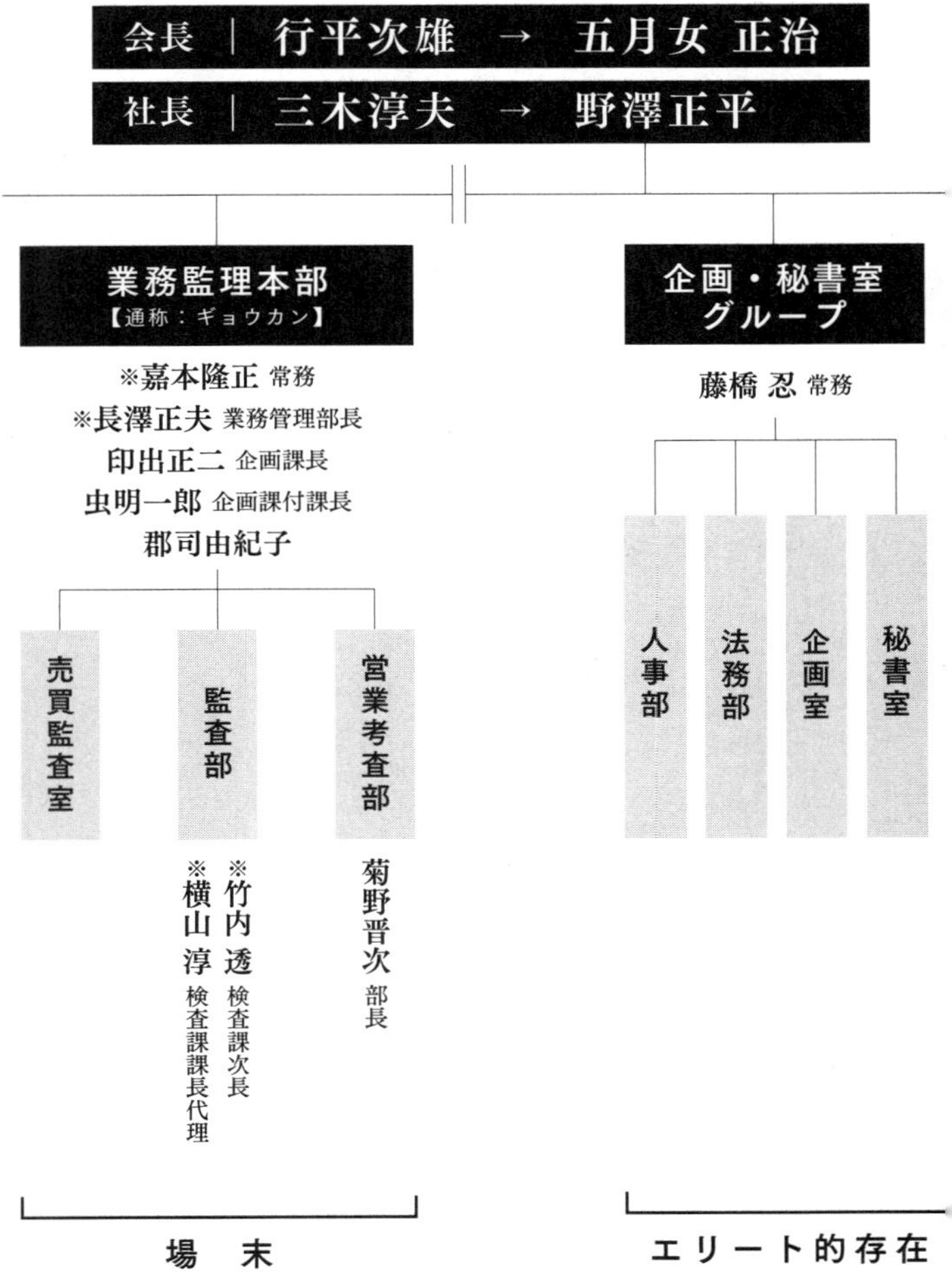

一章　予兆

1　場末の住人

コンクリートの護岸に囲まれた汐浜《しおはま》運河は、東京の下町のはずれを直線的に隔てている。運河の手前、深川寄りが江東区の東陽、運河を南に越えた彼岸が塩浜である。此岸の東陽はもともと洲崎弁天町といって、一帯は「洲崎の花街」で通っていた。明治時代、東京湾に面した広大な湿地を埋め立てて、根津遊郭と品川遊郭の一部を移したのが始まりである。東京大空襲で灰燼《かいじん》に帰したあと、「洲崎パラダイス」として復活し、巨大なネオンアーチがそそり立っていた。

その色街も売春防止法の施行で止《とど》めを刺され、今はすっかり旧観を失っている。江東区は屈折した時代があったことを恥じ入るように、洲崎弁天町を東陽の一部に編入した。そうした過去もあって一帯は商店街としても住宅地としても中途半端なまま、街を形作れずにいる。

東陽の此岸と塩浜の彼岸をつなぐのが南開橋《なんかい》だ。実際のところは南の方には開けておらず、汐浜運河の濁水を越えると道はすぐに地下鉄の深川車庫に突き当たって、いよいよ人気《ひとけ》は失せてくる。

突き当たりの手前に、山一證券が八階建てのビルを建てたのは一九九四年。洲崎パラダイスが消えて三十六年後のことである。塩浜一丁目にあるからという理由で、特にこだわりもなく塩浜ビルと名付けられたが、ビルの住人たちは自嘲の色を浮かべて、「場末」と呼んでいた。

「塩浜ビルは稼げない者の掃き溜めだからね。だから場末と言うんだ」

本社社員の言葉には嘲弄《ちょうろう》の響きがある。

「若くてあそこに行っている人はたいてい飛ばされているんですよ」

ちなみに、山一證券の本社は、塩浜ビルから都心側に五キロほど戻った中央区新川にある。こちらは青い窓ガラスがきらきらと輝く二十一階建ての高級オフィスビルだ。一見、変哲のない真っ直ぐのビルは、十三階のあたりから突然、積み木細工のように部屋を互い違いに重ねたような凝った作りになっている。そこから隅田川と、佃《つくだ》島《じま》の三角州に立つ八棟の超高層マンションを見渡すことができた。成功者の住む「大川端リバーシティ21」である。

一方の塩浜ビルは、一階に大ホールと共同会議室、二、三階に山一の業務監理本部があり、四階から上の階は、関連会社の山一情報システムや山一ビジネスサービスが占めていた。八階は深川車庫を見下ろす食堂である。そのビルの住人について、法人営業の管理職は断じた。

「バリバリの人間はいないところだよ」

その言葉は主に、二、三階の社員たちに向けられている。ここには業務監理本部に所属する百人ほどの社員がいた。

通称「ギョウカン」。一九九一年七月に新設された社内の司法部門である。社内規定では「顧客との取引や業務状況を調査、把握し、適正な営業姿勢を維持するために必要な指導、助言を行うほか、不適正行為を未然に防止し、是正措置を講ずる」とされていた。

トップの業務監理本部長に常務取締役を配し、売買データをもとに違法行為を監視する営業考査部、インサイダー取引や相場操縦取引の有無を日々チェックする売買監査室、そして本支店の検査を担当する監査部の二部一室で編成されていた。

その組織が「場末」と呼ばれるのには二つの理由があった。一つは、証券会社が抱える体質である。

証券会社という職場は人柄や倫理観よりも数字が優先する。山一でも一九六五年の大々的な組織改正を機に、「営業第一主義」が掲げられ、本社スタッフは挙げて営業部門の活動を支援するのが任務とされていた。

人格的に少々問題があっても稼げる社員に稼がせ、出世させるという不文律で押し固められている。そうした空気に疑問を投げ掛けたり、上司に不正や疑問を直言したりすると、追いやられる職場としてギョウカンは真っ先に選ばれた。

もう一つは、ギョウカン自体が、不祥事の発覚に対応して渋々、急造された組織だったからである。後ほど詳述するが、証券界は長年、大企業や総会屋などに対して利益保証や損失補塡を続けてきた。大口顧客や闇勢力ともたれあって取引を続けてきたのである。それが九一年に暴力団との取引が発覚し、さらに株主総会直前の六月、読売新聞の報道で損失補塡の実態が暴かれたため、証券各社とそれを黙認してきた大蔵省が強い批判を浴びた。証券各社はあわて、山一では各部門に分散していた監査・管理部門を統合して業務監理本部として仕立て直し、批判をかわそうとしたのだった。

そうした歴史があるから、なおさら社内の偏見は強かった。仕事でミスをして、「勉強し直せ」と言われた者、あるいは組織内の跳ね返り、支店で営業ができないと烙印を押された社員――そんな人間の集団とされていたのだった。

一九九七年三月十八日、この場末の組織で人事異動があった。

新しい業務監理本部長に、読書が趣味の、少し偏屈な男が乗り込んでくるというのである。それが取締役近畿・大阪本部長から常務に昇進した嘉本隆正《かもとたかまさ》だった。

嘉本は酒が飲めず、宴席では役に立たない。無理強いされるとトイレで吐いて座を白けさせた。その一方で、喧嘩っ早いという評判もあり、薄いワインカラーの眼鏡をかけて斜に構えたところが、大人しい下戸とは違った印象を与えた。

その新本部長は一度挨拶に来たあと、一ヵ月近く経っても塩浜に戻ってこなかった。

「いっこうに来ないわねえ」

社員たちは首をひねっていた。

「嘉本さんは『三六高《さんろくこう》』だよね」

「うん、高卒の叩き上げだ」

「三六高」といえば、昭和三十六（一九六一）年の高卒入社という意味である。これが「三六大《さんろくだい》」ならば昭和三十六年大卒入社。人事部だけでなく組合でも山一ではこう呼んでいた。

「カラオケ歌えないよ、嘉本さん。ゴルフもダメ」

「音痴なの？」

「知らないけど、小学校のころから歌わなかったらしいよ」

　その話は、嘉本自身が歌えない言い訳として、上司に漏らしたことだった。小学生のころ、音楽の授業で先生のオルガンに合わせて歌わされることがあった。嘉本はクラス全員の時も、数人ずつの時も歌わなかった。

「次は嘉本くん、ここに来て歌ってみせて」。先生からオルガンのそばに呼ばれても嘉本は口さえ開かなかった。伴奏が終わって、「はい結構です」と先生の声がかかるまで直立不動で待っていた。

　酒もカラオケもダメという上司が登場するということは、特に若い女性社員にとっては歓迎すべきことであった。ホステス代わりに連れ回されることがなくなるからである。

「おーい、飲んでいるからちょっと来いよ」。女性が残業しているときに、上司やその取り巻きから電話で呼びつけられることほど腹が立つことはないのだ。

　一方、副社長の一人は嘉本のことを冗談交じりにこう評していた。

「彼は酒もカラオケもゴルフもダメなんだから、サラリーマンとしては致命傷だな。

営業で三重苦はつらいよ」

　その話も面白おかしく伝わって、塩浜ビルの幹部たちを少し安心させた。

　嘉本の人事異動からしばらくして、秘書の郡司由紀子の席に幹部が近寄ってきた。酒好きで、前の本部長とよく飲みに行っていた男である。

「今度の本部長は飲めないいんだから交際費がそっくり余るだろう。俺の方に回してくれよ」

　秘書といっても事務職の合間に電話応対やスケジュール管理をしているだけなのだが、根が生真面目な郡司はキッとなって向き直った。

「知りません。そんなことは直接、嘉本さんにおっしゃって下さい」

　即座にはねつけられたものの、嘉本は宴席を一刻も早く抜け出たいという男だったから、実際、交際費は必要としていなかったのである。

　三重苦に加えて、彼は麻雀もできない。証券マンには麻雀を好む者が多い。「商売に通じるところがある」と愛好者はいうのだ。

　山一に有名な話がある。賭け麻雀の最中に警察に踏み込まれた社員たちがいた。一人は裏から逃げ、もう一人が捕まった。逃げ切った社員はその後、専務にまで昇進し、捕まった男は会長になった。「だから捕まっても麻雀はやるべし」というオチまで付いている。

しかし、嘉本は競輪、競馬を含め、バクチの類も一切やらない。

「どうして？」と聞かれると、言い返した。

「バクチは株だけでたくさんだ。俺は商売で毎日やっているよ」

嘉本は五十四歳。山陰の隠岐島都万村《おきのつま》（現・隠岐の島町）生まれだ。ピーク時の人口が約四千人。一時、隠岐諸島全体では約四万人もの人口を誇ったが、日本の高度成長が始まった昭和三十五（一九六〇）年ごろから、島民は都会に吸い寄せられるように減少を始めている。嘉本もその翌年、島にただ一つの普通高校である島根県立隠岐高校を卒業し、山一證券大阪店に入社した。

これは着任後にわかったことだが、嘉本は愛郷心が強いので、彼に向かって隠岐島の悪口を言うな、という戒めが社内にはあった。それは、同僚が彼に軽口を叩いたことがきっかけだった。

「隠岐には電気が通っているのか。信号機がいくつあるんだ？　文化果つる地だろう」

すると、猛然と食ってかかったというのである。

「バカもん！　隠岐はただの島ではないぞ。古くから国と呼ばれた島だ。司馬遼太《しばりょうた》郎《ろう》もそう書いているんだ。だいたい、あんたのふるさとは国なのか」

隠岐島は、島根半島の沖合四十キロから八十キロに百八十の島影を落とす隠岐諸島のことで、この群島そのものがかつて隠岐国《おきのくに》と呼ばれた。

「俺が中学生のころまで、『隠岐の国　都万村』という宛先でオヤジに手紙がきていたぞ。だいたい天皇が二人も流された島がほかにあるか」

隠岐は後鳥羽《ごとば》上皇や後醍醐《ごだいご》天皇が流された遠流《おんる》の地でもある。彼の実家は、諸島最大の「島後《どうご》」という島にあった。港に近い都万村役場（現・隠岐の島町役場都万支所）前で、雑貨商「嘉本商店」を営んで百年になる。そこには鍋、釜といった金物から衣類、布団まで何でも置いてあった。この家の八人兄弟の末が嘉本である。「下から二番目」と本人が言うのは、一卵性双生児の弟がいるためだ。

「隠岐は流人からして貴い人が多かったんだ。千数百年の文化を有し、一島を以て一国と称せられた。その隠岐を、あんたが生まれた都会の新興住宅地と一緒にするなよ」

他にも激しく噛み付かれたり、本社の会議で彼がはっきり物を言うのを聞いたりした者がいて、「面倒な上司がやってくる」と考えた社員も少なくなかった。

だが一方で、新本部長に期待をかける社員もいたのである。郡司はこう思っていた。

「あの人なら、ギョウカンを変えてくれるかもしれない」

塩浜の職場が本社の社員から厄介者集団のように言われることは我慢ならないことだったし、職場ではセクハラの噂も囁かれていたのである。


営業考査部長の菊野晋次《しんじ》もまた、澱《よど》んだ場末の空気にうんざりしている一人だった。彼はギョウカンの事実上のナンバー2だったが、前の業務監理本部長に疎んじられ、大事な情報は彼には伝えられなかった。

「わしは菊野じゃ。何でも聞くのじゃ」

それが定番のジョークで、笑顔を絶やさない聞き上手であった。小太りで首は短く、百六十センチの小さな体に福耳を付けた真ん丸の顔を乗せていた。女性やヒラ社員たちにとっては、そばにいるだけで楽しい気分にさせてくれる存在である。ただ、時折、机でじっと物思いにふけっていたりして、何を考えているのかわからないところがあったから、「タヌキおやじ」という異名をとっていた。

菊野は鹿児島県加世田《かせだ》市（現・南さつま市）の農家の出身で、鹿児島大学文理学部法律学科を卒業している。山一の分類では「三七大《さんななだい》」。つまり、昭和三十七（一九六二) 年の大卒入社で、嘉本より四歳年上の五十八歳だった。

　同期の中でもいち早く支店長に抜擢され、その経歴や人望からすると、四十人もいた役員に名を連ねても不思議はなかった。ところが、嘉本の業務監理本部長就任から半年後にようやく、待遇は役員並みという「理事」に昇格した程度で、中二階の地位に最後まで甘んじた。

　彼の自慢は、「自分の下で仕事が辛くて辞めた部下は一人もいない」ということである。

「旗を取る」という言葉が、山一證券にはあった。営業ノルマを超えて優秀な成績を上げた支店は、「優績営業店」と呼ばれた。その営業店の支店長が半期に一度、本社に集められ、社長から表彰状と金一封、そして「第○期社長表彰」という刺繍の入った小さな旗を授与された。それを「旗を取った」と言うのである。

　表彰制度はやがて金一封と表彰状だけに変わったが、小旗の授与がなくなった後も、「旗」は社長表彰を象徴する表現として使われ続けた。

　山一では社長表彰を受けると、「あの支店は旗を取った」とうらやまれ、取れない支店では、「来期は旗をめざしてがんばろう」とハッパがかかった。旗を取れば、支店の営業担当者だけでなく、支店長ら幹部が昇進やボーナスの上積みを約束された。

それはサラリーマンとしての小戦争に勝ったということであり、昇進につながる勲章でもあった。

菊野は、西宮《にしのみや》、水戸、荻窪《おぎくぼ》、鹿児島と四ヵ所で支店長を務めたが、一度も旗を取ったことがなかった。

最後に支店長を務めた鹿児島は菊野の郷里だった。それは、「ふるさと人事」と社内で呼ばれていた。故郷に錦を飾らせる計らいのように見えるが、実のところは、地方を転々として定年が見えてきた支店長クラスの幹部を、高校や大学の人脈が広がる故郷に戻して最後の鞭を入れるのである。そこで成績を上げさせようという本社の魂胆だった。だが、ここでも彼は表彰を受けなかった。

菊野が支店を去った後の後任支店長はたいてい表彰を受けている。そのたびに自分にこう言い聞かせた。

「わしは荒れた田んぼを耕して、後の人が刈り入れた。それでいいではないか」

旗を取るほどの成績を上げるということは、自分を追い込み、どこかで部下に無理をさせているということだ。

「数字の追求、その重みは半端ではなかった。僕は常にその重圧に苦しんできた」。山一の営業本部担当常務はそう証言する。

「昭和四十三年に入社したが、『パンパン』とびんたを張る音が支店で聞こえたものだ。上司が成績の上がらない部下を叩いているんだよ。ノルマ営業のその厳しさから多くの優秀な同期や若い支店員が辞めていった。残念でしかたなかった」

支店長クラスが鞭を入れると、支店の営業マンは街中をへとへとになるまで走り回って頭を下げる。そして、ついには証券知識の乏しい個人顧客に株や投資信託商品を売りつけ、勝手に売買を繰り返して売買手数料を稼ごうとする者が現れる。「客を痛める」と業界では言った。時には、「客を殺す」ことさえあった。

それは、証券会社特有の恥ずべき体質であった。手数料収入を上げるために値下がりが予想されるときでも買いを勧め、時には客に無断で売買して損をさせる。相手が悪く、ねじ込まれれば損失補塡をする。大口顧客ならあらかじめ「ニギリ」という利益保証をしておいて、どこかで儲けさせ、つじつまを合わせた。損失補塡や利益保証は水面下の裏取引である。しかし、大規模な損失補塡事件が発覚する一九九一年までは罰則のない大蔵省通達で禁止されているだけで、法律も整備されていなかったから、どの証券会社でも無理な営業に走らせる「旗取り」を繰り広げた。

菊野はそれがいやだった。だから、旗を取るような機会が巡ってきても、部下に無理強いはしなかった。本社のノルマとはつかず離れずでいいと部下にも自分にも言い聞かせた。

「お客さんを痛めると元も子もないぞ。長く付き合って、お客さんの預かり資産をじっくり増やすよう心掛けることじゃ。結局、それがこの支店の成績になる」

同期入社組の中で支店長に就くのは早かったのに、菊野は出世レースでやがて抜かれ、西部・四国本部統括部長を最後に、営業の現場から顧客相談室長に追いやられた。

かつての鹿児島県人は、進取の気性の一方で、利害を顧みない潔さを尊んだ。あえて旗を取らない恬淡《てんたん》とした気性は、薩摩のその気風や、菊野の出自に根ざしているように思われるが、このままでいけばギョウカンで定年を迎えそうな雰囲気であった。

「その前にこの場末の組織を変えたいものじゃ」と菊野は思っていた。

社員に倫理を求めるギョウカンの社員が嘲笑されている。そんな会社は歪んでいるからである。

2　ガサ入れ

社員たちは午前八時十五分から始まったテレビ放送に気を取られていた。

山一本社の地下一階にはサテライト・スタジオがあって、そこから全店に向け、毎朝二十分間、自前の山一證券ニュースや海外市況速報、マーケット情報を流していた。それが社員を仕事に駆り立てる合図で、一九九七年四月十一日という週末の一日もその社内放送から始まっていた。経営破綻する七ヵ月前のことである。

業務監理本部の業務管理部長である長澤正夫の卓上電話が鳴った。彼は業務監理本部長の補佐役で、ギョウカンのナンバー3として総務全般を取り仕切っている。二階にいる営業考査部長の菊野からだった。

「お客さん、来たよ」

それは菊野と長澤の間だけで通じる符牒だった。役所の検査当局が検査に来たときのために、二人で申し合わせていたのだった。山一に限らず証券会社には、大蔵省の証券取引等監視委員会が立ち入り検査を実施してきた。それは定期的なものであったが、検査を受ける証券の担当者からすると、立ち入りを受ける前に一分でもいいから心の準備をする時間が欲しかったのである。

ところが、その電話を受けて、「うっ」と長澤が顔をあげた時には、机の前に黒っぽい背広の男たちが立っていた。

「ああ、もうみえています」

と、彼はぎゅっと握りしめた受話器に向かってつぶやいた。

塩浜ビルには受付嬢はいない。男たちはどかどかと一直線に二階へと向かい、そこで菊野から管理責任者のいる場所を聞くと、三階に駆け上がってきたのだった。

長澤の席は、塩浜ビル三階の入り口に近いところを占めている。男たちは、証券取引等監視委員会の特別調査課と名乗って、無表情のまま捜索令状をぱっと示した。

「トクチョウ？」

長澤は細い眉を寄せて考えをめぐらそうとした。

証券取引等監視委員会は、証券取引の公正を確保するために大蔵省に設置された監視機関である。その原型になった米国の証券取引委員会は「ＳＥＣ」、日本の場合は、英訳の「Securities and Exchange Surveillance Commission」の頭文字を取って、「ＳＥＳＣ《セック》」と呼ばれている。

ＳＥＳＣには、総務検査課と特別調査課という二つの課があった。総務検査課は証券会社に対する任意の定期検査を担当し、その職員は金融検査官と呼ばれている。顔見知りも多く、山一の窓口である業務監理本部も彼らの検査を受けることには慣れていた。社内で不正があればギョウカンが社内調査を実施して、管轄する大蔵省証券局やこの総務検査課に報告している。ＳＥＳＣの求めに応じ、指示通りの書類を用意して報告するなど、一定の信頼関係があった。

ところが、いま踏み込んできたのは、「トクチョウ（特調）」と呼ばれる特別調査課の方で、「犯則事件」、つまり刑事事件に発展する可能性のある事件を担当する部署であった。彼ら調査官は強制調査権限を持ち、証券会社に対する特別警察のような存在である。

「なぜ、トクチョウなのだろうか。どうして定期検査を担当する総務検査課ではないのだろう」

長澤が呆然と男たちを見つめていたその時、階下の監査部や営業考査部の大部屋では二十人ほどの調査官がキャビネットや机の引き出しを開け始めていた。

「立ち入り調査です。そのまま！　席を離れないでください」

「書類に触れないで！」

低い声の叱責に、立ち上がろうとした社員の体が硬直した。言葉では「調査」だが、実態は令状が示すようにガサ入れ、つまり家宅捜索である。

調査官が入り口に立って事実上の封鎖をした。「トイレに行くにも必ず断って行くこと」と厳しい注意があった。社員たちはようやくただならぬことが起きていることを悟った。

叱声を浴びた中には、普段、支店の立ち入り監査を繰り返している監査部検査課の社員もいた。「検査役」という役職の彼らは、ほぼ毎週のように早朝、支店に踏み込んでいる。「監査中は机の中や書類に触らないでください」と指示することもしばしばであった。借名口座や仮名口座を作るためのハンコや書類を隠したりする社員がいることを経験上、知っているからだった。

その検査役たちが今度はＳＥＳＣの調査官に一喝され、その強制調査を受けるという椿事《ちんじ》が起きていた。

このころ、山一の本社でも特別調査課の捜索が進行中だった。

「俺たちが知らない何かがあるのだろうか？」

長澤の最初の疑念であった。彼はまだ、山一證券の営業部門だけでなく、ギョウカンまで疑われている、ということに思い至らなかった。

沈黙の中で、カチカチという壁時計の音だけが響いていた。緊張した社員がガサ入れを見守っていたときだった。

「新任の本部長に連絡はしているんじゃろうな」

菊野が尋ねてきた。いつかこんなことがあるかもしれない、と思っていたのは長老格の菊野ぐらいのものだ。

「まあ、お客さんだから失礼のないようにな」

突然登場した調査官に聞こえるように部下に言って、社内の緊張を解こうとしていた。

「配置図を出してもらえますね」

「業務分掌はどうなっているんですか」

トクチョウは矢継ぎ早に注文を出している。その対応に追われていた長澤は、菊野の注意にハッとして受話器を上げた。壁の時計は間もなく正午を指そうとしていた。


その時、嘉本隆正は京都に出張中だった。業務監理本部長の異動が発令されて二十五日目のことである。彼は前任地の引き継ぎのため四日間、京都支店管内の得意先を回っていた。特別調査課にカンヅメ状態にされた場末の社員たちは、その彼の存在をすっかり忘れていたのである。

「本部長ですか？　いま、トクチョウが入っています。立ち入りです。すぐ帰ってきてください！」

京都駅のプラットホームに立っていた嘉本は、携帯を強く耳に押し付けた。

「立ち入り？」

上りの新幹線が滑り込むのを目で追っていたのだが、虚を突かれて一瞬、小さな声を漏らした。

三十六年の会社人生のうち、嘉本は三十年を支店で過ごしている。大阪店を振り出しに、阿倍野《あべの》、富山、函館《はこだて》、池袋、宮崎、新宿、姫路と各地を転々とし、「ド・サラリーマン」を自称していた。腕一本のドサ回り人生だったからである。酒やカラオケがダメでも、登山、渓流釣り、蝶採集、カメラと客の趣味に合わせて付き合い、地方で揉まれているうちに、たいていのことには驚かないようになっていた。

ところが、長澤からの電話は着任の出鼻をくじく異常事態を告げている。

「本社にも入っています。ギョウカンは部屋が封鎖されていて、私たちは動けません」

「何？　何だっていうの。容疑は？」

「総会屋との取引関係だそうです。東京にすぐ帰ってきてください」

――これが俺の最初の仕事なのか。

喉まで出かかった言葉を嘉本は急いで胸に畳んだ。

業務監理本部は面倒な職場だ。社内の疑惑を調査し、不正をただすのが役割だが、証券会社やマネー社会の常識は世間の物差しでは測れないところがある。社内調査も、処分のさじ加減も難しい。同様な組織は野村證券などにもあるが、山一のギョウカンは癖のある人間が集まった「場末」の組織であることを嘉本は知っていた。ヒラの取締役から常務取締役に出世したといっても、異端の側にいる自分が会社の非常時に投げ込まれただけのことで、勇躍乗り込む職場ではないと考えていた。

新幹線の座席に小柄な体を沈めると、嘉本は心の中で本音を吐いた。

「しかし、いきなり大変なことになってしまったぞ」

長澤の言った「総会屋との取引関係」とは、総会屋・小池隆一に対する利益供与事件を指している。

始まりは、野村證券の内部監査を担当していた若手社員がその不正に気付き、一九九六年に東京地検特捜部やSESCにひそかに内部告発したことであった。「野村證券が自己売買部門で稼いだ利益を小池のダミー会社である『小甚《こじん》ビルディング』に付け替えてやっていた」というのである。

それが年末ごろから少しずつ利益供与疑惑として新聞で騒がれ始め、翌九七年三月二十五日には東京・日本橋の野村證券本社が特捜部やトクチョウの捜索を受けていた。

不正のきっかけを作ったのは、第一勧業銀行（現・みずほ銀行）である。一九八九年二月に小池に約三十二億円の無担保融資を実行し、小池はそれを元手に、野村、大《だい》和《わ》、日興、そして山一という四大証券の株を三十万株ずつ取得していった。これで得た株主提案権を楯に、小池は株主総会めがけて各社に揺さぶりをかけつつ利益提供を求めていたのだった。

野村の次に捜索を受けたのは業界三位の日興證券（現・SMBC日興証券）で、それは山一にトクチョウが踏み込む前日のことである。

嘉本は前任の業務監理本部長と引き継ぎで交わした言葉を思い出した。出張に出る直前のことである。先輩の常務でもある前任者はこう言った。

「野村證券が東京地検の捜査を受けていることは承知しているね」

「小池という総会屋への利益供与ですか」

「うちにもね、小池関連口座が首都圏営業部にあったんだ。そこでサイメックス取引を行っていたが、いまは終了しているから大丈夫だよ」

大蔵省や日本証券業協会に挨拶回りを重ねるさなかの会話である。嘉本は思わず聞き直した。

「小池の関連口座があった？」

不正常なものがあったのに、「終了している」とは、どういうことだろう。すると、二つ年上の前任者は簡単に言ってのけた。

「実際のサイメックス取引はシンガポールで山一の現地法人がやっていたんだが、そこはうちの海外監査メンバーがもう監査を済ませたよ」

サイメックス（ＳＩＭＥＸ）とは、シンガポール国際金融取引所（Singapore International Monetary Exchange）のことで、山一は現地法人の「山一フューチャーズ」を使ってシンガポールの先物取引で売買益を出していた。しかし、国際取引に疎い嘉本は何のことかよくわからなかった。

「問題はあったんですか」

「過去の伝票の一部に不正常なものが見受けられたという報告だった。だが、現在は是正されていて、特に問題はなかったよ。それぞれの案件についてはラインの部長がそれぞれ把握しているので、のちほど聞いてほしいんだ」

引き継ぎはそれだけだったのだ。あまり突っ込んだ調査はされていない、という印象である。

新幹線の中で嘉本はそのときのやりとりを反芻《はんすう》した。

動き出した新幹線のデッキに出た。携帯電話で長澤を呼び出したが、やはりトクチョウが捜索に乗り出した真意がつかめない。野村證券が家宅捜索を受けて以来、「うちはどうなっているのか」とは思っていた。一抹の不安を抱え、これから自分で調査するつもりだったのだ。座席に戻り、目の前の背もたれを凝視した。

――問題はない、と言っていたのに……。俺が甘かったのだろうか。

胸塞ぐ気持ちを吐き出すように息を整えた。

小池事件をめぐって、四大証券のすべてに、いずれ強制調査が入ることはマスコミ界の常識であった。野村が摘発された後、「次はうちの番か」と身構えるところだが、山一證券は、根拠のない楽観論が支配する会社だった。

「うちは大丈夫だろう。たいしたことにはならないよ」。そんな裏付けもない発言が役員から次々と出ていた。

危険に直面していながら、「自分だけは大丈夫だろう」と思い込んで、その脅威をあえて無視する心理を「正常性バイアス（normalcy bias）」と呼ぶ。

人間はいつもびくびくしていては生きていけない。だから、心の中に車のハンドルの「あそび」のような部分があり、ある範囲までの危険は異常と捉えないようにできている。ところが、「うちは大丈夫だ」という思い込みが強すぎると、冷静な判断ができなくなって対応が大きく遅れる。山一の首脳には危機を直視したくないという、気弱で無謀なところがあった。その危機軽視のツケが、何も知らされていない嘉本や長澤たちの肩に重くのしかかってくる。

塩浜ビルにたどり着いたのは午後三時過ぎだった。業務監理本部長室に陣取っていたトクチョウのリーダーにあいさつした。

「できることがあればなんでもご協力いたします」

それくらいしか言うことがなかった。提供できるような情報は何もつかんでいない。

——まず、社内で何があったのかを知ることだ。しかし、目の前の近畿・大阪本部の引き継ぎを放棄するわけにもいかない……。思案の末に、彼は長澤や菊野ら部長クラスを集めて指示をした。

「やはり僕は営業の引き継ぎをないがしろにはできない。既定方針通り、連休明けまで引き継ぎに全力を注ぐことにしたいんだ。それが結局はこの組織のためになることだと思う。小池事件については着任後に対応するので、その間、各部長で協力して監視委員会に対応し、できるだけ社内調査を実施しておいてくれないか」

トクチョウの捜索が終了したのは午後九時半を過ぎていた。彼らが大量の押収品をダンボールに入れ、その搬出が終わりかけたころだった。

疲れ切った長澤に一人の調査官が近寄ってきた。

「お宅にもあったんだよ。総会屋の口座が……」

「とぼけるんじゃないぞ」と長澤には聞こえた。

山一證券の首都圏営業部には小池隆一との癒着を裏付ける取引口座があった。それは社内監査を実施してきたギョウカンにもわかっていたはずだ、というニュアンスである。

彼らが刺々《とげとげ》しいのはそのせいだったのか。

長澤がこの捜索で思い知ったのは、おのれの無力である。彼も菊野と同様に前業務監理本部長に遠ざけられていた。そのうえに調査官からもしらばくれているように言われて、長澤は不快の色を隠せなかった。

トクチョウの目的はよくわからなかった。ただ、彼らが押収し、長澤あてに残していった「押収品目録」を精査していて気づいたことがある。

社内監査の文書やフロッピー、手帳類に加えて、シンガポールの「山一フューチャーズ」や「山一マーチャントバンクシンガポール」を監査したファイル類まで持って行かれていたのだった。

「きっとそこで何かあったんだな」

小甚ビルディング名義のサイメックス取引を知らされていない長澤は、総会屋とシンガポール取引とを結びつけることができず、いつまでも腕組みしたままだった。

嘉本が実際に着任したのは、トクチョウのガサ入れから約一ヵ月後の五月十二日のことである。驚いたことに、社内調査の結果は文書にさえまとめられておらず、幹部の口頭報告も要領を得なかった。

——社内調査を指示していたはずなのに、一体、どういうことだ？

営業の引き継ぎに没頭していた嘉本は知らなかった。ギョウカンの調査に対して、山一社内で妨害が始まっていたのである。長澤が打ち明けた。

「営業の連中が協力してくれないので調査が進まないのです。小池の口座は首都圏営業部にあったのですが、そこから、私に『よけいなことを（SESCに）言うなよ』と電話がありました」

「…………」

「『どうしてですか』と私も尋ねたのですが……。その時、たまたまトクチョウの調査官が私のところを訪ねてきたので、私の方から電話を切ってしまいました」

電話をかけてきたのは、首都圏営業部の担当取締役であった。彼は三十九年間のがむしゃらな営業で、中卒ではただ一人、役員にはいあがっていた。親分肌で、一時期、同じ職場で働いたことのある長澤も飲みに誘われたり、自宅に招かれたりしている。社長の三木淳夫《みきあつお》にタメ口をきくことができる側近としても社内で有名だった。

しかし、妨害の話は、嘉本のどこかに火をつけたようだった。嘉本は長澤たちを集めて一気にしゃべった。

「他人様が、会社の中に入り込んで大規模な調査をやっているんだぞ。我々自身が調査しない、そんな馬鹿な話があるものか！　うちの会社の不正や危機を他人に教えてもらうのか。それでは経営判断なんかできるわけがないじゃないか。我々の調査に圧力をかける奴がいれば、僕が対応する」

――会社の不正に物分かりの良い人間になってたまるか。出世するに越したことはないが、俺は立身出世を夢見て島から出てきたわけではないんだ。

もう三十五年以上も前の秋のことである。高校のそばにある寮に嘉本は寄宿していた。

「先生が呼んじょっど」。友人の声に促されて職員室に行くと、岡という教師が嘉本に笑いかけた。

「山一證券から追加の募集が来ているぞ。受けてみるか」

当時、証券界は投資信託ブームだった。「銀行よ、さようなら。証券よ、こんにちは」という証券会社の広告が流れている。証券会社が新卒者を学校ごと採用したと言われた時代で、高校でも優秀な人材はすでに一次募集で採用されていた。

双子の弟は大学進学組だが、嘉本は勉強が好きではなかった。一応、国立島根大学を志望校とはしていたが、夏休みは毎日、はだしでソフトボールに興じては喧嘩をしていた。

ただし、「人様に迷惑をかけるな」と言われ続けてきたバンカラにはそれなりの自立心があり、「独り立ちしなければ」という焦りも強かった。

「いいところがあれば就職しますからお願いします」と岡には頼んでいた。だから、教師に「山一には隠岐島出身の役員がいたぞ」と教えられ、受験を勧められると、素直に同級生と大阪市中央公会堂に向かった。採用試験会場となった公会堂のその広大さと受験生の多さに度肝を抜かれた。

会社に大切にされたという記憶が嘉本にはない。大量採用だったからであろう。高校卒業前の二月にはもう大阪店に研修に駆り出され、卒業式にも参加しなかった。

俺は群れることが嫌いなのだ、と気づくには少し時間がかかった。付き合いが下手な上に、上司と口論しても折れなかったため、「生意気だ」と言われた。

嘉本がまだ二十代のころ、支店の仕切り販売に抵抗したことがある。仕切り販売とは、証券会社が投資家の注文なしに大量の株式を買っておいて、組織的に何人もの顧客にはめ込む違法な営業手法である。よりわずかでも株価が上昇していれば「儲かる株がある」などと売り、すでに下落している株についても、知識の乏しい顧客に売りつけることがあった。

「客の委託もないのに、そんなことはやるべきじゃないです」。支店の会議で嘉本が頑強に反対しているうちに一人取り残され、間もなく左遷された。

別の支店では、組合活動に熱を入れていることを上司にとがめられ、「思想的に偏向している」と決めつけられたこともある。「お前をつぶすのはわけないことなんだぞ」と先輩に言われてもいた。

しかし、会社の評価など、人生のある時期に、ある組織の、ある人たちによって下されたものに過ぎない。嘉本は頑なに信じていた。棺を閉じるまでの評価でもなければ、まして人格評価でもないはずだ。

八つの支店を転々としたのは、そうした考え方も災いしたのだろう。頻繁な転勤にともない、長男は幼稚園を二回、小学校を三回、中学校を二回替わった。

様子が変わったのは、宮崎支店長に就いたあとからだ。課長や支店次長に就いた時でさえ、「俺でいいのかよ」と思っていたのに、宮崎支店長の後、新宿駅西口支店長、姫路支店長に起用され、入社三十一年目でようやく本社勤務に引き上げられた。その理由を彼は知らない。たしかに個人営業部門では全国でも知られた実績を残している。法人営業部門が凋落し、嘉本たちの個人営業部門に重心を移そうという本社の方針もあったのだろう。ただし、総会屋事件を前に、彼が常務に昇進したことを「抜擢」と言えるかどうかは、疑問の残るところだ。

「会社は不祥事にもコソコソ個別対応せず、もっと組織として戦うべきだ」

嘉本はそう主張し続けてきた。それほど言うなら厄介な業務監理本部長をやらせてみろ、と祭り上げられたとも言えるのである。

彼は「しっかり調査をやろう」と指示した後、長澤に言った。

「俺は都合の良い本部長にはなれないよ。迷惑をかけるかもしれん」

長澤は大学時代に流行《はや》った東映の任侠《にんきょう》映画が大好きだった。映画館を出ると、暗い街を肩で風切って歩いた。

当時のスターでは鶴田浩二《つるたこうじ》よりも、「健さん」こと高倉健《たかくらけん》に惹かれていた。鶴田はたいてい匕首《あいくち》を使うが、健さんは長ドスだ。しかも、耐えに耐えた後に長ドスを抜いて派手に悪党を叩き斬る。その健さん風に恰好をつけるところがあった。だから、嘉本がちらりと吐いたようなセリフには弱いのだった。

「ついていきますよ」

長澤は勢いで言ってしまった。

長澤たちの社内調査に対して、本社の一部は組織的な妨害を始めている。「よけいなことを言うなよ」と長澤に告げた役員の言葉は、もっと上の方の意思かもしれないのだ。しかし、不正を調べて是正措置を講じるのは、自分たちの本来の仕事ではないか。着任早々の本部長が「調査をやる」というのなら、実務者の自分が支えていこう。

「俺も都合の良い部長ではないからな」。長澤もそう考えていた。

3　総会屋の影

それから十日後、山一の本社ビルにある役員会議室では副社長会が開かれていた。招集を依頼したのは嘉本である。

楕円形のテーブルの上には、「小甚ビルディング関連口座調査概要」という報告書があった。前述したように、小甚ビルディングは小池のダミー会社で、東京・六本木のマンションに名目上の事務所を構えている。

副社長会は副社長以上の役員が出席する重要会議で、社長の三木淳夫ら六人が嘉本の読みあげる文書に目を落としていた。前社長で、「山一のドン」と呼ばれる会長の行平次雄《ゆきひらつぎお》は三木よりも上座に着いている。

「今回の報告は社内資料やマスコミの分析に基づいて問題点を整理したものです。重要なことは、特別調査課の調査は犯則調査であるということです。当社が経験してきた総務検査課の定期検査とは根本的に違います。したがって、当社の、もちろん業務監理本部も含めてですが、大蔵省や証券取引等監視委員会へのハードネゴシエーションは通用しないと思います」

ハードネゴシエーションとは、大蔵省などへの働きかけ、さらに言うと陳情活動によってお目こぼしをしてもらうことである。そんなことは無意味だと釘を刺したのだった。

小池が四大証券の株を三十万株ずつ保有していたことはすでに触れた。後になってわかったのだが、小池の狙いは、大株主となって証券会社の株主提案権を握り、証券各社から利益を得ることだった。山一の場合も、小池の脅しの窓口は本社総務部であり、社長や副社長の承認のもと、総務部と株式部、首都圏営業部が一体となって小池を儲けさせていた。

三木たちはそこから逐一報告を受け、指示も下している。つまり、トップが利益供与の当事者なのだが、三木は口をつぐんでいた。それを知らない嘉本の声が役員会議室に響いた。

「今回の立ち入り調査を従来の大蔵検査の延長でとらえることは間違いなのです。ぜひここをご理解いただきたいのです」

嘉本にも確信めいたものがあった。

――この問題はいま、大蔵省傘下のトクチョウの事案だが、本質は地検特捜部が関心を抱く刑事事件だ。山一も利益供与の事実があるのならば早急につかんで手を打つべきだろう。一つ間違えば、社内から刑事被告人を出すことになるかもしれない。

野村證券の場合は、自社の監査部門にいた社員の内部告発を無視し、マスコミに報じられた後もシラを切り通した。そのあげく、トクチョウと東京地検特捜部の捜索を受け、記者会見で総会屋への利益供与を認めざるを得なくなっていたのだ。

ところが、いくら嘉本が力んでも幹部たちは事の重大性を理解しているようには見えなかった。トクチョウが山一に立ち入り調査した事実は当初、一部の新聞にしか報じられなかったが、それにしても嘉本が不思議に思えるほどの楽観ぶりであった。

出席者の一人が平然と言った。

「野村證券は記者会見で自ら不正を認めたから、今のような事態を招いたのではないかね」

副社長たちは、調査の窓口であるギョウカンや社長周辺でうまく対応すれば、何とかなるのではないかと考えているのである。その空気を象徴するような言葉を、別の役員たちが口にした。

「サイメックス取引が問題なんだな。しかし、その取引で（総会屋に利益を）付け替えてやったという証拠はあるのか」

「まあ、みんなで頑張るしかないですな」

行平や三木は無言であった。嘉本はしびれを切らし強い口調になった。

「野村證券の利益供与事件は、野村の監査・管理部門まであらかじめその不正を承知していながら、もみ消したという構図であります。そうなると、会社ぐるみの犯罪ということになりますから、当局の追及はさらに激しくなります。山一證券に、野村と同じ構図があるとすれば、経営への重大な影響は避けられません」

嘉本は、「ひいては代表取締役に影響が及ぶと考えられます」と危機意識をあおりたかったのだが、それは言わずに新たな提案をした。

「業務監理本部の中にヒアリングチームを結成し、今後、関係者へのヒアリングを独自に行います。そして、私たちで首都圏営業部への立ち入り監査を行いたいと思います」

支持する声はなかった。ただ、否定する発言もない。嘉本はそれを副社長会で承認されたと解釈した。

その副社長会から一週間後の五月三十日、野村證券の利益供与事件は山場を迎えることになる。二ヵ月前まで社長だった酒巻英雄《さかまきひでお》が商法違反と証券取引法違反の容疑であっけなく東京地検に逮捕されたのだった。

野村證券は、新宿野村ビルの四十八階に自前の接待施設「野村クラブ」を持っていた。酒巻は一九九二年の社長当時、ここで「私に儲けさせてくださいよ」と総会屋の小池に迫られ、結局、要求を飲んでしまった。大株主でもある小池に株主総会で嫌がらせをされて紛糾したり、立ち往生したりして信用を失うのを恐れたのである。

当時の金融界のトップは、総会屋やフィクサーのような人物に自ら会うことが珍しくなかった。むしろ、彼らを上手くあしらうことも力量のうち、と考えられていた。しかし、酒巻の小池接待がいい例だが、あしらうどころか、逆に直接、要求を突きつけられたケースが少なくない。トップと総会屋の癒着は、闇勢力をさらに会社の奥深くへと引き入れ、不正や悲劇の連鎖を招いていった。

「わしに与えられた時間は三十分だけか。やれやれ」

菊野晋次は悔しさを笑顔の奥に沈めていた。目の前にいる年下の役員が山一の総会屋事件の当事者であることはわかっていた。ところが役員は「忙しいから三十分ぐらいしか、時間は割けないよ」と言うのだ。

菊野は、嘉本が結成したヒアリングチームのリーダーである。業務監理本部のある塩浜ビルから連絡用マイクロバスで本社に通ってきた。

嘉本が副社長会で宣言したヒアリングが始まっていた。きょうは首都圏営業部の担当取締役と向かい合っていた。「よけいなことを（SESCに）言うなよ」と長澤に圧力をかけてきた、あの役員である。彼らはSESCの強制調査に防戦一方で、嘉本らが始めたヒアリングや監査が目障りでしかたなかった。

「例の小甚ビルディングとの取引ですが……。野村證券でも問題になり、山一にも口座があります。利益も相当上がっていますわな」

菊野は、首都圏営業部に開設された小甚ビルディングの口座で一億七百万円以上の利益が出ている事実をつかんでいた。山一の営業部門には、顧客の売買取引や入出金が記載された「顧客勘定元帳」がマイクロフィルムの形で備えられている。元帳は業務監理本部にも備え付けられており、菊野はそれをたどって外形的な事実を調べあげてきていた。

「言っておくが、あれは正常な商いだからね」

「あの不動産会社は小池自身のダミー会社だと……。そのように、SESC《セック》や東京地検特捜部は見ているようですなあ。うちの首都圏営業部にある口座も小池のものだと疑われております」

焦点は、一億円もの利益が誰のものか。そして山一が、野村のように自社取引の利益を付け替えて提供していないかどうか、というところにある。何しろ、小甚ビルディングの一億円は一九九四年十二月から翌年一月にかけ、わずか二ヵ月間で荒稼ぎしたものだった。

だが、役員は強引に言い張った。

「取引には問題はないよ」

口座の名義人、つまり小甚ビルディングの社長はあくまでも小池の実弟である。それを楯に、「小甚ビルディングが小池自身の口座とは認識していなかった」というのである。そして、こう答えた。

「もし万一だよ、そこに『あんこ』なんかが含まれていたとしても、それはたまたまそうなったんだ」

「あんこ」とは、証券会社の儲けをそのまま顧客の口座に移す証券界の隠語である。客に儲けさせる手口には、値上がりが確実な証券類を提供する方法と、儲けが確定した証券会社の売買益を提供する方法の二つがあった。前者は客が最終的に売買する時点で値下がりすることもあるが、後者はより確実に儲けさせることでよりうまみがある。おいしいところだけを食べるから「あんこ」と呼ぶのである。

役員がとぼけているのは明らかだった。しかし、約束の三十分はとうに過ぎ、疑惑の役員を問い詰める時間はそれ以上、与えられなかった。

菊野は言いたかった。「それならなぜ、長澤によけいなことを言うな、と圧力をかけたのか」。

彼の部下や株式部の関係者たちも判で押したように「私はよくわからない」「総会屋の口座であるかどうかは知らない」と主張した。

「相手に打撃を与えるようにただ突っ込むのではなく、社員の立場にも理解を示しながら事実を聞き出せ」。嘉本がそう指示していたことも裏目に出た。役員たちは隠蔽《いんぺい》に必死になっていたのである。

ヒアリングを終え、塩浜ビルに帰るマイクロバスの中で、菊野は何度も首を振った。

「そんなわけがあるもんかい。正常な商いならSESCの強制調査を受けるわけがないわな」

この役員の嘘が発覚したのは、それからわずか半月後のことである。トクチョウが本格的な事情聴取を開始したのだった。約一ヵ月続いた聴取は、大蔵省の別館で行われたという点を除けば、地検特捜部の厳しい取り調べに近いものであった。

当時の山一の組織的な隠蔽工作について、嘉本のメモが残されている。身内の社員たちにだまされ続けた屈辱を押し殺し、彼はあえて淡々と書いた。

〈六月初旬　特別調査課が小池問題関係者を呼び出し、事情聴取を開始した。聴取は極めて厳しいものだった。朝十時ごろから夜十時ごろまで連日、関係社員は呼ばれた。調査官が机をたたき、灰皿が飛び上がったという。

社員がそこで供述した「自白」内容は、それまで私たちの社内調査で説明されてきた内容と食い違うものだったことがわかった。私のところに複数の関係者から告白があった。このため、私を中心に関係者への再ヒアリングを行うことを決定した。トクチョウで自白した内容を私たちが改めてヒアリングすることで、社内調査をやり直すということになる。元専務ら役員にも初めてヒアリングをした〉

「よくもまあ、だましてくれましたねえ。どいつもこいつも極悪人ですよ」

長澤は八つ年上の菊野を居酒屋に誘った。

「健さん命」の長澤はもともとジャーナリスト志望だった。中央大学法学部を卒業する時には新聞記者や出版社の編集者を目指したが、いずれも面接で落ち、山一を選んでいる。痩身で銀縁眼鏡をかけてひ弱に見えるが、向こう意気も強い。

「たしかに人間は弱いものです。自己保身に走る。そんな弱さは自分にもあります。そりゃあ、清廉潔白には生きられませんよ。だから私が鞭打つことはできません。でもねえ、会社ぐるみでだますなんて許せませんよ」

父親は東京の消防署長だった。日中戦争に召集され、北支と呼ばれた中国北部を転戦した後、消防士となっておもに下町の消防署に勤めた。喧嘩っ早い江戸火消しの気風は、全共闘世代の長澤にも受け継がれている。腕力はないのに時折、直情の気性が顔をのぞかせるのだ。

妻の理恵子とは山一證券新宿支店時代に知り合った。だが、本社人事第一課に転勤して以降、長澤は会社のことは漏らさないように心掛けている。聞かれても恰好をつけるのだ。

「やくざはバシタ（女房）に仕事なんて話さないものだからな」

それでいて寂しがりだから、菊野相手に愚痴るしかないのだ。

体型で言えば、長澤は都会風のニンジン。愚痴を聞く菊野はジャガイモのような農民型である。

菊野は実際に郷里の旧加世田市でいったん農家を継いでいる。だが、一年働いて食べて行けないことを悟った。農業を捨て国立鹿児島大から証券会社に身を投じた。

山一證券を選んだのは、鹿児島大学時代に山一の支店で株価を黒板に書くアルバイトをしたことがきっかけである。故郷を離れたのはただ食べるためだったから、支店営業で揉まれることを苦にしなかった。

薩摩隼人《さつまはやと》の例にもれず、菊野は西郷隆盛《さいごうたかもり》を敬愛していた。江戸っ子で高倉健に憧れる長澤と、江戸幕府を倒した西郷贔屓の菊野。その出自から性格、経歴に至るまでまったく違ったが、なぜか気が合い、年の差を超えた終生の友となった。

長澤は会社首脳の愚かさと「場末」の非力が情けなかった。会社の先輩や仲間にも裏切られてしまった。一方の菊野は意外なほどあっさりしたものである。

「まあな。出世欲が嘘をつかせるのさ」

菊野は現実を見すぎていて、その正義感は少し沈潜したところにあった。

「上の評価にも応えたかったんだろうよ、稼いでナンボのところにいる人たちじゃからな。不正に従うしかなかった社員もいたんじゃろう」

会社は菊野のように同調しない人間を排除する組織である。抵抗する者を中枢から追い出し、同調する人間を出世させていく。この「同調圧力」という社内の空気のなかで、時には平然と嘘をつくイエスマンを再生産していく巨大なマシンでもある。

菊野が生まれた一九三九（昭和十四）年は、日中戦争が勃発して二年後で、日本が戦時国家となったころである。日本軍は中国大陸の奥へと進撃し、彼が誕生した年には、外蒙国境ハルハ河畔で日本の関東軍がソ連軍に無謀な戦闘を挑んで約一万八千人の兵士を戦死させている。そうした敗北の事実をひた隠し、日本は太平洋戦争へと突入していく。

やがて父の薩男は召集され、太平洋戦争の激戦地ガダルカナル島で戦死した。晋次はまだ四歳だった。ガダルカナルは日本軍が補給路を断たれ、多数の餓死者を出して「餓島《がとう》」と呼ばれた場所だ。薩男の場合は、その餓島から撤退する際に輸送船とともに沈められた。

「歩兵銃を撃つことなく父は死んだらしい。その死も戦死と言うのだねえ」と息子は呟くのである。

彼が通学した国民学校では、校庭に米兵に見立てたわら人形が立っていた。校門のそばに竹やりが立てかけられており、一年生の晋次たちは毎朝、その竹やりでわら人形を一突きしてから教室に入るよう指導されていた。南九州上陸作戦を計画していた米軍と竹やりで戦えというのだ。

あまりにばかばかしいことだったが、それを口にするものはいなかった。郷里の薩摩半島西岸は米軍の上陸が予定されていた。だから、もし八月十五日に太平洋戦争が終わらなかったら、自分たちにも沖縄の住民と同じ運命が待っていたであろう。ところが、戦争に負けると、英霊を称えた興奮は幻のように去り、軍国主義から一転して民主教育が叫ばれた。

晋次は敗戦直後、教師から「教科書に墨を塗れ」と言われたことを忘れることができない。〈ヘイタイサン　ススメ　ススメ〉。そう記されていた教科書は真っ黒になった。翌年はガリ版刷りのプリントを渡され、黒塗り教科書はどこかに捨てられてしまった。

あれほど世の中がひっくり返っても、疑う心を捨てて、「ハイハイ」と自分たちは従ってきたではないか。大人も子供も、愛国少年だった自分も。人間は胡散《うさん》臭いことでも飲み込むことができるのだ。

「なあ、長澤君、あいつらを許してやれよ。君も言ったじゃろう。人間は弱いもんじゃからな」

その夜、二人は居酒屋で痛飲した。長澤は芋焼酎が好きで、家ではロック、外では飲み過ぎないように水割りと決めている。だが、その日は悔しさのあまり、ロックにしてしこたま飲んでも酔わなかった。

ところが、何でも飲み込むはずの菊野もとうてい受け入れることができない出来事が起きた。

山一の総会屋事件をめぐって、菊野たちの業務監理本部が隠蔽工作をしていた疑いが濃くなったとして、大蔵省のＳＥＳＣ特別調査課から立て続けに踏み込まれたのである。四月十一日で終わったはずのギョウカンへの家宅捜索は五月二十三日に再び行われ、さらに二十七日、六月十八日と続いて膨大な資料が根こそぎ持ち去られた。いつ終わるとも知れない捜索に社員たちは浮き足立ち、長澤や監査部長らが次々とトクチョウの呼び出しを受けるのを見て、事態の深刻さをはっきりと自覚した。

「総会屋事件を社内で追及している俺たちが、事件の共犯者だと思われている！」

この時になって、嘉本は引き継ぎのあの言葉に重大な意味が秘められていたことに思い当たった。前業務監理本部長が三ヵ月前、あわただしく引き継ぎの会話を交わしたときに、嘉本に語った内容である。

小池関連口座が山一本社の首都圏営業部にあった。その口座にからむ取引がシンガポールで行われていたが、ギョウカンの海外監査メンバーが監査したところ、それは是正されていて特に問題はない……。

――あれだ！「問題なし」と片づけられた処理が、事件を握りつぶしたと受け取られているのだ。

嘉本は自分の手控えメモに次のように書いている。

〈六月中旬から下旬にかけて、特別調査課は山一の内部管理部門を含めた会社ぐるみの組織犯罪であるという観点から、業務監理本部関係者の事情聴取を始めた。監査部長、海外監査メンバー等が呼び出しを受けた。特に海外監査メンバーに対しては、連日深夜まで聴取が行われている。

山一の監査部で実施した一九九六年九月のシンガポール監査で小池関連口座の不正取引を発見しながら、業務監理本部が握りつぶしたとの疑いがかかっていることを、私は初めて認識した。野村證券と同じように、内部管理部門も巻き込んだ会社ぐるみ

の不正、隠蔽問題に発展しなければよいが、と危惧する〉

長澤もまた、大蔵省の別館に呼ばれ、トクチョウの調査官からじわじわと追及された。

「あなたたちで口裏を合わせていたでしょう。監査結果について、山一でも細工をしたことはわかっています」

「いや、そんなことはありません」

「野村證券でも最初はそう言い訳していましたよ。あなたが隠蔽を指導したのではないですか」

「私はそんな立場にはありませんよ。隠蔽など絶対にありえないです」

約四時間の取り調べから解放されると、三日後、今度は「社内監査の書類を持ってきてほしい」とトクチョウから電話がかかってきた。足を運ぶと、調査官は「それはともかく、例の件ですが……」と調べを再開する。四、五回目にとうとう長澤は声を荒らげた。

「それほどおかしいと言うのだったら、私を捕まえてくださいよ！」

彼以上に厳しい取り調べを受けていた者がいる。前年九月にギョウカンの監査部からシンガポールに派遣された三人の検査課次長である。
特に、検査チーフの竹内透に対する調べは執拗に続いた。

二章　不穏

1　取り調べ

秘事というほどのことでもないが、竹内透には会社で話していないことが二つあった。一つは、駆け出しの札幌支店時代に、会社に内緒で北海道警察本部の採用試験を受けたことである。

約二十年前のことだ。竹内は北海道大学法学部を卒業して山一に入社した。地元の札幌支店は希望通りだったが、営業ノルマは厳しく、同僚が次々と退職に追い込まれていた。中には、生活が荒れ、顧客の口座の金を勝手に運用して着服する社員も出た。竹内自身も入社三年目で疲れ果てた。

「きっと、自分には営業の能力がないのだ。転職しよう」

そう考えて、北海道警察の採用案内を見て願書を出した。札幌市や余市《よいち》町に住んだことがあり、好きな土地で今度は安定した職に就こうと思ったのだった。

目指したのは、警察庁の幹部候補生となるキャリア組ではなく、巡査からスタートする都道府県警採用のお巡りさんである。青森県立弘前高校時代に野球部で鍛えられ、身長も長嶋茂雄と同じ百七十八センチ。頑健な体躯を備えている。

小学校六年生の秋、弘前市の相撲大会決勝で、後に横綱二代目若乃花となる下山勝《しもやまかつ》則《のり》と対戦し、押し出しで破って優勝したこともある。体力には自信があったし、「北の国の警察官」という響きも嫌いではなかった。

ところが、北海道警察本部は、大企業から警察官に転じようという竹内に不審なものを感じたらしい。一次試験に難なく合格したあと、徹底した身辺調査が行われ、警官への転身に迷いが出た。そのときにたまたま大阪店に転勤が決まり、逡巡の末に二次の面接試験は受けなかった。

――環境が変われば自分も変わるかもしれない。

だが、大阪でも現場の営業には馴染めなかった。山一で六年目の夏を迎えたころだった。

「こんなことがいつまで続くのだろうか」

そう考えていたある日、地下鉄の暗い階段から見上げると、積乱雲が青空にそびえていた。駅の階段を上がり切ったところで、男が講演会開催を告げるビラを配っている。ビラを手に軽い気持ちで出かけた会場で、講師は二百人の参加者に語りかけた。

「ヨーロッパは信仰を中心に動いています。聖書を理解しなければ、その世界は理解できません」

その言葉で竹内は聖書に興味を持ち、日曜日ごとに午後の福音集会に通い始めた。会則や献金制度のないキリスト者の団体で、押し付けのないところに惹かれた。

妻には告げていない。竹内には一途なところがあり、毎日が仕事で流されていくことが嫌いな質《たち》だったのである。やがて、集会のカセットテープを聞き、一日の終わりに聖書を開くようになった。これが二つ目の秘密である。


その竹内が連日、SESCの聴取を受けていた。お上の調査官が山一の中年検査役を厳しく問い詰めるという図式だ。権高なもの言いの調査官だった。

「シンガポールに行っているね。何のために出張したの？」

「通常の監査です」。いつもの口調だが、彼を知らない人にはぶっきらぼうに響く。

「はあ？」

調査官の顔にいらだちが浮かんでいるのが見て取れた。

机の上には、ギョウカン監査部検査課の三段キャビネットから押収した青い紙製フアイルがあった。一回目の家宅捜索後、長澤が「きっとそこで何かあったんだな」といぶかしんだファイルだ。竹内の字で背表紙に「シンガポール」と記されている。その中にＡ４判で二枚の監査報告書が綴じられており、事務的な文章を丁寧に読み込めば、竹内がシンガポールで「花替え」という不正に気づいたことがうかがえるのだ。

しかし、竹内は素直に教えなかった。

「ですから、海外監査の一環です」。竹内には反発とためらいがある。

――民間会社とはいえ検査役という立場にある者が、職務上、知り得た会社の秘密を独断でベラベラとしゃべっていいのだろうか。自分はきちんと海外監査を行い、それを報告書にまとめて前業務監理本部長に報告している。詰問されるような間違ったことはしていない。

これは嘉本にも見受けられるところだが、「お役人にやれるものならやってみろ」という気持ちがあって、そんな反発心が持ち上がっているところに調査官は居丈高に突っ込んできた。

「では、監査の経緯を説明しなさい」

「昨年の秋ごろでしたか、ＳＥＳＣから、小甚ビルディングという口座について、監査部検査課の私たちのところに問い合わせがありました。特別調査課《トクチョウ》ではなかったと思います」

「うち（SESC）の総務検査課からの問い合わせということだね」

「はい。野村證券が小甚ビルディングに利益供与をした疑いが出てきた。山一にも利益を供与したとみられる口座があるのでそれについて報告してほしいということでした。私は前任の業務監理本部長から指示を受けました。取引は、山一兜町ビルにあるエクイティ（株式）本部の指示を受け、シンガポールの現地法人である山一フューチャーズで行われていたということでした。フューチャーズとは先物取引という意味です」

「それで？」

「山一フューチャーズのブース、これは三畳ほどのスペースですが、それがサイメックスの中にあったので、私を含め三人の検査課次長がサイメックスのブースに監査に行きました。そこで山一エクイティ本部のトレーダーから指示を受け、小甚ビルディング名義の口座に花替えのような行為をしていたことがわかりました」

花替えの不正は初めからトクチョウもつかんでいた。証券会社が買い付けた株や先物が値上がりした時に、売買伝票を改竄したりしてその利益を顧客の口座に付け替えて儲けさせてやる古典的な手口である。付け替えをする場所をシンガポールという海外に選んだところが、トリックを見えにくくしている。だが、実際には兜町ビルの二階にいる株式部長らの指示を女性トレーダーが受け、それをホットラインでシンガポールの山一フューチャーズに伝える、という単純な仕組みだった。

しかし、調査官が聞きたかったのはその先の話である。

「だからシンガポールの出張監査で、総会屋に利益供与をしていたということがわかったんだろう？」

「いや、私たちは小甚ビルディングの口座が小池隆一のものであるかは知りませんでした」

事情聴取は、中央合同庁舎四号館（大蔵省別館）の窓のない部屋で行われている。午後九時ごろまで調べは続き、夕食は食べられなかった。竹内はますます頑なになっていった。「明日はおにぎりとお茶を持ち込もう」。そう考えていた。

「本当に、シンガポールの先物取引が総会屋への利益供与と結びついていたなんてわからなかったんです」

竹内のその言葉は嘘ではない。確かに小甚ビルディングという口座に花替えの疑いのある取引があった。しかし、竹内たちは「小甚ビルディング＝総会屋・小池」という構図を知らなかったのである。海外監査の後、口座を管理する国内の担当者たちに問いただして白状でもさせない限り、ブラックボックスの中身は不明なのだ。それが社内監査の限界であった。

「シンガポール監査の結果はどう処理したのかね」

「今もそうですが、シンガポールのような個別拠点の監査結果は、その都度、役所に報告することはありません。SESCの総務検査課が定期検査に来た時にまとめて提出しています。シンガポール監査のあとは定期検査がありませんでしたので、総務検査課には報告されていないと思います」

ややこしいが、証券会社が社内に異常がないかどうかをチェックするのが「監査」、特別に調べるときに限って「調査」と呼んでいた。これに対し、役所側が実施するのが「検査」である。

「君たちが監査結果を揉み消したのではないか」

「絶対にありません。監査後、レポートを当時の業務監理本部長にきちんと提出しています」

ぎくしゃくしたやり取りだった。それが調査官の心証を悪くし、竹内をさらに窮地に追い込んでいく。

そのひと月後、竹内が欧州の現地法人に海外監査に出かけていた時のことだった。

アムステルダムからロンドンのヒースロー空港に回ったのは日本時間で午前零時ごろである。「至急、電話を請う」という連絡が、空港のＪＡＬカウンターに待っていた。上司からだった。

「東京地検に呼ばれた。お前も出頭しろと言われているぞ」

トクチョウと共同捜査していた東京地検特捜部が山一の総会屋事件でもとうとう表に出てきたのである。帰国すると、東京はもう夏の盛りであった。

野村證券に端を発した総会屋事件は、第一勧業銀行の不正融資疑惑に発展し、さらに四大証券すべてを飲み込む未曾有《みぞう》の金融事件の様相を見せていた。小池という総会屋に力を与えたのは、長い間、総会屋の呪縛を断ち切れず、不正融資を続けた第一勧銀である。その融資で得た資金で四大証券の大株主に成り上がって証券会社から利益供与を受ける――その濡れ手で粟の不正は芋づる式に摘発されつつあった。

東京地方検察庁は、皇居に隣接する日比谷公園の真向かいにある。そこへ連日、四大証券の幹部や担当者らが呼び出されていた。カギを握る役員たちは、東京地検に近い霞《かすみ》ケ関《がせき》の駅に事務官が迎えに来た。記者たちの目につく正面玄関からは入らず、東京地裁側から入って逮捕者用の護送エレベーターで上に上がった。

一方、無名の関係者や社員クラスは正面から入って、部外者は出入りのできない八階の待合室で待たされた。

地検の待合室に行くと、必ずと言っていいほど兜町の知り合いに出会った。しまいには、待合室をめぐるうわさが流れた。待合室の壁に取り調べを受けた者の〝亡霊〟が張り付いているというのである。竹内もその痕を見た。

事情聴取を待つ証券マンや銀行員はベンチで溜息をつきながら頭や肩を壁に預ける。その時、汗と整髪料がべったりと壁に付くのである。それが乾き、翌日また、調べを受ける人たちが頭や肩を壁にもたせかける。来る日も来る日もそれが続いて、竹内は待合室のベンチの後ろに、たくさんの人間の頭と肩がぼんやりと浮かびあがっているのを見た。

「確かにあれは亡霊だね」

竹内は同僚たちに教えたが、面白がる者は誰もいなかった。

竹内の妻は大学時代の学友である。総会屋事件に巻き込まれてみると、夫の仕事に関心がないことがむしろ救いだったが、社員の家族も無縁とは言えなくなっていた。竹内や嘉本の自宅まで東京地検特捜部の係官が令状を持って踏み込んできたからである。総会屋事件のもみ消しを疑った家宅捜索であった。

竹内は家宅捜索もすんなりとは受け入れない。自宅にはその日、家族が誰もおらず、特捜部やトクチョウの事務官たちは玄関の前で立ち往生してしまった。特捜部から塩浜ビルに電話がかかってきたが、竹内は鍵を手にわざとゆっくり自宅に戻った。

その日、嘉本の自宅にも捜索が入った。妻の千恵子だけがいた。公園に隠れていたダークスーツの七人の係官が、真向いにある嘉本宅に一斉に入った。事務官は雨戸を閉めさせて言い渡した。

「奥さん、外とは連絡はできません。電話も取らないようにしてください」。千恵子が肩を落としていると、係官が慰めた。

「こういう時は全部やらないといけないんですよ。ご主人がどうということはありませんからね」

疾風のような捜索のあと、嘉本は塩浜ビルで妻の電話を受けている。受話器を置いた嘉本は長澤に苦笑いを浮かべて見せた。

「うちにもガサが入ったよ。僕が祇園《ぎおん》の舞妓さんと写っている写真を持って行かれたそうだ」

その長澤はSESCに手帳類を提出させられ、ずいぶん時間が経ってから東京地検特捜部から返却されてきた。手帳の表には、「押収領置」と記された赤い印字のラベルが貼られていた。

「もう、きちんと説明したほうがいいですね」

意地っ張りの竹内が嘉本に告げたのは、特捜部から二度目の取り調べを受けた夜だった。検事は証拠書類や証言をつなぎ合わせて事件を組み立てているが、彼は聞かれたことしか答えていない。

「他の人ではこれ以上、取り調べに耐えられないと思いますから、私が話します」

嘉本もおとなしく役人に従うことをよしとはしない質だが、竹内たちの孤独な戦いをこれ以上、放置してはおけなかった。

「もうあちこちをかばわないでもいいよ。竹内君、しゃべっていいんだ」と彼は言った。実は、竹内が頑張る必要は全くなかったのである。SESCが時間をかけて調べた土台があり、実際に花替えに協力した女性トレーダーらが全面自供をしていたからだ。

竹内はSESCと違って、地検特捜部の担当検事とは妙にウマが合った。取り調べにだんだん慣れたこともあったのだろう。

「検事さんの給料はどうなんですか。安いんですかね」

「公務員の中では高い方ですよ。証券会社ほどじゃないけど」

「いや、山一は赤字なので安いんですよ」

そんな話から始まり、長男の進路についても打ち明けた。

「うちは一人息子なんですが、検事を目指しているんですよ。もし、司法試験に合格したらよろしくお願いします」

「いやあ、検事なんて大変だよ」。にこにこしながら検事は聞いていた。

竹内は検事に詳細に説明をした。

「山一の花替えのやり方は難しいものではありません。シンガポール側は、本社から注文の指示を受けると、伝票に打刻機で時間だけを打ち込み、顧客コードを入力せずに取引をします。これも個人と法人二つあって、簡単に言えば、取引が終わると、利益の上がった取引の伝票を選んで手書きで顧客コードを記入していました。『小甚ビルディング』ならば『ＹＳ28』です。しかし、そうして小甚ビルディングなどに儲けさせると、どこかに損が出るので、その損失は山一の自己売買で生じたように伝票を操作するのです」

難しい部分に差し掛かると、図を描いて教えた。

「シンガポールでは、本社から出向している社員と現地社員の二人が取引を担当し、取引所にデータを送っていました。彼らは、本社のエクイティ本部の女性トレーダーから指示されてやっていました。事情を知らないままに」

2 アジト

竹内が東京地検特捜部の聴取を受けているころ、塩浜ビルの長澤に同僚から電話がかかってきた。

「聞いたかい。三木社長は会議で、『山一は総会屋事件にはかかわりがない。うちは大丈夫だ』と言ったらしいよ。ちょっと甘くないかい」

「嘘だろう。社長がそんなことをまだ言ってんの」

思わず長澤は声を張り上げた。新聞報道は、地検特捜部の捜査が四大証券の中枢に向かっていることを示唆している。長澤は特捜部やSESCから連絡を受ける窓口役を務め、「被疑者」として呼ばれる社員たちを山一から送り出している。だから、捜査の進捗状況もおぼろげにつかんでいた。山一が捜査の埒外《らちがい》にないことは明らかだった。

ところが、山一證券の会長である行平次雄は、一九九七年七月から日本証券業協会の会長に就任し、「山一は総会屋事件とは無関係」と相変わらず言い張っていた。もちろん、会長の椅子にしがみついたままだ。

「どの会社もやられているのに、馬鹿だねえ……」

長澤は首脳たちの言動が愚かしく見えて仕方なかった。上司の嘉本もまた、三木淳夫たちの甘さに苛立っている。

「小池に対する利益供与は、三木社長や白井（隆二）副社長の了承を得て実行されていたようだ」という情報を、遅まきながら社内ヒアリングや部下たちから得ていたのである。実行した社員たちは追い込まれると、そのリスクヘッジを上司へと求める傾向にある。「上司から指示されました」「上の了解を得てやっていたことです」と、追及されるままに答えるのである。

白井は財務本部や業務監理本部を担当する代表取締役副社長である。企画室など総務分野まで幅広く受け持っていた。経理畑だが、管掌上は嘉本がギョウカンの調査内容を報告すべき上司ということになる。証券会社には珍しく、知的で柔らかな物腰の紳士だ。部下の話に耳を傾け、「バランス感覚に長じている」という評判だが、三木と同様に、自分のところまで捜査はたどり着かない、と思い込んでいるふしがある。

嘉本は長澤とともに七月初旬、白井の部屋に乗り込んだ。社内ヒアリングチームのリーダーである菊野や、特捜部の聴取を受けている監査部長も同行させた。突然、「場末」の塩浜ビルから四人も揃って報告に来たことに、白井は怪訝そうな表情を浮かべた。

「シンガポールの先物取引で重大な法令違反が見つかったのでご報告に参りました。重要報告ですから、うちのラインの部長たちを立ち会わせます」

嘉本は、ヒアリングの結果、先物取引を利用した付け替えが見つかったこと、この利益供与は明確な法令違反であること、さらに、山一の幹部たちが自供したことで、地検特捜部が総会屋への利益供与の疑いを強めていることを並べ立てた。

「白井副社長は代表取締役の職責に加え、当社の副社長のなかでもただ一人の内部管理統括責任者です。つまり、その職責が日本証券業協会の規則で規定されている方です」

それは、「あなたは証券会社の一介の役員と済ますわけにはいかないんですよ」という嘉本なりの警告だった。

内部管理統括責任者とは、証券業界の不祥事を契機に日本証券業協会が各社に一人ずつ置くように求めたポストである。証券会社の内部監査や管理を統括する最高責任者で、副社長クラスが兼務する場合が多かったが、証券業界からすると、マーケットの不正に目を光らせる「顔」ということになる。

「副社長！　ちょっとその規則を読み上げてみます」。そう言うなり、嘉本は用意してきた書類を取り出し、困惑する白井の前で協会規則の一部を早口で読み始めた。

「証券会社は代表取締役の中から一名の内部管理統括責任者を定め、営業活動や顧客管理が適正に行われるように内部管理態勢の整備に努める。法令諸規則等に違反する事案が生じた場合は、法令諸規則等に照らして適正に処理しなければならない……」

温厚な白井の顔がこわばっている。むっとした表情に気づかない振りをして、嘉本は続けた。

「今後は、ぜひ内部管理統括責任者としてのお立場を考えて、総会屋問題に対応されるようお願いします」

――しっかりしてくれよ。特捜部も世間も甘くはないぞ！

嘉本は危機感の乏しい上司にハッパをかけたのである。

嘉本の前までは、不正について役員会に報告しようという者すらいなかった。だから、野村證券のように「社内の司法組織である監査・管理部門までが隠蔽に加わった」と疑いを持たれてしまうのだ。

はっとしたように白井が漏らした。

「すぐ三木さんに報告するよ。一緒に社長室に来てくれ」

ところが、その白井と嘉本が社長室に行くと、今度は三木が慌てて言った。

「これは副社長会で報告しなければなりませんね」

みんなで渡れば怖くないというのか、それとも責任逃れなのか。こうして時間ばかりが過ぎていった。

三木が招集した副社長会が開かれたのはその数日後。トクチョウの四月の捜索から数えると、実に三ヵ月が過ぎていた。前回の副社長会を欠席した白井も出席し、さすがにメンバーの全員が揃っていた。

だが、嘉本に同行を求められた長澤は、脚を組んだり、ぶらぶらさせたりしている副社長の姿を見つけ、がっかりした。彼らには初めから緊張感がなかった。

会長や社長、そして副社長が囲むテーブル上には、嘉本がまとめた総会屋事件の中間報告書が配られている。

「うちには東京地検の捜査はない。捜査は入らないよ」

副社長の一人が嘉本に向かって言いだした。

「どこからか、そんな情報があるのでしょうか」

「そういう感触だよ」。何の裏付けもない発言だった。

――またも根拠のない楽観論か。

嘉本は暗然とする思いを隠せなかった。警告をまともに受け止めようとしない空気に、本来なら発言する資格のない長澤がとうとう口を出した。

「副社長！　今度は山一です。他社に逮捕者が出て、うちも何人も地検に呼ばれているのです。やられますよ」

しかし、地検特捜部の摘発などあるわけがない、という失笑のうちに会議は終わってしまった。

「甘い！　幹部にはまともな情報が入っていないな」

嘉本が悔しげに呟く声が長澤の耳に届いた。

「どこもやられているのに」

長澤は口を一文字に結び、「馬鹿じゃないか！」という苦い言葉をかろうじて胸の奥深くに納めた。


地検特捜部が山一幹部の一斉聴取に乗り出したのは、その副社長会からわずか四日後の七月十五日のことである。さらに二週間後の三十日、東京地検とＳＥＳＣが商法と証券取引法違反容疑で山一證券本社に踏み込んできた。

「そら見たことかっ」。行平や三木の自宅までも家宅捜索の対象になったと聞いて、長澤は地団駄を踏んだ。

捜索の容疑は、一億七百万円に上る山一の利益を小池隆一に提供した——とされている。やはり、サイメックス（シンガポール国際金融取引所）の先物取引で山一が上げた自社の売買益を、本社と山一フューチャーズの操作で、小池の小甚ビルディングに付け替えてやっていたのである。白井は後になって、山一の元幹部にこう漏らしている。

「嘉本には悪いことをしたな。だますようなことになってしまった」。彼は財務や総務分野を担当していたため、小池への利益供与についても報告を受けていたのだった。社内不正を糾《ただ》すべきギョウカンの幹が腐っていたのである。

――やっぱりそうだったのか。「特に問題はなかった」と前業務監理本部長から引き継いだあのシンガポールの監査が疑惑の焦点だったのだ。社長も白井さんも、自分たちが関与していたから、徹底した調査も処分も指示できなかったのだ。

だが不思議なことに、その時、嘉本の胸に湧き上がってくるのは怒りではなく、同情に似た思いだった。彼らはこれから大きな代償を払うことになるからだ。

検事の追及は苛烈だった。一方の山一の幹部たちには油断があり、組織立った対策を講じていない。それがいきなり、「被疑者」と呼ばれる身に落ちようとしていた。深夜まで取り調べを受けた幹部たちは自分の弱さを家族にも打ち明けられず、行き場所さえ失っていた。取り調べの後には、会社の顧問弁護士らによる聴取が待っている。それは弁護と企業防衛に必要なことだった。

「このうえ、まだ絞られるのか。もういやだ！」と叫んだ幹部もいる。

組織的な不正に流されていくサラリーマンは一つ間違えば自分の姿だ。だまされていたとはいえ、嘉本は誰彼を恨むような気持ちにはなれなかった。

彼は菊野や長澤、業務監理本部企画課付課長の虫明《むしあき》一郎たちを集めて言った。

「俺たちで面倒をみてやろうよ」

三木たちは顧問弁護士を招いて、強制捜査への対策会議を開いている。その会議で、「業務監理本部長に検察サイドからの防衛を仕切ってもらえないか」という提案があったが、嘉本ははっきりと断った。本社には企画室や法務部という部署がある。しかも、野村や日興證券では、業務監理本部関係者が証拠隠滅の疑いがあるとして追及されていた。山一でもギョウカンが仕切り役になれば、それでは会社ぐるみの犯罪という誤解をさらに深める結果になりかねない。

「業務監理本部長はその職責に照らして、企業防衛の調整役にはなれません」。そうは言ったものの、不測の事態が起きないように、取り調べを受ける社員の精神的ケアは一手に引き受けよう、と嘉本は思っていた。

金融界を揺るがす利益供与事件はすでに自殺者まで生んでいた。小池に巨額の融資をした第一勧業銀行では、元会長の宮崎邦次《みやざきくにじ》が六月二十九日、自宅で自殺していたのだった。元会長は連日のように長時間の取り調べを受けていた。

「人間は弱い。取り調べで追い込まれた人間を一人ぼっちにすると、自殺まで考えるよ。俺たちでケアしてやろう」

そのために、嘉本は塩浜ビルとは別に、山一本社十八階の一八〇一号室に業務監理本部の別室を確保した。社長室の二階上である。

この十八階には、深夜業務の社員や東京出張者が寝泊まりするための部屋がいくつもあった。その一つである一八〇一号室は2DKで、二つのベッドと冷蔵庫、小さな調理場が備えてあった。そこへビールや酒、焼酎、カップめん、乾きものを常備しておくようにした。さらに泊まり込むためにタオルや石鹸、茶碗、箸、包丁なども自腹で買ってきた。

窓の向こうには隅田川が昏《くら》く流れている。都会の真ん中の静まり返った部屋だった。隅田川にちなんで当初、「隅田クラブ」と名付けられたが、やがて、誰とはなしに「アジト」と呼ぶようになっていった。

午後六時過ぎになると、そこに嘉本や菊野、長澤が手の空いた順に詰めた。取り調べを受けた幹部や社員たちの悩みと愚痴に耳を傾けるのである。

「いま、私の事情聴取が終わりまして、地検を出たところです」

取り調べが済むと、神経を尖らせた幹部たちは興奮したまま、アジトに電話をかけてきた。彼らには嘉本が、「取り調べでしんどかったら会社に寄ってくださいよ」と伝えている。

「何時でもかまいませんから、アジトには必ず誰かがいます。立ち寄ってビールでも飲んでください」

その言葉に部長から副社長までが次々に応じ、アジトを覗きに来た。自分も逮捕されるかもしれないという不安が、親身になってくれる会社の仲間を求めた。

電話は午後十時過ぎから午前零時を過ぎる時もあった。その電話を長澤たちはじっと待っていて、「一日、大変でしたね」と言葉を返す。会社に電話し、立ち寄ることで精神の安定を図っていた幹部もいた。それは家族も知らない会社人間の一面であった。

前顧客相談室長でもあった菊野は、乾きものの袋をテーブルで開きながら、その日のできごとをいつまでも聞いてやった。人懐っこい笑顔と、薩摩弁を交えた言葉が幹部たちの緊張の鎧を脱がせていく。

「きょうは大変でしたな。まあ、一杯飲みなさいよ」

菊野からビールをついでもらった部長はうつむいたまま、喘ぐように言った。

「私は検事に話してしまいました」

「うんうん、そうですか」

「守るべき上司を裏切ってしまいました。辛くてゲロってしまった」。部長の目に大粒の涙が浮かんでいる。

「そんなに自分を責めることはないですよ。何を話されましたかなあ」

「……。私は死んでお詫びしなければならないです」

「会社のことで、死ぬの生きるのということなんかないですよ。あなたが苦しむ必要はないんです」

「会社が家宅捜索を受けた時も私はだめだった。大事な書類をロッカーかどこかに隠そうとしたんですが、動けなかった」

「いやいや悩むことはないですよ。あなたが命を張るほどの秘密なんて、会社にはありはせんのですよ」

「でも私は上司を守れなかったです……」

別の幹部は取り調べを受けると必ずといっていいほどアジトを訪れ、愚痴をこぼした。

「検事がしつこいんだよね」

「お疲れでしょうなあ、うん」

「根ほり葉ほり、いつまでも聞いてくるんだ。同じことをさ。僕はもう疲れたよ」

不愉快な取り調べを頭の中から追い出し、気を紛らわせたいのだ。相槌を打つ間も与えず、しゃべり続けた。

「上から言われたんだ。会社のためにやるしかなかったんだ」。悪いことをした、という意識が彼らには乏しい。だから、自分を正当化する言葉が思わず口をつく。

「菊野さん、言われたことをやるのがいやだったら、会社を辞めるしかないよね」

「一杯飲んで忘れましょう。サラリーマンというのは弱い存在ですなあ。気が済むまでお付き合いしましょう。私は聞くの（菊野）ですからな。帰りはタクシーですか、電車ですかな」

下戸の嘉本はアジトでは脇役だった。落ち込んでいる幹部と酒を酌み交わせない。その代わりに菊野よりも言葉を多くして慰めた。

「（検事に）喋って悪い話など何もないよ。検事に追及されここまで苦しんで、あなたも会社から迷惑を受けたんだから、お互い様なんだよ。あなたが背負い込むことはない。やむを得ないんだ」

調べを受けた者たちが重い足取りでアジトから引き揚げ、エレベーターへと向かう。「逮捕されるかもしれない」。その不安と、「なぜ俺が」という苛立ちが深夜の廊下で「ああ――」という、聞いたこともない深いため息をつかせる。コツ、コツ、コツ。去っていく冷たい靴音に向かって、嘉本は心の中で告げた。

――ここに来た社員に根っからの悪人は一人もいない。「会社のため」と自分に言い聞かせ、不正に手を染めたのだ。サラリーマンは正義感だけで生きていけるわけではない。会社のなかには法律だけでは割り切れない何かがある。それは俺にも、よくわかる。

菊野や長澤は彼らを送り出すと、ぐったりと疲れてベッドにもぐりこんだ。一週間もそれが続くことがあった。

「アジト」は場末の組織が本社に築いた橋頭堡だった。だがその後、九ヵ月間もこの部屋を使い続けるとは、だれ一人として予想していなかった。

3　反旗

〈社員をなめるな〉というところまで読んで、菊野は眉根を寄せた。一九九七年八月七日のことである。山一が東京地検特捜部の家宅捜索を受けてから八日が過ぎている。

「やっぱり同じことを考えている幹部がいるんだな」

菊野の手にあるのは、北海道の旭川《あさひかわ》支店長から届いたファックスである。


〈1、情報を開示せよ。
2、支店長の意見を良く聞け。
3、責任を明確にせよ。
4、リーダーを早期に確立せよ。
5、社員をなめるな。
6、密室の人事は止めろ。
7、公平、公正なクリーンな会社を創れ〉

菊野は強制捜査で山一の信用がさらに失墜したことを受けて、八月六日、全国の支店長たちに経営への提言を文書で求めた。その翌日から、さっそく回答が電子メールやファックスで寄せられてきているのだった。

〈この度、証券取引法および商法違反の容疑で家宅捜索を受けていますことは、極め

て残念でございます。依然捜査中ではありますが、未然に防止できなかった責任を痛感し、お詫び申し上げます〉

菊野が全支店に流したのは、こんな謝罪から始まる文書である。これを機に、本社を含めた内部管理の充実を目指さなければならないこと、一人一人の意思を会社再生へ向けて反映させ、信頼を回復しなければならないことを強調して、菊野は次のように結んだ。

〈一日も早く〝新生山一〟を構築したいと思います。支店長はじめ、支店の皆様にもいろいろな思いがあると存じます。私も、皆様の意見をもとに内部管理の充実について、経営に提言したいと思いますので、ご意見がありましたら営業考査部　菊野宛に電子メールまたは、ＦＡＸにてお聞かせ下さい〉

「提言募集」は、彼が上司である嘉本にも知らせず、独断でやったことである。咎められれば辞表を出す覚悟だったが、一方で本社の部長にはそれぐらいの権限はあると信じていた。

「場合によっては打って出よう」と菊野はひそかに決意している。つまり、支店長クラスに「社長退陣」の声が強ければ、その後押しを受けて、「三木社長よ、辞めろ」

と役員たちに働きかけようというのだ。

こんな時、菊野は企てを漏らさない。直属の部下たちにも内緒で策を練るところがあって、彼の秘書のような役回りだった木戸みね子たちは時々、焦れてしまって、「タヌキなんだから……」と聞こえよがしに言うことがあった。

このころ、山一證券の株価は三百円を切り、強制捜査を受けたことでさらに信用を失っていた。

「大口顧客だけじゃなく我々にも何とかしろ」。山一の店頭でそう言い放つ顧客が現れている。「補塡してくれへんかったら、我々もヤクザになろうかな」と嫌みを言う客も珍しくなかった。

もともと、一九九七年三月期決算は経常利益十二億円と前決算期の十分の一に落ち込み、収益の悪化と凋落は隠しようがなかった。菊野のところには、支店から次のような顧客の声が文書で次々と報告されてきていた。

〈「山一さん、潰れたりしない？」との声あり。「株券出券したいが、すぐ出来るのか」という問い合わせも多い〉

〈「私たちの買い付け商品（投資信託）は目減りがひどいのに、山一ではヤクザにお金を流していた。山一證券を許せません」と言われ、全額出金される〉〈「山一は財務内容もよくないうえ、リストラも進んでいない。この先大変心配だ」と客の意見があった。「利食った物から出金する」と言われた〉

ところが、会長の行平次雄は捜査が本格化した後も、相変わらず「うちには違法行為はない」と言い張って、会長の座や日本証券業協会会長の職も降りようとしなかった。野村證券や総会屋事件の遠因を作った第一勧業銀行は、強制捜査を受けると間もなく、代表権を持つ役員が総退陣している。山一の往生際の悪さは際立っていた。

マスコミからは袋叩きにされ、顧客の間からは感情的な声が湧き上がった。

「野村より悪質だ」「行平会長の行動は万死に値する」

保守派の論客であった京都大学名誉教授・会田雄次《あいだゆうじ》の発言まで菊野のところに上がってきた。会田がテレビ番組の中で、「山一の社長や会長の記者会見の態度が不愉快きわまりない。個人投資家に対し『すまない』という気持ちがほんとうにあるのか」と怒ったというのである。客とじかに接する山一の支店長たちが思いつめるのも当然の成り行きであった。

菊野が全支店長に文書を送ったその八月六日、本社で緊急副社長会が開かれていた。十五階の役員会議室には、追い込まれた行平と三木、代表権を持つ五人の副社長が集まっている。

行平と三木は、九代目社長・植谷久三《うえたにひさみつ》や十代目の横田良男に仕え、上司の意思を忖度《そんたく》する能力にも秀でていたことから、早い時期から「社長候補」「プリンス」と呼ばれていた。MOF《モフ》（Ministry of Finance＝大蔵省）担当として、証券行政を左右する役所との折衝を重ね、経営計画立案の中枢にいたことも、それぞれの出世に弾みをつけている。

二人はいずれも福岡県で育ったが、行平の場合は、もともと満州事変の起きた一九三一年に旧満州で生まれている。終戦時に同県豊前《ぶぜん》市に引き揚げ、貧しい農家の子として育ち、苦学して一橋大学法学部に進んだ。痩身で眼光は鋭く映り、とがった顎は何かを噛みしめているように見える。それを彼の引き揚げ時の苦労や少年期の貧困と重ね合わせ、風圧と迫力を感じ取る社員は多かった。

五五年に大学を卒業し、本社の投資信託本部、金融法人部、企画室と進んでいくうちに、腹の据わった能吏と評価されていく。投資信託本部で本部長の植谷に、また投信募集部総務課では、課長だった横田に指導を受ける幸運にも恵まれていた。

三木は行平の五年後輩で、東大法学部を卒業している。体が細く大きな声は出さない。小さな顔におっとりした性格を備え、「お公家さま」と揶揄《やゆ》されることが多かった。彼は同期の中で最も早く本社に呼び戻され、常に日の当たる場所を歩いている。山一最大の実力者として君臨した植谷の秘書役を務め、エリートコースである福岡支店長に抜擢された。バブル期の副社長を務め、行平に指名されて社長に就く。

山一證券は「法人の山一」を看板に、大手企業相手に成長してきたことから、「ホールセール（wholesale）派」と呼ばれる法人営業部門出身者が要職を占めてきた。大企業の資金運用や株式公開、機関投資家との取引を担当する山一の主流派である。「社内権力」とも呼ばれていた。行平自身もMOF担の後、法人営業部門の責任者となっている。

これに対し、「個人取引」を意味する「リテール（retail）派」の役員たちもいた。個人顧客相手の営業部門で、資産家や不動産所有者に始まり、中小企業経営者、医者、弁護士、宗教法人などを相手に叩き上げた面々だ。嘉本はその一人だが、ホールセール派に比べると、話にならないほどの劣勢、というより派閥と言える勢力ではない。支店時代から同じような苦労を重ねて仲が良いという程度である。

ただし、山一にはこれまで、経営全般の指揮所である企画室の室長を経験していなければトップに就けない、という不文律があった。ここには権限が集中し、室長は大蔵省証券局も担当している。横田、行平、三木という歴代の社長はいずれも企画室長を経て社長へと昇進している。

権力の至近距離にあるこのポストは、営業のように自ら汗を流すことがないため、現場から「内務官僚」とやっかみを受けている。

さて、緊急副社長会の場面に戻る。その座の主役も内務官僚からホールセール派を牛耳るようになった行平であり、彼の権力への執着を「院政」と呼んで眉をひそめる者もいた。

議題は全社員が注目する次期社長の人選だった。抵抗していたとはいえ、行平は総会屋事件で会長の座も引責辞任しなければならないことはわかっていた。だが、権力を手放す気持ちは全くない。すでに新社長就任を複数の役員に打診していたが、少なくとも次の三つの条件を満たしている必要があり、容易にまとまらなかった。

まず、今回の総会屋事件に関与したり、監督責任を問われたりする立場にないこと。これは監督官庁の大蔵省から指導されていることである。

二つ目に、体制を一新したという印象を与えるために営業出身であること。これまでの社長は企画室長出身者で、「その内務官僚が山一をダメにした」と現場の社員たちに見なされている。菊野のような改革派や急進的支店長の批判を封じるには、営業一筋に叩き上げたような人材が必要だった。

三つ目。これが行平たちにとって一番大事なのだが、現経営陣の影響力を残すため御し易い人物であること。

七人の副社長会出席者のうち、最年少の佐藤清明は前日、行平の部屋で見た白い紙の山を思い出していた。それは、「体制を一新してほしい」という趣旨の支店長や組合役員からのファックスの束だった。

佐藤は、中央の席に陣取る行平をじっと見守った。緊急に副社長を集めたのだから、次期社長についてそれなりの話があるはずなのだ。ところが、会長の口から出たのは意外な言葉だった。

「いろいろな問題があるんで、まだ次の社長を誰にするか決めていない。まず、経営を黒字にしなくてはいかん」

その言葉を、すかさず財務担当の白井隆二が引き取った。

「実は、債務がこれだけあるんだ」。右手の指を三本立てていた。

「三百億ですか？」。大阪駐在の副社長が首を傾げた。

間髪を入れず、行平の低い声が響いた。

「マルが一つ違う」

「三千億円ということだよ」

テーブルの脇から副社長の一人が声をあげた。「代表取締役なのに、君はそんなことも知らないのか」という響きにも聞こえた。

佐藤は仰天し、二の句が継げなかった。

――どういうことだ？　山一の決算書のどこを探しても、三千億円の債務なんて記されていないぞ。聞いたこともない債務をひそかに抱えているというのか！

その場の雰囲気は、新たな質問を許さない厳しさである。問いただしたところでどうにもならないことも、佐藤にはわかっていた。行平の権力は絶大だったし、代表権を持つ五人の副社長は五日後、行平や三木とともに辞表を提出して顧問に就任するよう指示されたからである。

新社長選びが迷走しているころ、嘉本は二つ年下の取締役で西部地区本部長の仁張《にんばり》暢男《のぶお》と小料理屋で会っていた。

仁張は京都生まれで立命館大学法学部を卒業している。多弁で少しルーズだが、困ったことがあっても短軀の胸をそらして「出たとこ勝負や」という明るさがある。トップを取りに行く気持ちはないが、社長たちに迎合したり清濁併せ呑んだりすることもいやだという男だった。

「京都人は、時の権力にはすかいに生きるもんや」と漏らしていた。謀り事をめぐらさないところで嘉本と気が合った。

「山一はこのままでええのか」。会議で嘉本と顔を合わせると、仁張が漏らした。経営陣を一新しなければならない、という点では一致していた。

　常務以上の大幹部はあてにならない。社長レースの先頭集団を走る常務の藤橋忍は能吏と評判の高い企画室長だったが「俺たちは何かやるかもしれないぞ」と嘉本が示唆してみたら、困った顔をしたのである。

「嘉本さん、ややこしいことはやめてよ……」

　嘉本は思い切って仁張には本心を打ち明けた。

「いいか、社長は互選だ。多数決で決まるんだぞ。本当に社長をやろうという者がいたら、俺は手を挙げてやる」

　仁張には社長になる野心はない。彼以外で邪心なく会社を改革しようと思うものがいれば本心から応援する、と約束したのである。

「ただし、常務以上の役員はだめだよ。もちろん、俺も常務の端くれだからだめだ。

今の経営陣は全部辞めてもいいんだよ。俺もみんなもだ。ヒラ取から社長を出してみろや。互選で決まることを忘れるなよ」

社員をあっと驚かせ、世間の期待を膨らませる人材でなければ、山一の改革は成し遂げられないだろう。若手が登場するなら、自分も辞表を出してもいい、と嘉本は思っていた。妻の千恵子はそれを後で知ることになるかもしれない。

千恵子は阿倍野支店の二年下の後輩であった。入社して四年が経ったころ、自分の机の引き出しを開けると、綺麗に削った鉛筆がずらりと揃えてあった。綺麗なちり紙が入っていた日もあった。誰かの秘めた好意だった。意識して見ていると、二つ机を挟んだ事務課で算盤《そろばん》をはじいていた千恵子が毎朝、嘉本の机を拭いていた。身長は百四十五センチと少女のように小柄で、無口だった。白桃を思わせる頬と、くりっとした黒目がちな瞳を持っていた。

千恵子は泉州の漬物屋に五人きょうだいの長女として生まれている。地元の岸和田市立産業高校を卒業して二年目。二十歳だった。嘉本も八人きょうだいと賑やかな家庭に育ったから、それも好ましく思った。

「俺のアパートの窓にはカーテンがないんや。作ってくれんかなあ」

支店で漏らしたら、彼女が母親と縫ったカーテンを持ってきた。嘉本はそれをいつまでも忘れなかった。彼は近鉄バファローズの捕手だった梨田昌孝に顔立ちが似ていて、高校では一時、軟式野球をしていた。山一大阪店の陸上競技部とバレーボール部にも属し、社内運動会でも活躍したから、支店では人気があった。

「あの人は高嶺の花だ」。千恵子は半ば諦めていた。ところが、嘉本はちゃらちゃらした女性よりも、白い陶磁器の茶碗で温かいご飯を食べさせてくれるような家庭的な女性を求めていた。職場で千恵子の寡黙な優しさに出会い、ほだされてデートを重ね、所帯を持ったのである。それでも彼女は、嘉本が自分に同情して一緒になったのだ、とずっと思い込んでいた。だが、もしそうだったとしても、この場合の同情は愛に近い感情である。

千恵子は結婚と同時に退社し、二人の男児を産んだ。動くことが好きで、簿記や算盤に強く、計数管理には特異な才能を発揮した。その能力は結婚後も衰えることがなく、パート先の土木事務所では、数円単位の経理ミスまで発見している。嘉本が役員に昇進したあとも、ミニバイクで土木事務所や焼肉屋、コンビニに通いパートを続けてきたのだ。

よそで社員たちを驚かせた計数管理能力は嘉本家でさらに磨かれ、稀代の締まり屋となって開花した。一つの物を買うのにも三、四店で価格と機能を比較検討しないと気が済まない。

「お前のは、単なる優柔不断ではないか」

千恵子に向かって嘉本は毒づくことがあったが、土地などの大きな買い物では大胆に判断を下したから、どうも細かいだけではない。必要なら金を使うが無駄遣いは一切嫌だ、というタイプである。

小遣いは別だが、その他の金銭のやり取りは、夫婦間でも一円単位で精算させられる。結婚したてのころはまだ「省エネ」という言葉がなかったが、嘉本はやかましく躾《しつ》けられてきた。電気の付けっぱなしでもあれば、声こそ小さいが大変な騒ぎである。

しかし、辞める腹を固めた今となっては、妻が虚栄心と無縁であることがありがたい。

嘉本はまだ五十四歳だ。「仕事の選り好みをしなければ働き口はある」と思っていたが、彼が山一を辞めれば、千恵子のパート勤めも大事な収入源になってくるだろう。

嘉本が仁張らヒラ取の謀議を見守っているころ、菊野の手元には全国の支店長からさらにファックスが届いていた。緊急副社長会の翌日に届いた福岡支店長からのファックスには、〈福岡財務支局との会話を踏まえて〉という注釈がついていた。

〈1、山一の収益が問題だ。小池問題以外に何かある。財務内容を深く見て他社と比較すれば良く判る。決算書類を研究した方が良い。出直すことが肝要である。
2、野村證券と違う点は、山一の社員の半数以上が倒産するのではないかと危惧していることだ。株価がそう言っている。
3、このような事態のときは内部社員と良く会話することが重要である。
4、ルール違反社員が続出する可能性が強いので内部管理をしっかりせよ。
5、山一は顔が見えない〉

八月七日正午過ぎには、札幌支店長からもファックスが届いた。現経営陣の退陣要求だった。

〈代表権をもつ役員はすべて辞めろ。内部にいる社員は倒産の可能性に不安を持っている〉

最も厳しかったのは福山支店長である。代表権を持つ取締役は全員解任が当然であり、功労金の支払いも必要ない、と彼は書いた。

〈事件が悪質な点からも、野村證券の処分と同程度では世間や社員の納得は得られない。その点から専務以上もすべて解任すべきであり、常務も責任は免れない。新経営陣の最高責任者は外部から招聘することが望ましいが、ことは急を要すると思われるので、常務取締役又はヒラ取締役の中から社長を選任し、新社長以上の年次の役員は即退任する必要がある〉

ところが、過激なファックスやメールがひと通り届くと、支店から菊野への回答のペースは急に落ちた。計算してみると、全国百十六の支店のうち三分の二以上が無回答であった。回答した中にも、〈今回こそ「新生山一」で出直さねばと考えます〉というどっちつかずのものもあり、結局、表立った改革派はごく少数に過ぎなかった。

――会社の危機を体感している支店長たちが洞ヶ峠を決め込んでいるのか。彼らの多くは現役員の引きがあって出世しているからな。

「何とかできんもんかなあ」

落胆したせいか、それともアジトで残業が続いているせいか、菊野は体のだるさを覚えていた。

そのころ、仁張は本社十八階の泊まり部屋や料理屋に、四、五人の取締役を集めていた。嘉本が「アジト」を構える同じ階だ。仁張たちは寿司をつまんだり、酒を飲んだりしながら、経営刷新について話し合った。

中でも声が大きかったのが、西首都圏本部長の堀嘉文《よしぶみ》である。嘉本と同じ一九四三年生まれで、間もなく五十四歳になろうとしていた。その年の三月に末席の取締役に名を連ねたばかりである。

「新しい体制でいかないと、山一は遠からず、つぶれまっせェ」。見惚れるほどの豊かな白髪で、体も大きいから威圧感があった。

「お客さんもそう言うてます。行平会長の院政が続くようでは、どうにもならんと思うわ」

堀は、丹波《たんば》黒大豆や猪肉で有名な兵庫県多紀《たき》郡篠山《ささやま》町（現・篠山市）の出身だ。昭和三十七年に県立篠山鳳鳴《ほうめい》高校を卒業した「三七高」である。

「今の執行部は行平さんの傀儡《かいらい》政権やからなあ」。感情の振り幅を隠さず、ポンポンと正直に言うので、「堀っぺ」と先輩にも可愛がられている。

嘉本だけでなく、仁張や堀も「リテール派」に分類される役員である。一時は、法人営業グループの「ホールセール派」に対抗して、リテール部門の充実を叫ぶ勢力もあったのだが、その一派は駆逐され、いまは糸の切れた凧、束ねる者のいない傍流である。

謀議を重ねるのは、このリテール派と若手取締役のグループである。彼らが改革の思いを伝えるということは、この法人権力の本丸を崩すということだ。それを社長たちに伝える必要があるのだが、結局「俺がやる」という取締役はいなかった。

しばらくして、嘉本は仁張に聞いてみた。

「どうだった？　いたか」

「いや、空回りでした……」

なおも言葉を続けようとする仁張を嘉本は制した。

「まあ、そんなものだろうよ」

リテール派やヒラ取たちが次期社長候補を擁立できなかったのに対し、行平と三木は緊急副社長会のその夜、二人の男に白羽の矢を立てていた。

「次の会長は君に頼みたいんだ」と三木は言った。午後七時。専務の五月女正治は静岡県伊豆市に滞在している。夏休みを取り、妻とともに伊豆のホテルにいたのだった。三木の言葉に、彼は受話器を固く握りしめた。

「え、こんなところで突然、言われましても……」

「わが社の状態は君が一番わかっているはずだ。誠実な君なら社員の信頼もある。ぜひお願いしたいんだ」

五月女は東大で三木の一年後輩だが、争いを好まず出世レースには縁遠かった。大手企業の増資や社債発行を担当する引き受け部門が長く、しゃしゃり出ることがない。そんな自分を夜になって電話で旅先まで追いかけてきた。三木の口調は切羽詰まっている。窓の外の真夏の伊豆の海はとろりと凪ぎ、静まっていた。暑さが一気に戻ってきた。

「新社長はどうするんですか」

「野澤君に頼んであるんだ。この話はまだ、私と行平会長しか知らない。よろしく頼みますよ」

三木はその直前に野澤にも電話を入れていた。

「僕の後任は君がやってくれないか。いろいろあって君しかいないんだ」

「えーっ！　私はその器じゃありませんよ」。そう言う野澤の答えのなかに、僥倖《ぎょうこう》の喜びがにじみ出ている。

　行平も野澤に電話を入れていた。じっとり粘るような口調であった。

「頼むな。逃げないで仕事に向かってくれ。いろいろ、いろいろあるんだよ」

　二人のトップが言う「いろいろ」とは、緊急副社長会で明らかにされた「指三本」の、簿外債務のことだったのだろうが、野澤が深く聞くことはなかった。

　五月女は電話要請の翌日、ホテルを引き払い、会長室に駆け込んだ。行平は五月女の顔を見るなり言い放った。

「会長をやってくれるんだって？」

「いやまだ……待ってください」。五月女は目を丸くした。

「野澤とならば君もうまくやっていけるだろう。頑張ってくれよ」

　新会長と新社長が発表されたのは、翌週の月曜日、八月十一日のことである。行平や三木、副社長ら旧経営陣の十一人は顧問として残り、部屋や車、秘書を確保した。人事一新とは形ばかりだった。

　――大変な時期に、野澤君と組むことになった。

　五月女はそう考えていた。三木自身も野澤に期待していたわけではない。三木は一時、後継社長に佐藤清明を推していた。野澤や五月女は消去法で残ったコンビに過ぎなかったのである。

本心をめったに口にしない三木が、側近にぽつりと漏らした。

「野澤が社長になっちゃったよ」

三章　倒産前夜

1　刺殺された同僚

脂汗が滲み出るような一日の終わりに、菊野は千葉にある妻の雅子の実家で心地よく酔っていた。お盆休みの初日である。

そこへ電話がかかってきた。休暇中の行き先は部下に教えておいたのだが、雅子に「会社からですよ」と告げられると、不吉な予感が一気に胸に迫ってきた。

恐れていたことが起きてしまった。同僚だった顧客相談室長が帰宅途中に刺殺されたというのである。受話器を置いた菊野の顔は青ざめていた。

翌日の朝日新聞は次のように報じている。

〈（八月）十四日午後八時二十分ごろ、東京都大田区大森西二丁目の路上で、男性が胸や腹部から血を流して倒れている、と一一九番通報があった。男性は病院に運ばれれたが、午後九時すぎに死亡した。この男性は持っていた身分証明書などから、近くに住む山一証券監査部付部長兼顧客相談室長・樽谷《たるたに》紘一郎さん（五七）と分かった。警視庁捜査一課は大森署に捜査本部を設置し、殺人容疑で捜査を始めた。山一証券など証券各社は総会屋や暴力団との絶縁を進めており、樽谷さんが顧客からの苦情などに対応する仕事を担当していた。（中略）

樽谷さんが刺されたのは大田区大森西二丁目の京浜急行のガード下の駐車場で、その後約四十メートル離れた飲食店前まで自力で歩き、「助けてくれ」などと助けを求めた後に倒れた。

神奈川県横須賀市に自宅があるが、通勤の便を考えて現場近くで単身で暮らしていた。

樽谷さんは背広姿で、所持品の中に現金約十四万三千円が残っており、捜査本部は金銭を目当てにした犯行ではないとみている。

捜査本部によると、樽谷さんは十四日は出勤し、午後七時ごろ同僚と一緒に退社。品川駅で別れた後は一人だったとみられる〉

樽谷は菊野と同じ一九六二年に入社し、金融法人第二部の部付部長や青森支店長などを経て、山一證券で三代目の顧客相談室長に就いた。二代目の相談室長が菊野である。

顧客相談室長は、客の苦情やトラブル処理を一手に引き受けるのが仕事だ。老練で粘り強くなければ務まらない。樽谷は菊野が相談室長だった時代に、その補佐役として二年間、一緒に働き、菊野が営業考査部長に転じたあと、三代目相談室長のポストに就いていた。

お盆休みの直前、樽谷は「富山の実家に帰ってくる」と菊野に告げた。早めに休暇を取ったのだった。

「何か美味いものを送るよ」

それが最後に聞いた言葉だった。

顧客相談室が設けられたのはバブル経済がはじけて株価が暴落した後の九三年である。本店や全国の支店には顧客の不満や苦情が殺到した。

その前年に損失補塡は改正証券取引法ではっきりと禁止されたため、損失の穴埋めはできなくなっていた。証券会社の中には、「証券トラブル」として簡易裁判所に持ち込み、法廷を使って補塡しようというところも出てきた。訴訟の形にはするが、早々に和解して合法的に補塡するのである。しかし、それも大蔵省に届け出なくてはならないため、客が納得するような解決は容易に見いだせない。

苦情はこじれることが多くなり、声高な抗議やトラブルに発展した。その矢面に立たされたのが、顧客相談室長の樽谷だった。

得体のしれない男に「ぶっ殺してやるからな」と脅されたりしたことは一度や二度ではない。暴力団組員は堂々と会社に乗り込み、録音装置を仕込んだ部屋で「このままでは済まないよ」と薄笑いを浮かべた。

自分の命を安く見る人間は本当に恐ろしい。菊野たちは防弾チョッキや防刃ベストの購入を真剣に検討した。

——損な役回りだ。

そんな気持ちが時折、心に昏く満ちてくる。家族に打ち明けることでもないから気の紛らわしようもなく、どんよりとした不安を内側に込めたまま神経が尖ってくる。だからということなのか、顧客相談室だけは、夕方に仕事場で酒を飲むことが黙認されていた。

それは執拗に罵声を浴びたり、すごまれて胃液が胸元までこみあげたりする一日の締めだった。乾きものを前にビールや焼酎の水割りを飲んでいると、菊野は男たちの殺気で縮み上がった股間のものがゆっくりと下がってくるような気持ちになった。樽谷はその飲み仲間でもあった。

　菊野の時代から苦情処理のやり方を変えていた。顧客相談室長らが直接、地方に出かけて行って処理するようにしたのである。それまでは支店ごとに対応し、相談室は東京で苦情客を待っていたが、処理を支店に任せると支店幹部がその処理に躍起になって支店全体の雰囲気が暗くなってしまうのだ。自分たちで提案した地方出張だったが、当然ながら菊野や樽谷の荷重はさらに増した。

「取引で儲ければ自分の才覚、損をすれば証券会社のせいだ」。苦情客の中にはそう考える者もいる。果てしない言い合いにもなった。

「まあまあ、このあたりでどうですか」と菊野は遠回しに手打ちを求める。なだめすかし怒らせないように時には妥協もしたが、樽谷は曲がったことが嫌いな硬骨漢だった。客との賠償条件は上司が決める。その条件を守ろうとする昔気質《かたぎ》もあって、樽谷は客と上司の板挟みになることもあった。

　菊野が住むのは、新横浜駅から電車で三十分ほど行ったところの公団マンションである。樽谷が殺された後、菊野の自宅に宅配便が届いた。樽谷からだった。富山のかまぼこが入っていた。

　開けた瞬間、思わず菊野の眼に熱いものがこみ上げてきた。「美味いものを送るよ」という約束を、戦友は覚えていたのだ。

「死んでも律儀な男じゃ」

菊野は妻に聞かせるでもなく言った。

しかし、殺人事件の捜査は迷走する。「一体、警察は何をしているのだろう」と社員が噂していた十月九日夕、新たな事件が起きた。

今度は、山一證券の顧問弁護士だった岡村勲の自宅で、妻の真苗が刺殺されたのだった。

犯人は、事件の直前に山一證券自由ヶ丘支店に押し掛けてきた無職の六十三歳の男だった。十月十八日の読売新聞朝刊は、男が樽谷らに対し、暴力団員を名乗って脅し文句を並べ立てたと報じている。

〈容疑者は一九九一年に山一証券自由ヶ丘支店を通じて株取引を行い、数千万円もの損失を出した。その後、恐喝未遂事件で実刑判決を受けて服役中、刑務所の中から保有する株の売却を同証券に依頼したが、書類不備で同社に断られた。出所後、再び同証券を訪れて、「あの時、株が売れていれば、こんなに損はしなかった。あのころから株価は半分になっている」などと執ように抗議し始めた。（中略）

容疑者のこうした要求に、山一証券が「訴訟にしたい」などと態度を硬化させると、今度は樽谷さん個人に対し、「お前の住所はわかっている」などと発言。個人を標的にして脅迫めいた発言を繰り返した。

また、妻を殺害された岡村弁護士については、「話がつかないなら岡村弁護士の所に行こうか」などと電話で話していたことがあったという〉

男は損をした怒りを樽谷にぶつけ、ついには顧問弁護士の家族を襲ったのである。しかし、二つの事件は少しずつ忘れ去られ、樽谷事件についてはとうとう迷宮入りした。

──樽谷と俺と、相談室長になる順番が違っていれば、殺されていたのは俺だったな。

菊野は樽谷家に通うたびに哀しさで胸が締め付けられ、重い疲労を引きずった。腎臓に異常が見つかったのは、その直後のことである。定期健康診断を受けている最中に検査入院を勧められ、九月十七日から四十日近くも昭和大学藤が丘病院で療養した。看護師にはこう言われた。

「菊野さん、ベッドで寝るのが今のあなたの仕事かもしれませんよ」。診断は「糸球《しきゅう》体腎炎《たいじんえん》」だった。

「休憩がてら治療してくるよ。留守を頼むな。これからが大変だから、しっかりやるんだぞ」と部下たちに言い残していった。

「これからが大変だから」。その言葉の通り、菊野が入院してから、山一は会社始まって以来の騒ぎが続いた。

2　相次ぐ逮捕

「小菅《こすげ》」は東京拘置所の通称である。

検察庁や警察では、「東拘《とうこう》」と縮めて言うが、一般には、東京都葛飾区小菅一丁目にあることから、「小菅」と呼ばれている。電車では、東武伊勢崎線小菅駅で降りて駅前商店街を抜け、五分ほど歩かなければならない。

普段は金融界とまったく無縁のところだが、一九九七年は、財官界の関係者らが次々にその門をくぐる年となった。総会屋事件で四大証券と第一勧業銀行の社長、副社長、元頭取らが東京地検特捜部によって拘置され、さらには日銀や大蔵省の接待汚職事件に発展して逮捕者を増やした。逮捕者は実に四十一人。小菅は満員だった。

山一の強制捜査が始まったのは、菊野が入院した当日のことである。小池に対する利益供与事件で、この日に元専務や首都圏営業部の担当取締役ら五人が、一週間後の九月二十四日には前社長の三木が逮捕された。いずれも、小池に一億七百万円もの利益を供与した商法および証券取引法違反容疑である。さらに、総合リース会社「昭和リース」に対する三億千六百九十一万円に上る利益供与事件まで発覚し、十月に入って副社長だった白井隆二も逮捕された。

昭和リースからは約五十億円を預かって運用していたが、大損が出てしまっていた。昭和リースは、かつて山一が主幹事を務めていた松下電器産業（現・パナソニック）幹部に紹介された相手である。昭和リースから強く穴埋めするように求められると、山一側は「このままでは松下まで怒らせてしまう」と恐れ、小池事件と全く同じ手法で利益を提供した。山一がシンガポール国際金融取引所の先物取引で上げた売買益を、昭和リースの口座に付け替えてやったというわけだ。小池事件の捜査のなかで発覚し、芋づる式に摘発されたのである。

彼らが逮捕される直前、嘉本は一人ずつ会って話をした。

中には取り調べ中に検事から「逮捕ぎりぎりだね」と言われた者もいる。人間は、そうした曖昧な言葉を「俺は大丈夫ではないか」と都合よく解釈したがるものだ。誰かが幹部たちに「逮捕は近い」という客観的事実を伝えなければならない。そして、役員については事前に辞表を預かる――その汚れ役を嘉本は引き受けた。

後輩にあたる役員に嘉本は淡々と話して聞かせた。

「万一の時を考えて段取りを立てておかなければいけないね。会社も自分も。逮捕となれば辞表提出も必要になるよ」

「つらいなあ」

うつむいて聞いていた役員が小さな声を漏らし、嘉本の顔を見つめた。

「でも、しかたありませんよね。自分のやったことは背負っていかざるをえませんから」

株式部を統括していた専務は、副社長の白井から「(利益供与を)頼むからやってくれ」と言われたという。不正に巻き込まれた身である。この専務の応接室に通された嘉本は、「あなたは逮捕される恐れがあります」と専務に告げ、A4判の紙を二枚取り出して言葉を続けた。

「恐縮ですが、私が少し読ませていただきます」

それは〈東京拘置所に勾留される場合〉という表題のメモだった。山一の弁護士が作成したものである。

〈1、事前に準備するもの

原則として、いったん全てのものが留置され、退所時に返還される。あらかじめ身の回りの物を用意しておく必要は大きくはないが、念のために下着と上下の替え着くらいは持っておいてよい。

必要な品は拘置所内で購入するか差し入れをしてもらうことになる。そこで十万円程度所持しておくのがよいであろう。預けさせられるが、必要に応じて物が買える〉

そこまで読んで、嘉本は無言の専務の目を見つめた。

「これですが、要りますか？」

専務は切迫した事態を理解したのだろう。黙ってうなずき、差し出された紙をたたんで背広の内ポケットにしまった。

メモにはさらに次のように記されていた。

〈2、所内での購入
およその必要品は所内で購入できる。電気カミソリも買える。物によって申し込める曜日が決まっており、また申し込んでから入手できるまで少なくとも数日はかかるのですぐには入手できない。
メモをするための便せんやボールペンも購入するとよい。ボールペン等は看守から借りてメモをとることもよい。すぐに返せと言われるが、あれこれ言って長時間メモをとった人もいる。

3、差し入れ

昼と夜の食事は差し入れ屋（拘置所の門前に二軒ある）から弁当を差し入れるとよい。食べ物は差し入れ屋からしか入れられないことに留意（自宅から食べ物を持って行っても駄目）。

下着、替え着、タオルなど差し入れるとよい。なお、ひもの出ているもの、長いものは差し入れられないので注意。汚れ物は「宅下げ」といって家に持って帰ってもらうことも可能である。

4、接見

土日は拘置所が動かないので、結局平日に一日おきくらいが精いっぱいになると思われる。なお、検事は、接見のできない土日に集中的に調書を取るテクニックもとることがある。

5、家族の面会

接見禁止が解けたら家族も面会できる。面会できるようになったら朝一番（八時半から受け付け）に受け付けをすることをおすすめする。比較的混んでいないし、受け付け順にかなり待たされる。朝は暴力団員の面会なども少ないから。

以上〉

逮捕者の中には、関連会社に天下っている元役員もいた。九月十七日、その元役員が地検特捜部に出頭する直前、嘉本は山一本社のアジトに来てもらった。

「どうぞ、これをお持ちになってください」

そう言って嘉本は元役員に包みを手渡した。一瞬、怪訝そうな表情がその顔に浮かんだ。

「あなたは今日、お宅に帰れないかもしれません。これは下着が入っています」

元役員はまだ、逮捕が今日の午後だということがわかっていなかった。何の用意もしていない。嘉本はそう思って二万円を役員室の女性秘書に渡し、デパートで買ってきてもらっていたのだ。その包みは元役員が追い込まれた事態を雄弁に物語っている。

「そうか。ありがとう」。そう言った後、元役員は取り調べを思い出すようにつぶやいた。

「私が（罪を）負わないと、部下たちに迷惑が広がっていきますからね」

うつむいたその目に涙がにじんでいる。

「彼はもう山一から出て、うちの社員ではなくなっているのだから、ケアをする必要はないのではないか」と言った山一幹部がいた。そんな薄情な本社の幹部もいるのに、この元役員はいま、山一時代の責任を取ろうとしている。嘉本はサラリーマンの切なさに、自らもハンカチを取り出して顔を覆った。そして、ギョウカンの企画課付課長になっていた虫明一郎に、元役員を検察庁舎まで送っていくように指示をした。

副社長の白井は最後に逮捕された。副社長と嘉本のやり取りは女性秘書が見ている。

「白井さん、今度、呼び出しを受けたら、それは地検への出頭ということです」

ところが、白井はまだピンときていない様子だった。

「しばらく拘置所から帰って来られないと思いますよ」

「そうなんだね」。悲しそうな顔だった。

「あとはよろしく頼むよ」

嘉本は胸がいっぱいになって何も言えなくなった。だますようなところもあったが、部下の直言も甘んじて受けた懐の深い上司である。涙が嘉本の顔にすーっと流れた。副社長室にお茶を運んできた女性秘書が身を硬くしている。彼女は嘉本の涙を見て、温和な副社長までが逮捕されることを確信した。

ギョウカンの小菅通いは、五人の幹部が逮捕された翌日の九月十八日から始まっている。担当したのは、虫明やその上司である長澤たちであった。

虫明は証券会社にしては異色の、横浜国立大学工学部卒という経歴である。三十五歳。業務監理本部では最も若い課長職だった。丸みを帯びた眼鏡をかけ、愛嬌たっぷりの従業員組合の副委員長でもあった。

「社内被告人のフォローをしっかりやってくれ」と嘉本から言われている。

逮捕直前までは、取り調べを終えた幹部たちをアジトで出迎えていた。彼らの話を聞いてやるのは、嘉本や菊野、長澤の仕事だったが、虫明のような若手がそこに混って事務的に事情を聞くこともまた必要なことであった。ただ、家族の世話係は彼が自ら申し出たことだ。

「逮捕された者の家族を小菅の拘置所に通わせるわけにはいかない」と虫明は考えていた。

――利益供与という犯罪に手を染めたのは、会社のためか、自分のためなのか、本人にも答えにくい問題だろう。しかし、はっきりしているのは、家族がうつむいて生きていく必要はないということだ。

小菅からの帰還を待つ家族はまた、山一ファミリーの一員でもある。虫明には、山一證券研修部の社員だった妻と二人の娘がいる。嘉本や菊野、長澤もそうだったが、山一には社内結婚組が多く、それもまた一家意識を高めている。

虫明は逮捕された幹部の家に電話し、着替えや本などの差し入れを本社に持ってきてもらった。それを受け取って弁護士事務所に連絡し、差し入れを小菅まで運んでいった。

他社の世話係の社員たちが、拘置所の受付に並んでいる。

「大変ですね」。言葉に出さず、目礼を交わし合った。小菅の中でも、サラリーマン重役たちが静かな挨拶を交わしていたことだろう。

「火宅とはこんなことをいうのだろうか」

嘉本はある考えにとらわれている。山一の業績は落ち、本社やギョウカン、前社長宅も特捜部に踏み込まれた。顧客相談室長や顧問弁護士夫人が刺殺され、前社長や副社長たちまで逮捕されてしまった。燃え盛る会社のなかで、山一の役員たちは迫りくる危難に気づかず仕事にのめりこんでいた。

嘉本は業務監理本部長に就いて半年。夢中で火の粉を振り払っているうちに、新たな疑念が頭をもたげてくるのを感じていた。

――山一にはまだ、重大な秘密がある。利益供与事件がそうであったように、自分は知らされていないだけではないのか。

本社から離れたところにいることもあって、嘉本の疑念は膨らむ一方であった。そのころ、大学病院で療養していた菊野も同じような疑問を持っていた。彼は八月初めに、全国の支店長に改革提言を求めた際、福岡支店長や仙台支店長から〈小池問題以外に何かある。決算書類を研究した方が良い〉というファックスを受け取っていた。

別の記憶も蘇ってきていた。一年ほど前、菊野は「山一エンタープライズ」という山一の子会社が、千二百億円の国債取引をしていたことに気づいた。他の取引資料を精査していたときに、偶然見つけたのである。

山一エンタープライズは、設立こそ大正八年と古いが、日本橋茅場町の山一のビルに間借りしている。主な業務は山一グループ内の売店運営と管理で、約二十人の社員の大半が女性である。そんな会社が巨額の資金運用をすることなど考えられなかった。

——おかしい。何かが起きている。

菊野は直感的に感じた。山一エンタープライズはどこからか、千億円以上の資金を調達して国債を購入し、それを転貸していた。

「一体、何のためだろう？」

山一エンタープライズの常務は、初代の顧客相談室長であった。菊野はその男がこの会社に転出したあとの二代目室長だった。そうした気安さもあって、菊野はその常務に電話を入れてやんわりと聞いた。

「この国債の取引ですが、どういうことですかなあ？」

すると、彼が言った。

「俺に聞いてもわからないよ」

「いやいや、少し規模が大きいんで、資金の出どころとかね……」

「それは会長か、社長に聞いてくれよ」

冗談や嘘が言えるような相手ではない。この国債取引は「トップシークレット」だと、彼は言っているのだった。菊野は、この常務が会長の行平に近い人物であることを思い出した。この先輩は行平に直接呼ばれて現職に任命されている。

「そうですか」。菊野の顔からいつもの笑顔が消えていた。

「山一エンタープライズ」という会社は後に、嘉本たちが追及する疑惑の中心に登場することになる。菊野はこのとき極秘の匂いを嗅ぎつけていたのだった。

3　突然の告白

朝から強い乾風《からかぜ》が吹いていた。一九九七年十一月十八日。本格的な冬が近づいている。

嘉本は本社十三階にある小部屋にいた。業務審査部の別室としても使う六畳ほどの部屋である。正午ごろ、そこへ突然、常務の藤橋忍から呼び出しの電話があった。

「ちょっと部屋に来てもらえませんか」

藤橋は経営企画室（旧企画室）、秘書室、人事部、法務部などを所管する社長側近で、MOF担でもあった。

彼は東京の新宿育ちで、慶應義塾大学商学部卒の「四三大」。昭和四十三（一九六八）年入社だから、「三六高」の嘉本より学年が三つも下だが、高い事務処理能力が評価され、将来の社長候補とされていた。

一階上の藤橋のソファで向かい合うと、彼は嘉本に唐突に、しかし淡々と話し始めた。

「実は、当社には含み損が約二千六百億円あります。このことは昨日、野澤社長より証券取引等監視委員会（ＳＥＳＣ）に報告しました」

「二千六百億？」

嘉本の顔から一気に血の気が引いた。驚きのあまり、それ以上の言葉が出なかった。想像もつかないような金額である。

「ついては、証券監視委員会に『今後、この件の窓口はどこか』と聞かれ、業務監理本部と答えました。社長は口頭での報告でしたから、監視委に対して正式に文書で報告をする必要があります」

――何を言っているんだ！

混乱と憤りが交錯し、嘉本の胸に暗い予兆が走り抜けた。二千六百億円もの含み損を社長自らがＳＥＳＣに報告するということは、容易ならざる事態ということではないのか。

金額に圧倒されながら、嘉本は説明の続きを待った。

「財務改善については経営企画室で対応しています。ただ、監視委員会への報告なので、あなたのところでペーパーを作って届けてほしいのです」

面倒な人間を仲間に引き入れる秘訣は、秘密の共有者にして搦《から》め捕ることである。藤橋の告白によって、嘉本は他の役員より一日早く、巨額の含み損の事実を知ることになった。緻密な藤橋らしく、よく考えられた言い回しではあった。「含み損」の説明はあえてせず、これまでSESCには定期検査や総会屋事件で業務監理本部が対応してきたのだから、これも嘉本の業務監理本部でやってほしいというわけだ。

「いや、ペーパーにまとめろと言われても、業務監理本部ではわからないよ」

企画室はこれほど大きな秘密を囲い込んでいたのだ。それを今になってギョウカンを使うのか。企画室でここまでやっていたのなら、そちらで対応すればいいじゃないか。

怒りが喉元までこみ上げてくる。「俺たちを便利屋使いするんじゃない！」と嘉本は言おうとした。しかし、口をついて出たのは自分でも意外な言葉だった。

「誰に聞けばわかるの？」

山一の再建は全社的な課題だ。社長は再建のためにSESCに行ったのだろう、と嘉本は思い直していた。それに「含み損」といえば、持っている有価証券類の時価が値下がりして損失が生じている状態を指している。値上がりに転じれば含み損は解消することになる。

——きっと、再建の手順としてギョウカンで正式報告をするのだ。

「うちのプロジェクトチームが調査しているので、彼らに聞いてください。よろしくお願いします」

事務的だった藤橋の言葉に柔らかさが戻ったように聞こえた。ほっとしたのだろう。「含み損」の本当の意味を告げないまま、難題を場末の組織に押し付けることができたのだから。

嘉本は部屋から出るなり、すぐに塩浜ビルの長澤に電話をかけた。

「ちょっと、印出《いんで》を貸してや」

「はあ、いいですよ。印出検事をすぐ本社に行かせればいいんですね」。印出正二は、小菅に通う虫明一郎の上司で、ギョウカンの業務管理部企画課長である。「検事」というあだ名で呼ばれ、緻密だが上司にまで厳しいのが玉に瑕《きず》という切れ者だった。

駆けつけた印出に嘉本は言った。

「当社に含み損があるというんだ。それがどうなっているのか、早急に調べる」

興奮が去って、嘉本は静かな声を取り戻していた。まず落ち着くことだと思っていた。

「SESCに報告する必要があるんだ。しっかりやってくれ」

しかし、よくよく考えてみれば妙な話である。

藤橋によると、プロジェクトメンバーは経営企画室と経理部から選ばれた五人だという。経営企画室付部長をはじめ、社内の俊英を集めていた。結成されたのは三ヵ月前。総会屋事件や樽谷顧客相談室長の刺殺事件で嘉本たちが右往左往しているころである。

プロジェクトチームは二つのグループに分かれ、藤橋が経営企画室幹部の二人を使って極秘に「含み損」の調査やその解消策を検討していた。さらに、常務取締役財務本部長と経理部長のグループは、それを一括償却するための財務改善策をひそかに立案していたというのである。

「これは役員会にかけるべき重要事項じゃないか。なんで俺たちは今まで全く知らされなかったんだ？」

経営企画室は以前は企画室と呼ばれ、経営計画の策定から大蔵省対応、常務会など社内重要会議まで幅広く担当している。しかし、そこを中心にプロジェクトチームが作られていたことさえ、役員たちには説明されていなかった。

印出はプロジェクトメンバーと会い、翌日にかけて計四人から聞き取りをした。簡単な資料がすでに用意されていた。

印出の報告を聞きながら、嘉本は夢から覚めたような気持ちになっていた。なんと、「含み損」は行平が社長だったころから存在していたのだという。しかも、聞いたことのない山一の子会社群が「含み損」を抱え込んでいるという報告である。

嘉本ははっとした。

――三木社長は含み損の事実を全部知っていたんだ。だから、五ヵ月前、あんな妙な質問をしてきたのか。


それは六月末、嘉本が産経新聞の記事のコピーを手に、社長室を訪れたときのことである。まだ三木が十六階の主であった。

〈山一証券　巨額「飛ばし」東急百貨店に利回り約束　4年半で取引3660億円〉

産経新聞は大きな見出しを立てて、山一が取引先の損失を隠す「飛ばし」取引を繰り返していたと報じていた。その内容は次のようなものだった。

ある企業が山一との取引で多額の含み損を抱えてしまった。そのままでは決算期に有価証券の損失が表面化してしまう。そこで山一は東急百貨店に利益を約束したうえで、含み損の出たこの有価証券を一時的に買い取ってもらう経理操作をしていた。それは四年半も繰り返され、山一が東急百貨店に移し替えた金額は総額三千六百六十億円にも上った――というのである。

この取引には二つの問題点がある。一つは、問題の企業が山一證券の仲介を受けて、損失を東急百貨店に飛ばして隠した行為だ。

「飛ばし」とは、含み損の生じた有価証券を抱えた企業が、その損を表面化させないように、決算期の前に企業間で取引をして、別の会社にいったん預ける行為である。決算期日の異なる企業間で行われるのが通例で、証券会社と取り引きした顧客企業とのトラブルを一時的に回避する目的で行われた。顧客法人の決算操作のために顧客からの要請で行われることもある。「一時疎開」とも呼ばれ、投資家や株主の目をごまかす、事実上の粉飾決算であった。

もう一つの問題は、山一が一時的に有価証券を抱えてもらう代わりに、利回り保証をしていることだ。それは証券取引法違反である。

新聞を読んだSESCの総務検査課はこの記事に驚き、すぐに嘉本と法人営業部門の役員を呼び出した。

「どういうことなのか。事実関係を調査して直ちに報告してもらいたい」

当時の嘉本は総会屋事件の対応で手一杯だった。しかし、やむを得ず、三木のところに行って、SESCから調査依頼があったことを報告したのだった。

「監視委員会の指示ですから、私の部署で調査を行います」

すると、たいてい、「はい」とか、「わかりました」ぐらいしか言わない三木が、珍しく興味を示したのである。

「どんな方法でやるのかね」

「えっ？」。嘉本は首をかしげた。

「その調査ですよ」

実のところ、嘉本には社内の誰がこの「飛ばし」取引に携わったのか、見当もついていなかった。まして、社長が関与しているとは夢にも思っていない。

「ヒアリングするしかないと思います」。そう答えるしかなかった。

「わかりました」

やりとりはそれで終わった。たぶん、三木は嘉本の手の内を探ろうとしたのであろう。嘉本たちが東急百貨店との取引に調査のメスを入れれば、山一最大のタブーである巨額の「含み損」の秘密に触れる可能性があった。余計なことをされては困るのである。

三木は山一が経営破綻したあと、SESCの事情聴取を受けて次のように告白している。

「嘉本が『東急百貨店の飛ばしについて、ＳＥＳＣから調査依頼が来ている』と報告してきたことがあります。私自身は東急百貨店を介在させたことで、山一が多額の損失を抱えたことを承知していましたが、公表すればパンクするという状況にあったことから、嘉本に対してもその内容や誰が知っているかなど、一切言いませんでした」

そんな社長の腹のうちを嘉本は知らない。

印出は夕方になってようやく、Ａ４判用紙三枚に報告書をまとめた。表題は、〈当社及び関連企業等の有価証券含み損について〉。素っ気ないほど事実だけに留めている。

午後七時半。嘉本と長澤、印出の三人が大蔵省別館のＳＥＳＣに着いた。印出が証券検査官室長の前で全文を読み上げた。

「一つ、国内株式等にかかる含み損であります。日本ファクター、エヌ・エフ・キャピタル、エヌ・エフ企業、アイ・オー・シー、エム・アイ・エス商会の五社は、当社の関連会社である山一エンタープライズの子会社であります。これら五社には約千六百五十億円に及ぶ評価損が発生しておりまして……」

室長は憮然たる表情で聞いている。

これほどの含み損が過去、山一の決算書に記載されたことはない。業界では何年も噂されていたのに、検査にあたる大蔵省金融検査部やＳＥＳＣはなぜか見落としていたのだ。彼らもまた責任を追及される立場にあった。実際に、大蔵省金融検査部やＳＥＳＣの検査官が翌年初めに、銀行から接待を受けたとして収賄容疑で次々に逮捕され、甘い検査はさらにクローズアップされることになった。

しかし、印出が読み上げた報告書には、二千六百億円の含み損が子会社五社や海外に移された事実が淡々と記されているだけである。

複雑な経理操作があったことは端々からうかがえる。ただ、含み損が発生した理由や、その損を最終的に負わなければならないのはどこの会社なのか、また不正にあたるのかどうかは、記載されていなかった。報告に来た嘉本や長澤自身がよく理解できていなかったのだ。

長澤は報告の帰路、車の中で尋ねた。

「つまりどういうことなの？」

すると、印出も首をひねった。

「一応、報告書の恰好はつけましたが、正直に言うと、わからないことだらけです」

実は、嘉本たちがSESCのある大蔵省別館を訪れたこの十九日の午前十一時半、隣の大蔵省本館に、社長の野澤と藤橋の姿があった。

訪問先は証券局長の長野厖士《あつし》である。彼らは五日前、長野に対して約二千六百億円の簿外債務の存在を告白し、外資との提携や資金繰りが暗礁に乗り上げていることも打ち明けていた。そのときは、「バックアップしましょう」と言った長野だったが、この日、いきなり「感情を交えずに淡々と言います」と切り出した。そして山一の存亡にかかわる重大な宣告をしたのである。

「検討した結果は、自主廃業しかありませんね。社長に決断をしていただきたい。(債務隠しを) ディスクロージャーするタイムリミットが近いと考えています。これを延ばすと現経営陣の責任問題になると思いますよ。こんな信用のない金融機関に免許を与えておくことはできません。行平さんはどう考えていたか、伺いたいぐらいだ」

突然の破綻宣告に、野澤は驚愕のあまり、うまく言葉が出ず、「局長！」と叫んだ。だが、長野は淡々と続けた。

「会社が待ってくれ、といっても大蔵省は十一月二十六日に独自に発表します。発表と同時に会社は自主廃業を発表してください」

長野は五日前、「もっと早く来ると思っていました。話はよくわかりました」などと、再建支援を期待させる言葉も口にしていたのだ。野澤は恥も外聞もなく頭を下げ続けた。

「何とか、助けてください！」

二週間前の十一月三日には準大手の三洋証券が経営破綻したが、同証券は会社更生法の適用を申請して業務継続を目指していた。

会社更生法は、破綻した企業を潰さずに、事業を継続しながら自主再建することを目的としている。あくまでも経営再建の見込みのあることが大事で、もちろん経営陣は交代する必要があるが、更生手続き開始の申し立てが裁判所に認められれば、財産を管理する管財人のもとで、再生を目指すことになる。

ところが、長野はこの最後の選択肢についても否定した。

「会社更生法の選択もありますが、海外での大混乱も予想されます。大蔵省ルートで裁判所に打診しましたが、これ（更生法で再建するの）は無理です。この件は大蔵大臣の耳にも入れました。野澤社長には辛い決断を求めることになるが、証券市場を混乱させない努力をしてください」

野澤と藤橋はよろめくように、再建策を相談してきた法律事務所に駆け込んだ。そこで、長野が「無理だ」と明言した会社更生手続きの申請を東京地裁に行うことを決めている。

「明日二十日に、朝一番で東京地裁の裁判長にアポを入れます」

弁護士の言葉を聞いて、野澤と藤橋は肩を落として山一本社に戻った。


午後九時過ぎにSESCから帰ってきた嘉本を、野澤と緊急の役員懇談会が待っていた。野澤はその席で質問を受けているうちに秘密の一端を告白した。嘉本に告げ、SESCに届け出た以上、役員に隠しているわけにはいかなかったのである。

「当社には、おおむね二千数百億円の含み損があります。その内容については調査中であります」

会議室の空気が凍りついた。役員たちは驚いて口も利けない。一瞬のあと、一斉に声が上がった。

「社長！　なぜ、もっと早く言ってくれなかったんですか」

「（飛ばしや簿外債務など）ないない、と言ってたじゃないですか」

「だましたのか！」

悄然と肩を落とした野澤が叫んだ。

「私も社長を引き継いだあとに初めて知ったんです。前の経営陣はとんでもないです。許せないです」

相談役に退いている行平は、取締役ではないからその場にはいない。三木は二ヵ月前に総会屋事件で逮捕され、保釈されたばかりだ。かつてのドンや前社長が不在だからこそ吐ける言葉だった。

野澤の切羽詰まった声に押されたのか、役員たちは顔面を蒼白にしたまま、一瞬押し黙った。山一の重大な秘密をそれ以上、追及する声は上がらなかった。それに、関心は何といっても会社の生き残り策であった。

――やっぱり、言われていたとおりやったんや。

仁張はその金額に仰天しながら、しかし一方では、「含み損」という言葉に惑わされた一人だった。彼には会社が破滅に追い込まれているという認識はなかった。

「山一にはまだ四千三百億円の自己資本があります。含み損を償却しても債務超過とはなりません」と野澤は説明していた。仁張たちはその言葉にすがった。

まず週明けの資金繰り、外資との提携話、株価急落への対応、そしてリストラをめぐって午前二時まで延々と論議が続いた。

この期に及んでも、野澤は「含み損」の正体や数字について隠し続けている。野澤は大蔵省を訪問した後、藤橋と話し合っていた。

「今日の大蔵省でのことや飛ばしの細かい金額は取締役会で言わないことにしよう」

だから、「含み損」が本当はペーパーカンパニーを駆使した債務隠しであること、その不正のために山一が大蔵省から自主廃業するよう宣告されたことも役員たちには隠し通した。

SESCへの報告書を押し付けられた嘉本が、重大な事実を知るのは、それから三日後のことである。

4　終わりの始まり

菊野晋次は約四十日間の療養から塩浜ビルに復帰していた。

もともと丸い顔が治療薬の副作用のために月見団子のようにむくんでいる。食事制限のため、特殊米を弁当にして持たされていた。小麦粉やでんぷんなどをまぜ、米粒大に固めた合成米で、冷めるとなおまずくなった。

「人造米なんだよ」。職場で小さな弁当箱を開いて見せた。それを我慢してぼそぼそ食べる姿は少々哀れであった。

「かわいそうですねえ。戦時中みたい」。秘書役の木戸みね子たちに、からかわれている。

「出されたものは黙って食べるんだよ。素直だから。わしも山一もまだ頑張らんとなあ」

しかし、肝心の山一證券の株価は坂道を滑り落ちていた。バブル絶頂期の一九八七年には三千百三十円までつけた株である。それが総会屋事件への対応が遅れて坂道を下り終えると、崖下に転落した。

九七年の初めは五百円台。それが準大手の三洋証券が経営破綻した十一月三日には、二百三十六円の終値を記録した。その三日後、アメリカの格付け会社・ムーディーズ・インベスターズ・サービスが「山一證券の格下げを検討する」と発表すると二百五円に、そして十八日にはとうとう百八円にまで下落した。市場が証券会社としての存続そのものに疑問符を突きつけたのだった。

「百円を切ったら山一も本当に危ないよね。五十円を割ったら完璧にダメだって」

木戸たちが噂話をしていると、同僚が言い出した。

「うちの株を買う人は会社が融資してくれるってよ。厚生課から連絡が来ていたわ」

「それって、みんなで山一株を買い支えてくれってことよね」

木戸はあっさりと言った。

「私、協力しちゃおうかな」

山一では社員持ち株を推奨し優遇措置を取っていた。自社株の購入代金を低利で長期融資して給与や賞与から差し引き、一方で、自社株購入者に一口千円につき百円の奨励金を出して、時価よりも事実上安く購入させていた。安定株主を増やし、社員の蓄財や愛社精神につなげるためである。

社員たちは、こうした自社株買い付け融資や従業員持ち株制度を利用して、ボーナスなどでまとまったお金が入るたびに買い増していたのだった。持ち株の株価や社勢が戻るきっかけになるかもしれない――そんな気持ちが潜んでいたかもしれないが、投資失格寸前の株をいまさら買い増したところで焼け石に水であることは、木戸にも何となくわかっていた。

だが、言い出した木戸は一株百二円で三千株を購入した。その売買報告書は今でも記念にしまってある。同僚は八十三円で二千株、翌日は六十円台で千株を買い増した。約二十三万円の投資である。

山一だけでなく日本の金融機関の不良債権処理は進まず、景気がいっこうに好転する兆しがなかった。日本経済に対する不信感が強まっていた時期である。一方、刻々と動く株価をボードでチェックしている支店は冷静で、危機に瀕した自社の株を買う社員はあまり出なかった。

十一月十九日。山一株は一時、とうとう五十八円まで下落し、五十円の額面割れ寸前で取引がストップされる事態に陥った。野澤が夜になって二千六百億円の含み損を役員に告白した日である。終値は六十五円。終値が百円を切るのは山一が上場して以来初めてのことであった。

そんな時に菊野は一万五千株を自己資金で買った。誰にも言わなかった。

「会社の応援だなあ。まあ勘弁してくれよ」

後になって菊野は妻に打ち明けた。これまでの分と合わせると保有株数は約五万株に達した。

何かが隠されていると疑ってはいたが、会社がひどく傷んでいるとはわからなかった。それに山一は、富士銀行を中心とした芙蓉グループの一員で、三十二年前にも経営危機を乗り越えている。「山一が潰れるわけがない」という盲信があった。

彼が入社して四年目の一九六五年、証券不況のなかで山一は危機に陥り、取り付け騒ぎが起きた。菊野は岐阜支店に、妻となる雅子は本社電機計算部に勤務していた。岐阜支店長が雅子の従兄弟で、その紹介で見合いをしたのだが、取り付け騒ぎはその一年前のことだった。

「潰れはしない。大丈夫だ」と支店長は電話で雅子に言い聞かせた。ところが、西日本新聞の報道をきっかけに、客が押し寄せた。支店長は山一にカネがあることを示すために数千万円の札束を店頭の見えるところに積み上げた。

西日本新聞の地元である北九州の小倉支店では営業マンとカメラマンが取っ組み合いを演じていた。カメラマンが取り付け騒ぎを撮りまくって、騒ぎに火を付けたのだ。

「面白おかしく記事にするな」。営業マンが叫ぶと、カメラマンが言い返す。

「事実を伝えて何が悪い」

「なにをーっ」。客の前で大喧嘩になった。それに近い騒ぎが全国の支店で起きた。

当時、証券会社の苦境は山一に限らなかった。大手の山一が倒れれば証券業界は総崩れになりかねない。ドミノ倒しを恐れた大蔵省と日銀は、蔵相・田中角栄の決断で、日銀特別融資に踏み切り、銀行団の支援を取り付ける。これが奇跡的な再建を可能にした。本支店を整理し、一時九千四百人もいた社員を四〇％カットして再スタートを切り、わずか四年三ヵ月で特融を返済する。役員の報酬カット、部課長や支店長ら管理職全員が賞与を返上する結束に加え、いざなぎ景気という空前の大型景気も追い風になった。

その体験が菊野のような古手社員に、「また神風が吹く」という甘い期待感を持たせた。

翌二十日午前十時ごろ、追い詰められていた野澤を奈落の底に突き落とすような電話が入った。顧問弁護士からである。九時四十五分に東京地裁民事八部に赴いた結果を伝えてきた。取り付く島がなかったというのだ。

「会社更生法の適用について事前相談に乗ってもらいたいのです」

山一の顧問弁護士たちはそう申し入れたのだが、裁判官はなんと、「山一の相談は受け付けられません」というのである。

そして、「これは非公式ということで、お話しします」と断って続けた。

「山一に飛ばしという法令違反があると、会社更生法による再建は困難です。大蔵省の強い要請が必要ですね」。さらに前社長が逮捕され、会社の規模が大きすぎるのに財務体力はない。銀行の支援も不足しており、とても更生法の枠組みには入らない――と付け加えた。これが裁判所の結論だった。

もう大蔵省にすがるほかはない。午前十時四十五分、野澤は証券局長の長野の部屋に押し掛けた。疲労の色が濃い野澤に代わって、同席した顧問弁護士が口火を切った。

「何とか支援をお願いできませんか。二十六日の発表は延期していただくわけにはいかないでしょうか」

　すると、長野は叱りつけた。

「弁護士として、（債務隠しという）重要事実のタイムリー・ディスクロージャーについて、どのように考えているんですか」

「微妙な時期に来ていますが、市場の混乱を防ぎ、さらに投資家保護と天秤にかけてみて説明がつくと思います」

　長野はいらだっていた。前日に野澤と会って話したことが代議士に漏れていたからである。

「山一側から漏れたとしか考えられない。山一の情報管理はどうなっているのか。もう二十六日まで待てません。二十四日にも大蔵省が発表するので準備をしてください」

　そして長野は警告の言葉を続けた。

「そうしないと山一の株を買った投資家から損害賠償を起こされますよ。顧客の資産の払戻資金については、大蔵省主導で特別の金融措置をとるつもりでいます。これらのことは内閣の判断です」

　野澤は大蔵省の発表が二日も前倒しになったことに衝撃を受けて口もきけないでいる。支援どころか、大蔵省は三連休最終日の来週月曜日には、世間に公表するというのだ。

「破産はだめですか」。弁護士はなおも懇願したが、答えは冷厳だった。

「顧客資産の保全措置がとれません。二十四日には、大蔵省として飛ばしを発表し、山一を業務停止にする予定です」


　翌二十一日は金曜日。明日から三連休という朝だ。

　長澤は本社経営企画室から呼び出しを受けた。午前十一時前に新川の本社ビルに駆けつけると、人事、広報、法務、経理、海外、営業企画と各部のライン部長が十三人も集まっている。経営企画室長が言った。

「万が一の事態が起きた時のために、我々の手で社員の動揺を防ぎ、顧客を守らなければなりません」

　長澤は首を傾げた。

　――「万が一」とは、あの総会屋事件で厳しい営業停止処分が出るということなのか？　それを想定しているのか。

一九九一年の損失補塡事件で山一證券は翌九二年に一週間の営業停止処分を受けたことがある。あのときも支店は大騒ぎになった。今度も現場の混乱を抑えるために準備するということなのか。「一体、何があるのか」。誰もが身構えている中で、役割分担が発表され、経営企画室長が説明を続けようとしたところで言葉に詰まった。

「まだ、決められない。わからないことがあるんです……」。突然、顔を歪めてぼろぼろと涙を流し始めた。

社長側近の企画、経理、法務の幹部たちは、簿外債務の秘密や山一が破綻へと近づいていることを事前に承知していたのである。その悔しさと不安が経営企画室長の涙となってあふれ出たのであろう。だが、本社に集められた他の部長たちはエリート室長の涙に仰天しながらも、目前に迫った危機をまだ嗅ぎ取ることができずにいる。

「どうしたんだ」

「なんか、やばいんじゃないの」。ささやきが広がった時、声が上がった。

「とりあえず解散いたします。また連絡をしますから、ご苦労様でした」

わけがわからずに、長澤が塩浜ビルに戻って食堂に足を運ぶと、肩をポンと叩く者がいる。山一情報システムに出向した先輩だった。

「長澤君、うちはもうだめなんだって？」

「えっ？」

「うちの社長がね、『山一はもう潰れるよ』と言っていたよ」

山一情報システムの社長は、野澤の先輩で経営の指南役と言われていた。

「私……聞いてませんよ」

「そうなのか、聞かなかったことにしてくれ」

呆然とする長澤を残し、先輩は俯きがちに去っていった。


その日の午前中のことである。

「議事録に私の発言を記載してください」

取締役会で唐突に言い出した者がいた。十月の収支状況や期末の賞与など、予定された報告が終わった直後のことだった。事業法人本部担当の若手取締役だった。

「昨日、当社の株価が上がりました。社員が買い付けています。不良債権があるなら、これを発表しないと大変なことになります。重要事実は速やかに発表せよと、企業側には言ってきました。なぜ発表しないのですか」

嘉本はその声の主を睨みつけた。

――不良債権だって？　この野郎、逃げにかかっているな。ここにきて議事録に発言を残すなんて、どこで教えられてきたんだ。

嘉本は若手の保身を感じ取っている。「議事録に残せ」というのは、あとで役員としての責任を問われる事態に備えて自分に有利な発言を残しておこうということではないか。嘉本の直感は、「この土壇場に来て、いい子ぶるんじゃないよ」といっているのだった。そう思った瞬間に、別の若手取締役が声を張り上げた。

「判断をするのは株主であります」

役員会議室には二人に一つの割合でマイクと液晶画面が配置されているが、マイクなど必要のないほどはっきりとした声だった。

「会社は事実を提供する必要があります。速やかに現状を発表すべきです。社員は役員の、深夜までの会議を知っています。昨日の社内放送でなにもメッセージがなかったことが社員に失望感を与えています」

その目は唖然と見守る野澤に向かっていた。

「今日の取締役会でなにが発表されるのか見ています。なにもなかったら大変な問題になります」

行平が院政を敷いていた時代に、「シャンシャン役員会」と陰口を叩かれたそれは、いまや野澤らの糾弾集会になっていた。

東首都圏の支店を束ねる、これも若い取締役が追随した。

「決算発表で法人顧客を回っていますと、なにも発表しないことについて、強く責められています。支店からも追及されています。社員の不安感は強いのです」

いかにも正論であった。だが、嘉本はここまで言い募る若手取締役たちの発言の意図をいぶかしがっている。野澤が「含み損」と説明した二千六百億円の正体についても、若手取締役はもう山一の「不良債権」と言い切っていた。

――どうして彼らは不良債権と言い切れるのだろうか。嘉本の疑念は膨らむばかりだった。彼らは自分の知らない事実を把握しているのか。「含み損」ならば顧客の損をただ背負っているとも考えられるが、山一の不良債権というからには、山一自身の巨額の債務ということになる。

まだ疑問が残っていたはずなのに、これが口火となって、他の役員たちも「不良債権」という言葉を使い出した。

嘉本が考えをめぐらしていると、総務部門の役員が若手役員に対抗して珍しく口を開いた。

「不良債権だけを発表すれば即座に業務停止ではないですか。具体的な対策を出さなければ会社は持たない」

嘉本も若手役員に向かって強く言った。

「その不良債権を表に出すのは当然のことですよ。出してもいいが、いまここで対策もなく公表すれば即潰れるかもしれません。それに対してはどう考え、責任はどうとるのか！」

「甘んじて受けます！」

口火を切った事業法人本部担当の取締役であった。

──責任を取れるわけがないじゃないか。

若手役員たちと嘉本たちとの間に、不穏な空気が流れた。「休憩にしましょう」という声が上がった。

野澤は休憩中に監査役たちを交えて相談したらしく、若手をなだめにかかった。

「このまま発表すれば差し押さえなどを受けて大変なことになります。不良債権を再建策とセットで発表しても、発表したとたんに取り付け騒ぎになります。万一の場合の措置を当局と詰める必要があります」

「今日の段階で正式なコメントを発表することは無理ですね」。会長の五月女がそう言うと、ようやく場が落ち着き始めた。取締役会はその後も午後八時二十五分まで断続的に続いた。

野澤は憔悴しきっていた。大蔵省が自主廃業や債務隠しを発表する二十四日まであと三日。自分が廃業を拒めば、大蔵省から業務停止を宣告されるだろう。それでも今は取締役会で漏らすことはできない。

終《しま》いには野澤の声は懇願の色を帯びていた。

「不良債権の話が漏れると本当にダメになるので、絶対に漏らさないようにしてほしいんです」

「公表の問題は、社長に一任してほしい」。五月女がそう要請したあとも、野澤はもう一度、念を押した。

「不良債権の問題は絶対に口外してはいけないですよ」

しかし、簿外債務の存在と自主廃業を求められた事実は、すでに大蔵省幹部から一部の政治家、山一のOBたちにまで漏れていた。

山一の役員たちは最後の朝を迎えようとしていた。

四章　突然死

1　「その日」の社員たち

その日は、午前二時過ぎの電話とともに突然、始まった。

「リン」と鳴った直後には、嘉本は布団から飛び出してパジャマのまま居間の受話器を取った。久しぶりに千葉県の自宅に戻っていたが、アジトの緊張感が解けないのである。

「おい、日経のアサカン（朝刊）に『山一自主廃業へ』と載っているらしいぞ」

「ええっ」

山一系列の証券会社に勤める友人からだった。彼には日経新聞社に知人がいた。大手新聞の最終版の締め切りは午前一時半である。その知人は刷り上がったばかりの新聞を読んで、その証券会社の社長に教えたのだ。

「十四版！　日経の最終版だ。これは誤報だよね」

「誤報に決まっているだろ」。半醒半睡のまま嘉本はオウム返しに声を漏らした。

「ついさっきまで、取締役会で議論をしていたけど、そんな話まったく出てないよ。そんなこと全然聞いていない」

「そうだよなあ」

「世紀の大誤報だよ」。そう言いながらも、日経が裏付けもなしに記事を書くだろうか、という思いもある。胸騒ぎがして嘉本はすぐに本社の直通番号にかけた。役員が臨時に泊まり込む十八階の部屋があった。三連休だったから誰も出ないと思ったら、ピッと電話を取った者がいる。水面に黒いインクをポトンと垂らしたように暗い予感が広がった。常務の橋詰武敏だった。

「あれ、今日も泊まりなの？　なんで今ごろ電話の前にいるんだよ？」

「えっ、あー」

「日経に出とるらしい。知ってるのか。かけ直すから確認しといてくれないか」

「ああ、いや……。わかった。社長も会長も泊まっているんだ」

橋詰は頓珍漢なことを言った。しばらくすると、彼は電話をかけ直してきた。

「本当らしい。日経に載っている」

嘉本は近くに会社の運転手が住んでいるのを思い出した。山一が総会屋と縁切りをしたとき、総務部に「危ないからしばらく往復に車をつけます」と告げられたことがあった。夢中で運転手の自宅に電話をかけた。

「こんな時間に申し訳ない。何も聞かずに本社に行ってくれませんか」

その時になって、妻の視線を背中に感じた。心配そうに立っている。身をすくませた千恵子は本当に小さく見えた。山一の本社に着いたのは午前五時前だった。嘉本は十八階に走っていった。橋詰たちが待ち構えている。

「野澤さんは何か話していたか」。嘉本の問いに、橋詰が首をひねりながら答えた。

「社長が、『みんな一蓮托生だっ』と言っているんだよなあ」


菊野の自宅には午前五時過ぎに長澤から電話がかかってきた。長澤は嘉本から連絡を受けたのである。「日経に自主廃業という記事が載っているようです」と告げて、長澤が呻くように漏らした。

「これは切腹ですか。介錯もしてもらえないのですかね」

介錯もしてもらえないとは、会社更生法も適用されないという意味だろう。まさか会社が潰れるわけがない――菊野はそう思っていたが、妻の雅子にはこう言った。

「まだわからないけど、覚悟はしなければいけないな」

雅子はその一週間前、友達と京都や奈良に旅行に行ったときのことを思い出した。帰りの新幹線の中で電光ニュースが流れていた。山一への融資をメーンバンクの富士銀行が断った、という内容だった。旅行の楽しさは吹き飛び、帰宅後、早々に菊野に聞いた。

「会社、潰れるのかなあ」

「そんなことはないよ」

夫は確かに笑顔だった。それなのにいま、会社に飛んでいこうとしている。

――やっぱりこれはだめなんだ。

驚きは水紋のように広がっていた。横山淳《じゅん》はギョウカンで一番若い検査役である。早朝、その借り上げ社宅に検査課の大先輩から電話がかかってきた。「ニュース見ろ！」。

並んでテレビニュースを見つめた妻は唐突に聞いた。

「いつまでここに住めるの？」

嘉本の秘書役である郡司由紀子は定期健診のために、朝早く出かけていた。入社二十七年目である。午前十時ごろ、東京都中央区の聖路加《せいるか》国際病院の会計窓口で診察費を払おうとしていたときだった。すぐそばのテレビから「山一證券が自主廃業へ」というニュースが流れたのを見て、目を見張った。毎日新聞を購読していたが、とりたてて記憶に残る記事はなかったはずだ。

——自主廃業！　大相撲じゃあるまいし、何のことなの？

直属の上司である長澤に電話を入れ、押しかけた報道陣をすり抜けて本社に駆け込んだ。幹部たちが部屋から出ては引っ込み、廊下をうろうろしては同僚を見つけて情報を聞き出そうとしている。頭を抱えて机を睨んでいる幹部、受話器に向かって何事か怒鳴っている者もいた。駆けつけてはみたものの、肝心なことは知らされなかった。

検査課次長の竹内透は、株価が百円を割った時から会社が潰れることを覚悟していた。東京地検特捜部の聴取を受けたり、家宅捜索を受けたり、ひどい一年だ。「そして、とうとう破綻の時が来たのか」。通信社の友人からも会社の窮地を聞かされていたのだった。ただ、潰れる時には会社更生法が適用されて人員整理が始まると思っていたので、自主廃業という言葉に戸惑いを覚えていた。

出社するつもりはなかった。慌てて会社に行っても彼の立場では何もすることがない。午後から東京大学の駒場《こまば》祭を見に行った。一人息子が東大に入学した年で、以前から夫婦でその学園祭を楽しみにしていたのである。駒場に行くのは初めてだった。井の頭線の電車に乗った妻の理恵子はうつむいている。

「ここに座っている人たちは仕事があるのに、うちは失業してしまって……」

彼女が漏らした。悲しさが二人の胸を浸していた。昼食はお金が気になって安いうどんにした。数日後、北海道に住む大学時代の友人から宅配便が届いた。二杯の毛蟹が入っている。前触れも手紙もなかった。それが心遣いだったのであろう。本当に美味しかった。あれほど嬉しい贈り物をもらったことがなかった。

会社が無くなるということを子供や親にはどう告げればいいのか。山一本社のある社員にとって、その日は娘の九度目の誕生日にあたっていた。妻は小さな声で娘に告げた。

「お父さんの会社がね、無くなったんだよ」

その言葉は内気な娘の胸に突き刺さった。

別の中堅社員は、わずか六日のあいだに二度も、会社の経営破綻に直面した。北海道拓殖銀行から山一證券に出向していたのである。

彼は十一月十七日の早朝、札幌の義父から電話で「拓銀が破綻したぞ」と知らされた。出向社員だからいずれ拓銀に戻る身だったが、その拓銀が無くなってしまった。するとと、出向先である山一の上司が彼に同情してくれた。

「それならうちに残れよ。山一の社員として頑張れ」と誘われた。

「ああ、救われた」と思った五日後、今度は山一の社員から自主廃業のニュースを告げられた。もう帰るところはなかった。

「あなた、会社が潰れるの知ってるの？　朝からニュースでやってるよ」

木戸みね子は居酒屋で同僚から電話を受けた。スキューバダイビングに夢中で、沖縄から上京した友達と早い時間から飲んでいたのだった。はしゃいでいただけに驚きは大きかった。しょんぼりと帰る途中で、父もまた長年勤めた会社が倒産の憂き目にあったことを思い出した。親子二代、勤め先の会社が潰れるのだろうか。

木戸は三人兄妹の末っ子である。六つ離れた長兄は金融関係の出版社にいて、山一が破綻へと向かっていることを知っていた。しばらくして「大丈夫か」と電話がかかってきた。

「きょうだいでも言えないことはあるんだ。経営破綻のことを言えなくてごめんな」

兄の言葉を聞いた途端に、悔しさがこみ上げてきた。ボロッと熱いものがブラウスの上にこぼれた。自分は社員なのに何も知らなかった。いきなり崖から突き落とされたのだ。

山一破綻のテレビニュースを見ながら、父はこうつぶやいた。

「もう普通の世の中ではなくなるんだ」

山一破綻までは世間に「まさか」はなかったのに、そのあと、「まさか、まさか」ということが当たり前のように起きている。普通の時代は終わったのだ。


混乱は本社から支店へと広がっている。京岡孝子は、山一證券荻窪支店の課長代理だった。大柄で包み込むような静かな笑顔である。独身で酒付き合いを断らない。気っ風の良さも相まって、「姉御」と呼ばれていた。午前六時ごろ、パジャマのまま取った電話の向こう側で先輩が叫んだ。

「すぐテレビを見て！」

両親や姉とともに呆然とテレビ画面を見つめた。午後になると、支店の女性三人が次々と京岡のマンションにやってきた。青ざめていた。不安と憤りで一人ではいられないというのである。

「私たちどうなるの」

「ウチのえらいさん、『山一は大丈夫』と言ってたのに」

テレビのニュースを見ながら、女四人で昼間から飲み始めた。

「ひどいよね」

震える声の先を見ると、赤い顔に涙が伝っている。

「悪いことは何にもしてないのに」

それから火が付いたように全員で泣いた。瞼の底が痙攣したようだった。

支店営業のノルマは厳しかった。その日の売買目標を達成できないと、カウンターレディも帰してもらえなかった。顧客に電話をかけまくり、かける相手さえ尽きてしまう。そんな夜にもこらえた涙が今は溢れて止まらなかった。翌日も朝から晩まで酒を飲み、涙が湧いては畳の上にこぼれ落ちた。そして腫れた目のまま、四人で京岡の自宅から出勤した。もう頼るものはなくなるのだ。

その日、出産に立ち会っていた課長代理もいた。社長や会長がまんじりともせずに夜明けを待っていた午前四時半。妻の陣痛は始まり、午後十時過ぎ、女の子を産み落とした。

「この日に生まれるなんて、さすが私たちの子だな。きっと強い子になるだろう」

妻は日記にそう書いた。

2 「許さんぞ」

役員たちが大騒ぎを始めて約六時間後。あわただしく午前八時から始まった臨時取締役会に、どうしたことか常務の一人は遅刻してきた。そして座るなり怒鳴った。

「社長、会長は今まで何をやっていたんだ！　どうして社員に説明できなかったんだ」

それは不規則発言とされたのか、議事録には残されなかった。ほとんど寝ていない野澤の顔から血の気が引いている。メモを頼りに言い訳を始めた。

「私は取締役会で選任される前日に、三木前社長に『いろいろあるが頼むな』と言われました。その六日後に、山一には含み損が二千五百億円から二千六百億円存在するとの報告を、藤橋常務らから受けました。こんなものがあったのかと、数字を聞いたとき、立てなくなるぐらいびっくりしました」

西首都圏本部長の堀嘉文が思わず顔を上げた。三月の人事異動で取締役に就いてまだ八ヵ月だ。「許さんぞ」。一番端の席から放った彼の怒りは、前経営陣の行平や三木に向けられている。彼らがその場にいないだけに腹立たしさは一層募り、虚しさがこみ上げてくる。

――わしはあのとき時限爆弾を背負わされて役員になったのか。それがいま爆発しよったんかい！

野澤は、堀たちの視線に串刺しになりながら、メモを凝視している。

「大蔵省の証券局長から自主廃業の方向を言われたのは三日前の十一月十九日です。『一九九一年から不祥事を隠していたということは許せない』というのが一つ。『最近まで会長をやっていた人もいる』とも言われました」

嘉本や堀、仁張ら何も知らなかった役員たちの顔面は驚きと怒りで朱を注いだようになっている。彼らはメモを取るのに懸命だった。社長周辺から漏れた情報をつかんでいた役員は諦め切って、社長を憐れむように見ていた。

「『総理が聞いたらなんと言うか、ここは野澤社長には辛い決断だろうが、自主廃業をなんとか頼む』と……」

社長の泣き言を聞きながら、嘉本は暗い想いに満たされていた。

――自分も経営陣の一人だと思っていたのに、俺は中枢からずいぶん離れたところで仕事をしていたのだな。

この八ヵ月間、だまされ続けてきた。利益供与事件では、逮捕された三木や副社長の白井にごまかされ、社内ヒアリングをしていた。二千六百億円の含み損の事実も数日前、藤橋に知らされたばかりだ。あの時にはもう、大蔵省から「自主廃業せよ」と宣告されようとしていたのだ。大蔵省との折衝も教えられぬまま便利に使われていた。

嘉本は若い頃のように、怒りを持ち続けることができなくなっている。

以前の彼はどこまでも怒ったのだ。だが、怒鳴ったり、にらみつけたりしているうちは、相手にされなかった。支店で叩き上げられているうちに、怒りを一度飲み込む術を覚えていた。憤激も長くは続かず、「かわいそうな奴だ」という軽蔑や同情が取って代わるのである。

ところが、その日は少し違った。それは、常務に昇進していた仁張が社長に尋ねたことがきっかけだった。

「不良債権が発生した経緯は……一体、どうなっていたんですか?」

野澤はこう答えたのである。

「それは、嘉本常務に依頼して調査を開始いたしました」

「えっ」と嘉本は向き直った。社長が嘉本に調査を依頼したのは、ほんの一時間前のことだ。

みんながこの会社も終わりだと嘆いていたとき、嘉本は野澤の社長室に呼ばれたのだ。

「含み損のことですが、調査はあなたのところでお願いします」

山一の最後の仕事として、ギョウカンで二千六百億円に及ぶ簿外債務の調査をしてほしい、というのである。社長の依頼はそれだけだった。野澤は本格的な調査を期待していたわけではないように見えた。それがもう調査を開始したことになっている。

――俺はまたも便利屋使いされようとしているのか！

社長の軽い言葉を聞いたとたん、腹の底にあった火のようなものが一気に広がった。

――調査は高度で、しかも全社的な仕事のはずだ。それは、いままで業務監査しか手がけさせてもらえなかった一部署の仕事かよ！　なぜ、もっと早く俺たちに調べろと言ってくれなかったのか。

それは嘉本が忘れていた憤怒であり、だまされ続けた自分への叱責の火だった。胸が熱く沸き立つのを覚えた。

役員たちの視線が嘉本に集まっている。貧乏くじを握らされた場末の常務が何を言うのか、じっと見守っている。だが、沈黙の一瞬の間に嘉本の心に言葉が浮かんだ。

「これが俺の最後の我慢だ」

憤激をぶつける相手はこの場にいない。会社破綻の原因を作ったであろう元幹部たちは身を潜めている。ここにいる二十数人の役員や監査役に向かってあれこれ言い募ってもしかたない。ジタバタするのも怒るのも、これきりにしよう。何より、嘉本自身が破綻の原因を知りたかった。


嘉本は小さいころから不思議と逃げ遅れる質だった。

高校生の時に仲間と軟式野球チームを作ろうとしたことがある。バットもグローブも何もなかったから五人の同級生と農作業を手伝ったり、川でシロウオ獲りをしたりして約二万円を稼いだが、どうしても足りない。

「よし、すき焼きでもしてパッと使おう」。牛肉を大量に買い込み友人の家の離れで大騒ぎして楽しんだ。農繁期に家を手伝う生徒も多かったため、学校は臨時休校となっていた。午前十時過ぎ、嘉本たちが田んぼ道をぶらぶら歩いて帰っていると、向こうから突然、校長が現れた。朝帰りの後ろめたさから、全員が立ちすくんでしまった。

「お前たちは何をやってたんじゃ！　何のために休みをやったとおもっているんだ。首謀者は嘉本じゃな」

激怒した校長は嘉本だけを翌日も校長室に呼びつけ、説教した。

——俺は昔から間の悪い人間だった。どうせ逃げられないのなら、よし最後ぐらいやってやろうじゃないか。とことん調べてやろう。

嘉本は座ったまま、役員たちに宣言した。

「私の印象としては、含み損が生じているのはほとんど事業法人の案件です。一人でできる話ではありません。しかし、社長から全権を委任されております」

野澤は「全権委任」とは言っていない。社長はなんとかその日の役員会を切り抜けようと考えていたふしがある。しかし、場末の部署のギョウカンが本気で山一破綻の原因を解明するには全権委任でなければやりようがないのだ。

「調査は、徹底してやります」。嘉本は大声で言った。

「飛ばしが会社更生法適用を妨げたのだとしたら、こんな馬鹿な話はありません」

それは嘉本と業務監理本部が、会社の中枢と山一の看板である法人部門に喧嘩を売った瞬間だった。山一には不正に加担し破綻原因を解明してほしくない幹部が数十人もいたのである。

嘉本はざわつく塩浜ビルに戻ると、長澤を呼んだ。テレビでは、大蔵省が発表した長野証券局長名のコメントが流れていた。

〈山一證券については、証券取引等監視委員会が種々の実態解明中であったが、巨額の簿外債務が存在する疑いが濃厚となった〉

そのコメントが嘉本に「簿外債務」という言葉をはっきりと意識させた。帳簿、つまり、決算書には記載しない債務である。二千六百億円もの借金を山一の首脳が隠していたことは間違いないということだ。

やるべきことは、その簿外債務がいつ、どのようにして、誰の決断で発生したのか、という疑問を解くことだけではない。その原因は何だったのか？　これだけ巨額の簿外債務はどこに隠され、なぜ発覚しなかったのか？

それらを強制力のない自分たちの手で調べ上げることだ。

驚いたことに、長澤は待ち構えていた。

「社内調査をするのですね。私もやるべきだと思います。今度こそ」

長澤は黒い手帳に〈社内調査　徹底的にやる〉と記した。彼も腹の底から怒っていた。

――どうしてこれだけ大事なことを日経新聞に教えてもらわなきゃいけなかったんだ。ふざけんな。俺たちが調べるんだ！

3　大混乱

社長の野澤正平が自主廃業を発表したのはそれから二日後の二十四日だった。「社員は悪くありませんから！」。テレビカメラの放列を前に、野澤が従業員組合との約束を守ったあの日である。

彼はそのあと、涙腺がどうにかなったのではないか、と周囲が心配するほどよく泣き、それにつられたのか、大の男たちが涙を見せた。廃業を発表した日、ギョウカン企画課長の印出正二が本社に駆けつけると、本社経営企画室の幹部が大粒の涙を拭こうともせずに呆然と立っている。

「社員にこれをどう説明するんですか」。返事はなかった。印出は、本社のサテライト・スタジオを思い出した。新川のビルの地下一階にスタジオがあり、本支店向けにCS放送をしていたのだった。

「よし、CS放送を空けろ。社長に話してもらえないか」

印出はそう指示をして、放送枠を空けさせ山一最後の社内放送を試みた。野澤は涙の廃業会見をした後で、オンエアの直前まで嗚咽《おえつ》が止まらなかった。ハラハラさせたが、「皆さん」と始めると、ようやく落ち着いてしゃべり出した。

その日が、山一證券の命日と呼ばれることになった。


翌日、三連休が明けた。全国の支店に「株券とカネを返せ」という人波が押し寄せ、客が溢れた。「万一に備えて動きやすい服装をせよ」という指示が女性職員に出ている。

「バカヤロー」と怒鳴る人、「いつになったら株券を返してくれるのか」と泣きつく客、「返してくれるまでは帰らない」と座り込む高齢者。「山一株はどうなる」と叫ぶ者。電話は壊れたかのように、切っても切っても鳴り止まない。受話器を手にしていると、「おい！　ここに客がいるんだ」と詰め寄られる。険しい顔を振り向けると、「何だ、その対応は！　誰のおかげでこんな目に遭ったと思ってるんだ」とさらに責められる。

長澤の部下で検査課の部付部長だった山岸隆は、埼玉県の大宮支店に同僚と三人で応援に駆けつけた。

支店が見える通りに入ったとたん、ビルが取り囲まれている光景に出会《でくわ》した。怒った客の群れだ。息を飲んだ。支店長は小雨の中で傘もささず、平身低頭、客の整理に走り回っている。突然、客の一人が振り向き、視線が山岸たちに向かった。山岸たちの背広の襟に「山一」のバッジが光っていたのだ。

わっと客に取り囲まれ、彼らは人の渦に飲み込まれてしまった。

「おい、おい、どうなっているんだ！」「説明しろよ」

ありとあらゆる方向から声を浴びせられ、もみくちゃにされながら、三人は支店に駆け込んだ。

一方、その日から、山一の本支店には数千社の採用担当者が列を作った。「優秀な山一社員をこの機会に雇用しよう」というのだ。野澤の号泣が他企業の同情を買ったこともあり、求人数は社員数の二倍以上にもなり、二万人を超えた。社内掲示板と山一のイントラネットに求人情報リストが備えられる。社員たちは釘付けになった。

人事部は東京中のハローワークを集めたような騒ぎである。ただし、なかにはふるいにかけてもかけても怪しげな求人企業も殺到した。「出資を条件に入社させたい」という会社、フランチャイズで独立を勧める企業、高報酬の裏に厳しいノルマを隠したベンチャー、給与や勤務時間が実態とかけ離れた中小企業……そんな会社まで交じっていた。

山一社員のパソコンには、電子メールで経営陣批判が流れている。トップの無能を皮肉った替え歌や川柳も次々に流れてきた。それは本社から支店へ、支店から関連会社へと波のように転送されていった。例えば、チェッカーズのヒット曲〈涙のリクエスト〉の替え歌である。〈作詞　野澤正平〉と記されていた。

〈最後の株価に祈りを込めて　midnight 役員会
ダイヤル回す大蔵に伝えて　もう駄目だよと
東証のマイクのボリューム上げて　初めてひとり
叫んだセリフ　廃業なんて　冷たすぎるぜ　ひどい仕打ちさ
三木が贈った多大な損失　今では違う誰かの債務
いいさ行平と馴れ合いながら　哀しい俺を笑ってくれよ
涙の記者会見　最後の記者会見
涙の記者会見　最後の記者会見 for you〉

山一社員のおよそ四割は女性である。彼女たちにとっても、会社消滅は明日からの生活がかかった現実の悲劇だった。コツコツと買い増してきた山一株が紙くずに化けて、老後の資金を失った社員が続出している。働く場がなくなるだけでなく、多額の個人資産を失ったのだった。

山一では社員持ち株を推奨していたことは既に触れた。本社の営業企画部付店内課長だった白岩弘子は三万八千株を失った。山一株は経営が傾いた後もまだしばらくは、一株五百〜六百円の値がついていた。一株二千〜三千円の値段がついた時期もある。

白岩の夫は山一から系列の証券会社に移った生真面目な社員で、「経営陣は許さん」と怒っていた。口喧嘩をするのが嫌だったので、彼女は山一のことも株のことも家では何も触れなかった。

彼女は持ち株のうち二万三千株を一株一円で売り、残りの一万五千株は山一の思い出に残した。歴代社長の名前がそこに印刷されていたからだ。

彼女はこのとき、五十五歳。「これを早期退職と考えよう」。自分に言い聞かせ、菊野たちと清算業務に就く。だが、一週間、会社で嘔吐を繰り返した。

生活を切り詰め、十六万株も保有していた女性社員もいた。この女性は二千円という高値の時であれば三億二千万円、経営悪化後に五百円で売っても八千万円の資金を経営陣の無策によって失った計算になる。

三十万株以上も持っていた男性社員もいた。自主廃業する数年前にマンションを購入した女性もいる。彼女は一括で購入できるだけの株を持っていたのだが、あえて銀行ローンを組んでマンションを購入したため、ローンだけが残ったのだった。

「自主廃業なんて誰が決めたんだ。社長に直談判に行くぞ！」。激怒した支店長もいる。しかし、マスコミや世論は同情してくれなかった。

同じころ、韓国でも銀行や証券会社が破綻する金融危機に見舞われ、各地でトラブルや取り付け騒ぎが起きた。しかし、日本の場合は大きな騒ぎも横領のような不祥事もほとんど起きなかった。特に山一の女たちの奥底には、不幸なのは自分だけではないという諦観があった。そして、世間に迷惑をかけた山一の人間だから、という負い目をどこかで感じているようにも見えた。

だから悔しさや悲しみを込めたメールをひそかに流すことで、彼女たちはやりきれない思いを自分たちなりに鎮めていたのだった。

ある女性社員のパソコンには、つぶれる前の三代の社長を皮肉った川柳が残っている。タイトルが〈山一俳句選〉。これも社員の誰かが作って会社中にメールで流していたのだった。

わかりません　憶えてません　知りません
次雄

はにほへは　ほにほにほへは　はにほへは
淳夫

自主営業　挙句の果てが　自主廃業
正平

「次雄」は前会長の行平次雄である。損失補塡や損失隠し問題で、再三、国会の予算委員会などで追及されたことを皮肉っている。「淳夫」はその行平に二人三脚で付き従った三木のことだ。行平とともに巨額の損失処理を先送りし続けた三木は決断ができず、指示も言語も不明瞭なことで有名だった。

〈行平の森にそびえる幹（三木）腐る〉と、この二人をやり玉にあげた川柳もあった。

「正平」とは、もちろん野澤を指している。山一はノルマ営業から脱却して、本社の各部門や支店で目標をこなしていく「自主営業」の姿勢が求められていた。

行平は自主廃業が明らかになる直前から顧問室にも姿を見せなくなっていたが、野澤は翌年の株主総会で会社解散の議決を得るまでは辞めるわけにもいかない。十六階の奥にある社長室に会長の五月女とこもることが多かった。

「廃人のようになっている」という噂が女性社員たちの間では、飛び交っていた。

野澤は前副社長の一人に、「死にたいです」と漏らしている。

この前副社長は顧問に退いていたが、経営破綻後、エレベーターで野澤にばったりと出会したのだった。二人は同じ営業畑を歩き、親しかった。

「元気かい。大変だったね。大事なことは一人で決断しなければだめだよ」

野澤はメーンバンクの富士銀行に行くにも、いつも五月女や側近に連れられていた。廃業というけじめのときぐらいは、OBや側近の言葉など気にせず、リーダーシップを発揮してほしかったのである。

野澤は廃業の記者会見のあとも、OBたちから責められていた。

「社長のくせに、なぜ泣いた」「ほかに取るべき手段があったはずだ」

前副社長の優しい言葉に、野澤が抑えてきた悔しさがこみ上げてきたのだろう。

「もう遅いですよ。僕は死にたいです」と言って、その場で野澤はワッと泣き出した。

顧客の怒りと社員の憤激が少しずつ諦めに変わり始めるころ、山一最後の「部店長会議」が塩浜ビルの大会議室で開かれた。廃業の発表から三週間が過ぎた十二月十三日。会議室の大時計の針が午後一時を指している。

ラインの部長と支店長の前にひな壇があり、そこに役員がずらりと並んだ。

「自主廃業の事態となり、正に痛恨の極みでございます」。野澤は懺悔《ざんげ》の言葉もそこそこに、簿外債務を伏せていたことについて言い訳を始めた。既に山一は大蔵省に一部の営業を休止する届け出を提出している。

「八月十一日に全く突然の社長交代がございました。前会長、前社長からの事前の引き継ぎは全くありませんでした。ただ、三木前社長より『いろいろあるがよろしく頼みます』ということは言われました。その意味するところはその時にはよくわかりませんでしたが、就任直後に本部長や部長と面談しているうちに、当社にはかなりの不良債権が存在するのではないかと懸念を強く持つようになりました」

自分は何も知らずに社長の椅子に座ったのだ、と強調したのである。いきなり話が核心に迫ったので、部長や支店長は食い入るような目で次の言葉を待った。

「私は八月中旬、企画室長に不良債権について精査するよう指示し、同時に財務本部長に対し財務改善策を策定するよう指示いたしました。秘密保持のため、企画室、経理部の限られたスタッフで極秘プロジェクトチームを作り、二千六百億円を含み損と仮定して作業を継続させてきました」

会場がざわつき始めた。本社のひと握りの内務官僚が極秘事実を握っていたことを、社長が二百人の前で堂々と認めてしまったからだ。

支店長たちは総会屋事件のさなかにも顧客に頭を下げ、営業の最前線でしのぎを削ってきた。彼ら現場の人間には、社内エリートを集めた企画室や経理部は、「リスクを取らない出世コース」と映っている。

「それがこの始末か」という気持ちが、支店長たちの怒りを増幅させた。支店には顧客が殺到し、修羅場のただ中にある。一方の野澤はメーンバンクとのやり取りなど複雑な部分は用意された原稿を棒読みした。それも極秘プロジェクトチームの中心にいた藤橋らが作成した原稿である。

「含み損だけを公表することはマーケットをいたずらに混乱させるだけでなく、当社としても致命的な事態になると判断いたしました」

と、読み上げたあたりから、あからさまな非難の声が聞こえ始めた。

「何を言っているんだ」

「会社を潰しておいて！」

野澤は、この責任の追及については徹底的に行う覚悟があることや、今後経営責任の明確な関係者に対しては、私財の提供を申し入れることなどを表明した。そして、「業務監理本部長を委員長とする調査委員会を設置いたします」と宣言した。しかし、職を失う支店長たちは収まらず、質疑はそれから二時間も続いた。

「なぜ、こんなことになったのですか。このままでは自分だけではなく家族、親類、そして山一にかかわるすべての人間が社会からダーティと見られてしまいます。原因を究明し社会に公表する責任があります！」

はらわたを絞るような声だな、と取締役の堀嘉文は思っていた。発言したのは、彼が統括する西首都圏管内の支店長だった。このとき、「原因を究明せよ」という部下の声を聞いたことも、堀がのちに調査委員を志願する動機となった。

「企画室なんかにいて、以前からすべてを知っていた役員がここにいます。その人たちが廃業という事態を招いたのではありませんか」

ある支店長が言い出した。それは名指しこそしないが、社長側近の藤橋を「君側の奸」と糾弾するものだった。

「どうして隠していた」

「責任を取るべきだ」

批判の声が会場を重く圧し、人民裁判になりかけた。嘉本は壇上で藤橋とともに罵声を浴びている。突然、その嘉本が手を挙げて席から立ち、大声を上げた。

「この問題については今、私が社長から調査するよう命じられております。私は徹底してやるつもりです」

嘉本の内側から、少しひねくれた天《あま》の邪鬼《じゃく》が顔を出したようだった。「この場で藤橋を責めてどうなるものか」。もっと悪い奴らがたくさんいるじゃないか、という気持ちが湧き上がり、思わず立ち上がってしまったのだ。

嘉本はよけいなところでしゃしゃり出るところがある。

高校三年生のころ、上級生が下級生を吊し上げたことが学校で問題になった。生徒指導の教諭は二、三年生を集めて叱りつけ、「殴った者は手を挙げろ！」と声を張り上げた。その剣幕に押されて手を挙げる者はない。シーンと静まり返った。何分か過ぎて、居並ぶ生徒の頭の間から手が挙がっていた。嘉本だった。いたたまれなくなったのである。

「自分は殴っとりはせんが、我々が悪かったです。反省しますから勘弁してください」。それで座の緊張が一度に解け、教師は説教だけで矛を収めてくれた。ただ、「また嘉本か」と学校側にはさらに睨まれることになった。

それから三十七年後の「部店長会議」でも、嘉本はやはり手を挙げてしまった。彼は会場を見渡しながら大見得を切った。

「社員の皆さんにちゃんと報告もしたい。いや、やります」

調査に自信があったわけではない。そうでも言わなければ収まりがつかない空気だったのである。「君側の奸」追及に盛り上がりかけた会場の空気が一気に白け切った。「本当に調査をするのか?」「きちんとやってくださいよ」。支店長たちの憤懣《ふんまん》が小声となってやがて収まったとき、嘉本は重大な約束をしてしまったことに気づいた。

——社長は簿外債務のからくりと責任を徹底追及しようと考えていたわけではないだろう。しかし、これで自分も社長も本気でやるしかなくなった。

自主廃業に追い込まれた山一は、全支店のシャッターを翌年一九九八年三月末までに閉め、ここにいる支店長を含め七千七百人の社員全員を解雇しなければならない。「社員に報告をする」ということは、彼らが山一のバッジをつけているあいだに、債務隠しの全貌を暴き、調査報告書を示さなければならないのだ。

それまでに残された時間は、あと百日余りしかなかった。

4　最後の聖戦

熟慮の末の決断がいつも正しいとは限らない。菊野の郷里・鹿児島には「泣こかい、飛ぼかい、泣こよか、ひっ飛べ」（考えている暇があったら、いっそ飛んでしまえ）という言葉もある。

「しかし……」と、嘉本は自分の軽率さを少し悔やんでいた。自分に簿外債務のからくりが解明できるのだろうか。民間企業の本格的な社内調査など今まで聞いたことも見たこともない。自分の会社の不祥事を暴く企業などあるわけがないのだ。

「形だけの報告書を書くのは難しくない。しかし、本気でやるのなら、ギョウカンを超えた調査委員会のような組織を作る必要があるだろう。調査には自分を含めて七、八人は必要だが、そもそも人手が集まるのか」

調査にはリテール（個人）部門、ホールセール（法人）部門、国際部門と、あらゆるエキスパートが必要だったが、辞令もなく将来にもつながらない仕事である。おまけに大物OBや野澤をはじめとした現経営陣にも事情聴取しなければならないのだ。山一の言葉では「ヒアリング」だが、その対象は百人近くに上る可能性もある。

役員クラスにヒアリングする場合は、彼らの「格」に釣り合う現職の常務か、取締役を調査委員に充てることが必要だ。しかし、役員は責任を取って翌九八年一月から無給になることが決まっていた。

――タダ働きで苦労を買って出る役員がいるだろうか。

役員を含め社員の多くは廃業宣言とともに再就職へと向かっている。取締役会で「議事録に私の発言を記載してください」と発言したり、野澤を突き上げたりした三人の若手役員は早々と辞表を出し、ひと月後の十二月二十九日にはもう退社していた。

一般社員の場合も、面倒な調査委員に手を挙げるということは、それだけ再就職が遅れることを意味した。「山一の経営破綻によって、人材マーケットが開いた」とマスコミは報じたが、やはり条件の良い会社から埋まっていった。千六百六人もの山一社員を受け入れたメリルリンチ日本証券の再就職はそれ自体が新たな入社競争の場だった。

「先にメリルに駆け込んだ幹部が子飼いの部下を集めている」「なぜ私がはねられ、あいつが入れるんだ」「これまで営業職でなかった自分はチャンスをもらえないのか」――再就職は否が応でも社員たちをレースへと駆り立てていく。会社に踏みとどまって調査にあたることは、やはり貧乏くじを引くことであった。

嘉本が抱えるもう一つの問題は、社内調査だけに多くの人材を投入できないことである。

自主廃業を宣言した山一がすぐに始めなければならないことが三つあった。

一つは、速やかに営業を停止し、本支店を閉鎖するように社員を導くこと、つまり敗戦処理である。山一自体の資産を売却したうえで社員に再就職を斡旋することもその中に含まれる。二つ目に、顧客から預かった二十四兆円の株券や資産を早急、かつ正確に返還することである。すなわち清算業務だ。そして、三つ目が債務隠しの真相を暴く社内調査である。このうち、厄介なのは時間のかかる清算業務と嘉本が引き受けた社内調査だった。

ところが、大混乱のなかで、社内調査だけでなく、清算業務までもギョウカンで背負うことになっていく。こちらの責任者を引き受けたのは、ギョウカンのナンバー2で、理事に昇格していた菊野晋次だった。

菊野たちの運命の歯車が回り始めたのは、十一月二十二日午後。企画課付課長の虫明一郎が、長澤のところに駆け込んできたところから始まる。

「三連休明け（の十一月二十五日）から支店が開くというのに、本社からまだ何も指示がありません。このままでは、お客さんが押し寄せて、支店はパニックですよ」

　支店の応援や清算業務は本来、ギョウカンとは無縁のところにある。だが、本社の機能は廃業ショックと三連休で麻痺しかけていた。非常時に社員を導くのは、部署の枠を超えた現場力とスピードなのだが、取締役会で自主廃業を議決する前だったから、本社では清算に向けた指揮を誰も執ろうとしない。

「確かに、本社指示はないが、かといって放置はできんなあ」

「うちの印出課長がキレちゃってます。『どうすりゃいいんだ』と。支店にも応援を出さなければなりませんよ」

　話しているうちに、長澤と虫明の頭にアイデアが降ってきた。長澤は本社にいる嘉本に電話で告げた。

「私たちが動きますよ。どこかでやらなければいけないんですから。ギョウカンで支店支援と清算に向けた体制を組んでやりましょう。清算の総責任者なら、うちの菊野さんがいます」

　長澤は非常事態に慣れている。ＳＥＳＣや地検特捜部に疑われて呼び出され、家宅捜索を受け続けた。一方では、嘉本とともに社長や副社長たちにだまされ、役員たちに調査を妨害されたりしながら、何とか仕事をこなしてきた。

「やれるか？」という嘉本に、長澤が言った。

「本社だったら行政処分対応チームのあのラインが使えますよ。支店の場合は、業務監理マネージャーを通じて指示を出せます」

もともと山一證券では、総会屋事件で行政処分を受けた事態に備えて、ギョウカン主導の業務対応チームを作っていた。本社の一室にチーム専用のパソコンなどを配備し、企画課長の印出が本支店に指示をすることになっていたのである。行政処分を受けた場合、「この業務まではやってもいいが、これはダメ」と法令解釈をして臨時の司令塔になるのが、法律に強い印出の役回りだった。この対応チームの連絡・指示ルートは、まだ生きている。

加えて、ギョウカンと全国の支店をつなぐ恒常的なルートもあった。本支店には、事務を担当しながら、業務監理マネージャーという肩書を持つ管理職がいた。通常業務のかたわら管理の目を光らせるというのが建て前で、元締《もとじめ》役の業務監理本部は彼らを緊急に使うことができたのである。

長澤はこの二つのルートを使って、パニックの本支店を動かそうとした。支店を担当する事務指導部や営業企画部などを回って交渉を続けた。

「支店支援の体制をすぐ作りましょう。ギョウカンが人を出しますから、おたくからも優秀な人材を出してください」

　外堀を埋めたうえで長澤は、菊野のいる二階に出向いた。

「とにかくお客さんに株券やら債券やら資産を返さないといけません。印出や虫明たちもついています。菊野さん、清算担当のチームを束ねていただけませんか」

「えーっ。病み上がりのわしを使うのかい」。菊野は腕組みして考え込んだ。

　会社に復帰して一ヵ月も経っていない。糸球体腎炎で体がだるく、通勤も苦痛なのだった。嘉本に従って調査委員会に加わり、調査にメドがつけば辞めるつもりであった。ところが、会社清算の責任者となれば、仕事はいつ終わるのかわからない。自分の都合で辞めることもできないのだ。

　その夜、妻に懇願されてしまった。

「あなた、死んでしまいますよ。命あってのことなんだから、仕事はもう辞めてください」

　その一方で、清算現場の責任者になり手がいないのもよくわかっていた。

　証券界は「ヤル気産業」と言われる。人間こそが資産であり、人の意欲をかき立てることで他人のカネを集め、利益を生む。ところが、いま山一の社員がやらなければならないことは、無理を重ねて集めた二十四兆円の資金を整然と返すだけの仕事である。それは会社が消えていくための業務であり、早く済めば自分の職場もそれだけ早くなくなっていく。自分の首を絞めるような仕事に社員の意欲が湧くはずがなかった。そのうえ、社員たちは廃業という事態を招いた経営陣や営業幹部に強い憤懣《ふんまん》を抱いている。その彼らをなだめながら、なんとか会社を終わらせなければならないのだ。

しかし、「信用」という看板を外した山一だからこそ、意気消沈の兵を現場でうまく束ねる指揮官が必要であった。

——それは老兵の仕事かもしれんなあ。

翌々日、菊野は長澤のところにやってきた。

「やるよ、お前さんが言うのなら仕方がない。わしは人の言うことをよく聞くの（菊野）じゃ」。アッハッハと笑った。

やがて、混乱の山一に、業務監理本部、事務管理部、営業企画部、法人企画部、国際企画部、法務部、総務部の七部門から成る「顧客取引清算プロジェクト事務局」が発足し、菊野はそのリーダーとなった。事務局は翌年には、「山一清算業務センター」となる。センター長に選ばれたのは、やはり菊野だった。

「たとえ負け戦でも、やらんといかん時があるんだわな」。彼は長澤たちに言った。「わ、し、ら、の、西郷さ、ん、は、な、あの戦争を好きでやったんではないんじゃ。明治政府に抵抗する若者のエネルギーを鎮めるには、負け戦を承知でやるしかなかった。わしたちがやる清算業務も負け戦かもしれんな。しかし、会社がなくなって、社員やお客さんたちの怒りに収まりをつけるには、誰かがきちんとやるしかないんじゃ」

菊野が生まれ育った鹿児島で「あの戦争」と言うと、それは一八七七（明治十）年の「西南戦争」を意味するのだという。西郷隆盛が士族らを率いて官軍に戦いを挑んだ薩摩の最後の聖戦である。菊野に言わせれば、清算業務もまた山一の最後の聖戦なのだ。

嘉本は「タヌキ流」の菊野の人使いの巧さに一目置いている。菊野の部署には百人のギョウカンから、印出や虫明ら底力を持つ社員を選んで送り出した。

つまり、これからのギョウカンは二つに分かれるのだ。一方が菊野をトップに置き、印出、虫明の実務者が清算業務を仕切る部隊。もう一方の嘉本は常務として菊野から清算業務の報告を受けつつ、調査委員会のメンバーを選出して、破綻の真相を突き止めるというわけだ。

「その調査もまた、破綻から生じた広義の清算業務だ」と嘉本は思っていた。

彼の女房役である長澤は、清算業務と社内調査とをつなぐパイプ役であると同時に、社内調査委員会の事務局長を務めた。人事発令などない。気づいた時にはそうなっていたのである。

会社を支える力とは何だろうか。

山一證券という七千七百人もの大会社が息絶えようとしたとき、現場には、権力者や「エリート」と呼ばれる人間はほとんど残っていなかった。

自主廃業とともに、大蔵大臣の指示を受けた弁護士らが「顧問委員会」を組織して本社に乗り込み、部課長クラスとともに重要事項を決めるようになった。社長は廃業宣言のあと、茫然自失という状態で、取締役会は当事者能力を欠くと判断されている。院政を敷いてきた行平の権威のメッキは剝がれ落ち、顧問だった前副社長たちは姿を見せない。

社内には、「役員は頼むに足らず」という雰囲気が満ち、現役役員が出社しても居場所はなくなっている。「部下に追い出されちゃったよ」とぼやく取締役もいた。退任の意思表示をするや、すぐに部屋を片付けられてしまったのである。

出世の階段を駆け上がっていた一握りの者たちは、山一の過去と決別するのも早かった。一部は早々に再就職先を確保し、あるいは部下を引き連れて転職して、山一時代よりも高い収入を確保した。自分や家族を守ることで精いっぱいだったのだ。誰もそれをとがめることはできないであろう。

皮肉なことに、破綻という非常時になって本社に乗り込んだのは、「場末」とも「姥《うば》捨て山」とも陰口を叩かれた組織の人々である。彼らは最後になって、清算と社内調査というけじめの表舞台に登場した。

自主廃業という企業敗戦のただ中にあって、敗走する社員たちは、図らずも「しんがり」を仕切るはめになった嘉本と菊野の二人に、初めて注目をした。

五章　しんがりの結成

1　アンタッチャブルに挑む

　山一の本社ビルはいまや次々と「占領軍」の下に置かれていた。弁護士らで構成する顧問委員会に加え、検査当局が乗り込み、簿外債務の調査や経営実態の精査を始めている。東京地検特捜部と連携するSESCは十人近くが十五階の会議室、一方、大蔵省金融検査部は十四階の会議室に陣取った。

　長澤は「この非常時のために俺はいたのかもしれない」と考えている。長澤は、嘉本が「徹底して（調査を）やるつもりです」と支店長たちに見得を切ったあの場にいた。十二月十三日の部店長会議である。

　会議の後、嘉本は、長澤と一緒に、塩浜ビル三階の部屋に戻ってくるなり告げた。

「長澤君、俺は調査をやり遂げると約束してしまった」

「はい」と短く返した。

「私も聞いていました。必ずお手伝いをします」

総会屋事件の調査でもそうだったが、嘉本と長澤の重要なやりとりはいつも一言か二言で終わった。

妻の理恵子には、長澤の気持ちがわかるような気がする。夫が休日返上で帰ってこない夜によく考えるのだ。

「あの人は、『義』という言葉や義理人情の世界が好きな人間だ。職場結婚するときはよくわからなかったけれど、親子関係とか、社会に対する体裁じゃなくて、自分の中にある道理とか、誰かへの義理っていうのか、そんなのを重んじる人だ。好きなようにやらせてあげよう。それに酔っちゃってるんじゃないか、と思うけれども」

苦い悔いも、長澤の心の底にはある。

彼は嘉本より三年早く、社内の司法組織であるギョウカンに回された。そこで山一の看板だった事業法人部門――通称「ジホウ（事法）」は触れてはならない部署であることを痛感していた。ジホウとは、事業法人本部を中心に法人営業本部など、事業法人相手に営業する法人営業グループ全体を指している。

「ジホウは監査しない」という引き継ぎや取り決めがあったわけではない。しかし、バブル経済の下で、山一證券の事業法人部門は事業会社から無尽蔵の資金を引き出してくる営業のエリート部隊とされ、急速に組織を拡大した。一九八四年から六年間に山一の全従業員は六千五百四人から九千百人と四割増えたのに対し、法人部門の人員は二倍にも増えている。

一時、ジホウのトップだった行平でさえ、ブレーキをかけようとしなかった部署なのである。その真相はのちに嘉本や長澤たちの調査委員会が明らかにするが、清濁併せ呑むアンタッチャブルな組織とされ、監査の範疇《はんちゅう》から事実上、外れていたのだった。

ギョウカンが監査してきたのは、せいぜい個人営業部門である支店や本店営業部であった。一九八八年から十年間に山一證券で証券事故として社内処分が行われた件数は千二百七十五件に上るが、そのうち事業法人部門の処分はわずか十件に過ぎなかった。長澤自身も、事業法人部門の監査を「やれ」と指示したこともなかった。それは自分の弱さだったのかもしれない。

彼は小学校の高学年のころに掃除をサボって、女性教師に叱られたことがあった。

「長澤くん、人は見てなくても、お天とさまは見ているんだよ。恥ずかしいことするとわかるんだからね」

会社の終わりぐらいは真っ直ぐに生きてみたい、と長澤は思っていた。そこは嘉本に似たところがあった。

「なんでジホウには（監査を）やらないんですか」と尋ねた男がギョウカンにいる。それが検査課の横山淳だった。同志社大法学部卒、一九八四年の入社である。横山がまだ課長代理になる前のことだったが、当時の上司は憮然として言った。

「俺に聞いたって知らないよ」

ずっと上からの御達しであろう。横山もそれがわかっていて聞いたのだった。

横山は支店営業などの後、二年前から支店の監査を担当していた。法令に違反する行為を見つければ改善指導をする立場にある。長澤もそうだったが、これまでの仕事に疑問を持ち、意欲を持ちながらもへそ曲がりなために上司に容れられず、二年間を場末で過ごしていた。

横山の特技はパソコン操作である。彼は四月以降、利益供与事件で地検特捜部やSESCに提出する資料を作成したり、特捜部に出入りしたりして、調査業務に慣れていた。嘉本から調査委員に加わるように指名されたのだが、当初は長澤ほどの義務感を抱いていたわけではなかった。

「誰のせいで、こんな後ろ向きのことをしなければならないんですかね」

アジトでぽつりと漏らした。はじめは経営陣に対する恨みしかなかったのである。

嘉本は振り向いて横山にやんわりと話しかけた。

「人が変死したら司法解剖するだろう。山一の廃業も変死のようなものだよ。だから解剖して、株主やら社員やらお客さんに説明する責任があるんやな」

言いながら、照れくさそうだ。こんなとき、嘉本は関西の地の言葉が出る。

「ほら、ステークホルダーっていうやないか。その人たちにきちんと説明する必要があるんや。僕はそう考えているよ」

横山は心が震えた。自分のためでも会社の利益のためでもない。利得とはかけ離れたもののために、破綻した会社に踏みとどまるのか。三十六歳になってひと月が経っていた。

「必ず真相を暴いてくれよ。期待しているぞ」

同僚から次々と声をかけられるうちに、「飛ばしの究明ができなかったらどうしようか」と考えるようになっていった。

「ギョウカンで海外がわかるのは俺しかいない。だからやるしかないんだろうな」

横山の九歳年上の竹内は、調査委員に加わることを予測していた。だから嘉本に頼まれたとき、「わかりました」と短く答えている。

「待ったなし、だからな」と嘉本は付け加えた。「お前はこの調査から逃げられないんだ」というのか、「期限付きの調査だから残された時間は少ない」ということなのか、よくわからなかったが、指名された理由は理解できていた。

不良債権を隠す手法として国際部門が利用されていることはほぼ確実だったからである。業務監理本部のなかで、山一の海外案件を最も理解していたのは竹内だった。

彼は二年前にロンドンの現地法人から三年ぶりに日本に戻り、検査課の次長を務めていた。語学力もあり、入社から十年目には会社の中枢である企画室に配属されている。七年間、会社の収支計画や予算管理を担当した。エリートコースを歩いていたのである。そこには後に常務となる藤橋ら簿外債務の関与者もいた。

企画室勤務の後、竹内は経理部に移った。そこにも簿外債務の当事者であった後の副社長・白井隆二がいた。

竹内はいつも債務隠しの当事者になるスレスレのところにいたのだった。

2　同志、結集す

役員やOBたちの反応は冷たかった。場末の連中がしゃしゃり出てきたという空気である。

「嘉本くん、いまさら死体をさばいてどうするんだ」

と嫌味たっぷりに言い放つ者もいた。「暴いた結果、君たちは名誉毀損で訴えられるぞ」。半ば脅し口調である。

「社内調査をして、それをもとに役員たちが損害賠償を求められたらどうするんだ。顧客から訴訟が山のようにくるぞ」

生活に追われる役員もあって、調査委員会の仲間はなかなか増えなかった。

嘉本が足早に本社の廊下を歩いていると、海外部門に詳しい年下の役員が声をかけてきた。

「どうですか。調査は進んでいますか」

嘉本がどこまでやる気なのか、気になるのだ。

「ああ、ちょうどよかった。海外の飛ばしを解明したいんだ。君な、ちょっと調査に参加してくれないか」

すると、役員の顔色が変わった。

「いや、僕はいいです」

とっとと走って逃げていく。その背中めがけて嘉本は怒鳴った。

ある。

「二度と聞くな！」

そんな時、十八階のアジトにのっそりと堀嘉文がやってきた。単身赴任組なので、仕事が終わると本社近くの賃貸マンションに帰るしかない身である。

「俺は旧経営陣を絶対に許さへんよ」

ギョロリとした目をさらにひん剝いて、太い眉を釣り上げている。豊かな白髪が、浅黒い大きな顔とは好対照をなしている。ワイシャツをまくりあげると太い腕がむき出しになる。でんと中央に収まった鼻を天井に向け、関西弁を回転させた。

「三月に役員になったとき、わしらは（旧経営陣に）時限爆弾を手渡されたんや。それが手元で爆発しおった。今になって何が簿外債務や。一体、どないなってんねん」

彼は職場結婚した妻の禮子《れいこ》からちょっとした嫌味を言われていた。新聞やテレビが自主廃業を報道した十一月二十二日昼過ぎのことである。彼女は京大生の二男と京都に住んでいた。

「会社のことは心配せんでいいよ」

堀がなだめると、電話口で禮子が「でもね」と言った。

「お父さんは役員をしているのに、廃業って知らんかったの？」

「わし、知らんわ。一部の役員がゴソゴソしておったんや。おかしいとは思ったが、知らんもの」

彼女は堀の同期で、兵庫県の市立高校商業科を出て山一布施支店に配属された。笑顔を絶やさず支店の事務を執っているところを堀に見初められたのだ。

「まあ、何とかなるわい」と堀は明るい調子を作って声をかけた。だが、夫のことは足音からでもその疲労を嗅ぎ取ることができる女性だ。言葉の端々から「これはえらいことになったわ」と考えていた。

——重役夫人から半年で、長屋のおばちゃんに逆戻りや。

廃業は、堀だけでなくその家族のプライドや生活まで覆した。

アジトに顔を見せるたびに、堀はその怒りを嘉本たちにぶつけた。「かもっちゃん」「ホリちゃん」と気心がしれた間柄である。堀は嘉本よりも一年年次が下で、嘉本が西部・四国統括本部長だったころにその管内の松山支店長だった。同じ高卒で個人営業出身の役員でもあった。

「ちょいとしんどいが、調査委員をやってくれるか」

嘉本が堀に求めたのは、強引なまでのその突破力だった。

「やりますわ」。二つ返事だった。

「最後の部店長会議で、部下の支店長から『原因を究明し社会に公表する責任がある』と言われてますしな。私のところ（西首都圏本部）の清算業務にケリをつけたら駆けつけます。調べないと気がすみませんわ。やりまっせェ」

堀は見かけよりずっと繊細で、禮子に時々、「あんたはちょいと小心なところがあるからなあ」とからかわれている。会社では虚勢を張っているが、考え込んだり、落ち込んだりする姿は妻には隠せなかった。

取締役会のやりとりもB5判の大学ノートに女性のように細い字で詳しくメモしている。社長らの発言を書き込んだあと、その脇にいつも、（私見）とカッコを付けて自分の感想を書き加えるのだ。山一證券の破綻が近づくと、そのノートの書き込みに、「大蔵省」という文字が急に増えていた。

実は、彼が「この野郎」と憎むかなりの部分を、大蔵省という監督官庁が占めている。監督官庁がこの間、何をして、何をしなかったのか、彼は解明したいと考えていたのだった。

堀は大蔵省がかなり前から山一の債務隠しを黙認し、証券局長が今になって責任逃れをしていると思っていた。

繰り返すが、十一月二十二日は、山一が自主廃業を大蔵省に迫られていることを日経新聞にすっぱ抜かれた日である。野澤は臨時取締役会でこの間の経緯を報告させられた。その日の堀メモは六ページに及び、野澤の発言と堀の私見が交互にびっしりと書き込まれている。

〈11月19日（メーンバンクの）富士銀行の考えを大蔵省に報告した。社長が長野局長に「自主廃業の腹を固めてくれ」と言われた〉

（私見　大蔵の責任逃れだ。住専に対する指導の失敗によって公的資金の投入の入口に、山一をスケープゴートにする気であったのではないか。また、一部の大蔵官僚の親族が一ヵ月ぐらい前に、「山一は倒産するから株を売れ」と言っていたという。大蔵当局は知っていて倒産を計画していたのではないか）

堀の「私見」と疑問には少し説明が必要だろう。

一九九七年十一月、三洋証券に続いて北海道拓殖銀行が破綻し、さらに山一が危機に陥った。その二年前に、住宅金融専門会社（住専）の巨額の不良債権が明るみに出たときにも、金融不安が広がっている。政府が六千八百五十億円の公的資金を投入したことでそのときはなんとか収まったものの、住専への行政指導に失敗した大蔵省は厳しい批判を受けた。

「市場のことは市場に任せるべきで、国民の血税を生き残れない金融機関に注ぎ込むべきではない」。こんな声が国会やマスコミを覆った。それ以来、公的資金投入による民間企業救済はタブーとなっていた。

ところが、大蔵省が山一を救済せずに自主廃業に導いたことで、日本の金融システムに対する不安は、以前とは比較にならないほど深刻化し、このタブー自体が跡形もなく吹き飛んでしまった。「混乱しそうな場合は、銀行などへの公的支援は必要なのだ」と国会やマスコミ、世論は大転換してしまったのである。山一破綻のわずか一ヵ月後、政府は総額三十兆円の公的資金投入枠を設ける金融システム安定化策をあっさりと決定した。

しかも、当時でさえ、金融機関以外は救済しないのが原則だったのに、救済判断の基準も不明確なまま、その後は日本航空などにも公的資金が投入される事態となっている。

堀の抱いた疑惑は直感的なものだ。「大蔵省は、山一を生《い》け贄《にえ》にすることによって、不安を煽り、公的資金投入への道を開こうとしていた」。そう疑ったのである。

堀の私見が正しかったかどうかはわからない。だが、少なくとも金融システム安定化策が決定される一ヵ月も前に、堀が「山一の破綻は公的資金投入の道を開くことになる」と見通していたことだけは間違いない。

堀ノートには次のような記載もある。野澤が「長野局長から『平成三年から山一が不祥事を隠していたのは許せない』と言われました」と告白した時のことだ。堀は大学ノートにその発言をメモし、さらに私見を書き入れた。

（私見　大蔵省は知っていたはずだ。検査をして、飛ばしを知っていたのに見逃したのか。他社にもある、との噂がある）

監督官庁が債務隠しの共犯だったという疑惑を追及したい――堀のような恨み節もまた、調査に加わる動機にはなりえた。

3　荒野の七人

堀に続く六人目の調査委員も、自らアジトを訪れてきた。エクイティ本部長で常務の橋詰武敏である。トレーディング部門を統括し、取引所の株式売買を担当していた。

「よかったら手伝うよ。手が空いたら本格的にやらせてもらおうかな」

「おう」

嘉本は一年後輩の登場に晴れやかな笑い声を発した。

橋詰は長野県佐久《さく》地方の農家の出身で、長野県上田高校を卒業している。上田高校は六文銭の旗紋で有名な真田昌幸《さなだまさゆき》の屋形跡に建つ伝統校で、彼は「古城の門」と呼ぶ藩主居館の表御門をくぐって通学した。

穏やかで寡黙な橋詰はなぜ調査委員会に加わってきたのか、はっきりした言葉で話すことはなかった。だが、自分たちを見捨てておけなかったのだろう、と嘉本は考えている。

橋詰は剣道部主将で、古風な男である。

長野県は教育に熱心な地として知られている。彼もまた三人の息子の教育に熱心で、反抗すると、竹刀で尻を叩いて外に放り出した。息子の部屋のドアをガムテープで塞ぎ、外出させなかったこともあるという。大声を嫌う男だが、部下に対しても真剣に叱ることに時間とエネルギーを使った。

少しあとのことだが、橋詰のヒアリングを受けた山一のOBが、「最後の経営陣が悪かったから自主廃業に追い込まれた」と言い張った。

「野澤君たちが下手を打ったから、こんなことになったんだ」

部屋に戻ってくると、橋詰は低い声で吐き捨てるように言った。

「よくもあんなことが言えるもんだ」

——では、あなたがた、先輩方はこれまで何をされてきたんですか。

彼はそう言いたかったのである。橋詰は九七年春、独自に五十ページ以上にもおよぶ再建資料を作っていたという。旧経営陣が失った信用を取り戻したいという、もがきであった。

「橋詰の静かな怒りこそが信じられる」と嘉本は思っていた。


その橋詰と堀には共通の悩みがあった。貯えがほとんどなかったのである。

二人は全国の支店を転々として成績を上げたが、古手の証券マンの常として仕事に身銭を切る質だった。特に、橋詰は病弱な妻を支えている。医療費も必要とした。

堀はといえば、賭け事に弱く、若いころは月給の半分を先輩たちに巻き上げられた。「麻雀は商売に通じるぞ」と先輩に誘われ、のめり込んだのである。おまけに堀は二重生活が長かった。三重の生活をしたこともある。長男が京都で下宿し、二男は神戸の私立進学校、堀自身は松山支店長の時だった。

橋詰家は三人、堀家は二人の、いずれも息子を抱えていた。山一證券は堀や橋詰のような高卒者でも実力さえあれば役員に引き上げるという会社だったが、一方で「高卒役員は視野が狭く、目の前のことしか考えない」と学歴有用論を言い募る役員がいた。その役員は「山一證券がダメになった一因は高卒の役員を増やしたことだ。一時は高卒役員が十数人もいた」とまで高卒役員を批判した。こうした声が耳に入らないわけがない。「子供は大学に、それも一流の」と託す気持ちも、二人にはあったであろう。

　橋詰家の三人は東大や慶大などを出て一流の金融機関に就職した。堀家の二人はいずれも京大医学部を卒業して医者になっている。親の献身は終《つい》には報われるのだが、山一が破綻した当時は、その息子たちが大学生や受験生であったりして、親は「武士は食わねど」と楊枝をくわえているだけでは済まなかった。

　堀の場合、東京での単身生活に毎月十万円は費やしている。長男は静岡県内の市民病院に勤め始めていたものの、医学生の二男と京都で暮らす妻に毎月十七万円を送金していた。

　威勢よく調査委員を引き受けたはいいが、火の車を引いて行く妻を思うと、堀は頭が痛かった。窮状は妻の側から見るともっとわかりやすい。夫には現実の生活や家族の不安が見えていないところがある。

禮子の頭に浮かぶのは、「節約」の二文字である。破綻直後に社会保険事務所（現在の年金事務所）に行った。

「主人の会社が潰れて、二男の国民年金保険料を半年ほど払えません」

「あなたねェ、ご主人は働けるんでしょう。世の中には、家賃も払えないとか、お金がなくて大学に行けない人とか、そんな家がいっぱいあるんですよ」

「一生とはいいません。払うから待ってほしいんです」。山一の役員は無給になったのだとか、調査委員をしているから、とか言い訳はできなかった。

「難しいですね」。窓口であしらわれて帰ってくると、二男が言った。

「僕の払ってくれんでもいいで。何とかするわ」

息子は厳しく躾けてきた。食事時は必ず正座をさせたため、彼らには座りだこができている。息子が寝転んでテレビを見ていると、叱りつけた。「その足、切ったろか」。

今は、その子に逆に慰められ、気が楽になった。京都の家には親戚から米、乾物、ビタミン剤に至るまで次々と送られてきた。みんなが助けてくれている間に、再就職してほしかった。「早くしてや！」と禮子は急かしたかったのだ。だが夫が意気に感じて貧乏くじを引いたことは知っている。肝心な時の要領の悪さは家族もわかっていることである。

息子が禮子に聞いてきたことがある。

「ゴマするって難しいな。どうするんやろ」

「お父さんに聞いたら」

そう答えると、息子はあっさりと言った。

「お父さんに聞いてもだめやろ」

「あんた、ようわかってるわ」


七人目の調査委員になったのは、取締役アセット・マネジメント本部長の杉山元治《げんじ》であった。早稲田大学商学部を卒業し、国際畑を歩いてきた。

彼は嘉本のヒアリング対象者の一人であった。白黒をはっきりつけたがる、頑固な男だった。嘉本の聴取を受けた際に、国際部の風潮を厳しく批判した。本社の目が届かないことをいいことに、国際部の一部がいい加減なことをやっていた、というのである。それに感心した嘉本が「ぜひ調査委員に加わってくれ」と頼んだのだった。

二千六百億円の債務隠しのルートは国内と海外に分かれていると言われていた。それを解明するためには、海外の実態を知る役員も必要だったのである。

「杉山さんはヒアリングを受ける側から、する側に回っちゃったね」。竹内は杉山の意外な登場に首をひねった。

こうして調査委員会の陣容は固まった。

集まった七人の年齢を見ると、嘉本と橋詰、堀、杉山の四人は、敗色濃い太平洋戦争のさなかに生を受けた。嘉本と橋詰、堀の三人が五十四歳。嘉本が早生まれで学年は違うが、この三人は連合艦隊司令長官・山本五十六《いそろく》が戦死した昭和十八（一九四三）年に生まれている。連合軍の反攻が本格化して、延べ三百万人の学徒動員が強化された年である。

そして、島根県の隠岐島や長野県上田市、兵庫県篠山市という地方で育ち、高度成長期に高卒で大量採用され、山一の役員に這い上がっている。

杉山は嘉本らと二つ違いだ。長澤は五十一歳になって間もない。竹内が四十五歳、横山は三十六歳という構成である。

ヤクザ映画が好きな長澤は七人の調査委員に菊野を加えたこの八人を「嘉本一家」と呼んだ。組長役はもちろん嘉本だが、本人は「一家なんてものじゃないよ」と困っている。菊野は「嘉本一家系菊野組組長」。これも長澤の命名である。たしかに直系組長の貫禄を備えていた。

4　チームの役割

「野澤さん、本気で調査をやるんですよね」

社長室で嘉本が談判に及んでいた。

「もし本当にやろうとするなら、新たに弁護士が二人必要です。問題がいっぱい出てきます。何が起きるかもわかりません」

「しかし、うちには以前から顧問をお願いしているセンセイ方がいますよね……」

野澤の顔にためらいが浮かんでいる。嘉本はたたみかけた。

「いろんな問題が出てきますから、山一にしがらみのない弁護士さんを雇っていただけませんか。簿外債務が過去の不祥事だとしても、弁護士抜きで逃げるってわけにはいきませんよ。法的判断を加えながら、調査報告書を書く必要もあります」

山一と付き合いの古い顧問弁護士に問題があるわけではない。しかし、彼らは旧経営陣に雇われてきた。世話になった、その旧経営陣相手に厳しい追及はしにくいはずだ。解明が中途半端なものになれば、「やっぱりか」と社員たちは落胆し、マスコミからも強い批判を浴びかねない。嘉本は熟慮のうえの結論だと付け加えた。

「わかりました」

囁くような声で野澤は言った。

その足で嘉本は、旧知の弁護士である深澤直之《ふかさわなおゆき》を訪ね、社内調査委員会設置のいきさつを話した。

「私たち社員だけでは荷の重い調査です。どうか、力をお貸しください」

深澤は企業の「ミンボー」対策で既に名を知られたベテランである。「ミンボー」は暴力団や総会屋、エセ右翼などによる民事介入暴力のことだ。警察の「民事不介入」の原則を逆手に取って、彼らは企業トラブルに介入し大金を脅し取ってきた。そんな行為と大企業の弱腰が一九八〇年代末から問題になり、一九九二年に公開された伊丹十三《いたみじゅうぞう》監督の映画「ミンボーの女」で一般にも知られるようになった。

企業側の楯は、正義感の強い弁護士たちである。山一證券も小池事件後に深澤を「ミンボーの専門家」として雇い、ようやく総会屋との絶縁宣言をしていた。

嘉本は深澤に外部委員として調査委員会に加わることを要請するとともに、もう一つの依頼をした。「もう御一方、あの弁護士もお願いできないでしょうか」。

それが二人目の外部調査委員となった國廣正《くにひろただし》だった。額が広く精気にあふれた四十二歳。独立開業からまだ四年目で、東京・神田小川町に小さな事務所を構える町の弁護士、通称「マチベン」に過ぎなかった。

國廣は東大法学部を卒業して弁護士登録の後、ニューヨークの法律事務所で二年間、研修している。国際派を気取ることもできたが、マチベンの一人としてマンション建設に反対する住民運動の参謀を務めたりしているうちに、ミンボー対策に生きがいを感じ始めていた。

「ヤクザ者と渡り合うのは嫌いではない」とも公言し、深澤とともに一時、山一で「総会屋絶縁対策」に取り組んでいたこともある。今度は、嘉本の依頼で深澤とともに山一の破綻の原因を調べようというのである。

しばらくして、國廣は嘉本に連れられ野澤に挨拶した。その席上で、彼はさりげなく野澤に言質《げんち》を取ろうとした。

「支店長さんたちに『徹底して調査をやる』と約束されたそうですね」

「はい」

「私も引き受けるからには徹底してやりますよ」

「ぜひ、お願いします」

野澤はあの部店長会議で、「責任の追及については徹底的に行う覚悟があります」と宣言している。「徹底調査」に異論を唱えるわけにはいかなかった。

「ところで、重大な事実があとで出てきたからといって、『公表しない』と言い出すことはありませんね」

國廣は調査報告書の公表についても、念を押すことを忘れなかった。話の中に挟んだので、嘉本もあまり覚えていないほどだった。

「もちろんです。しっかりやってください」

あとは雑談になった。國廣が初対面の相手に言うセリフがある。

「私はセンセイと呼ばれるほど偉くはありません。どうか名前でお願いします」。「國廣さん」と呼ばせて親近感を醸し出そうとするのである。

調査委員会の正式な会合が開かれたのは、自主廃業の発表から二十五日後の十二月十九日のことである。役員会議室を借り、嘉本、橋詰、堀、長澤、竹内、そして外部委員である二人の弁護士が集まった。菊野も顔を見せている。

嘉本はメンバーに念を押した。初めに調査委員会の方針を確認したのである。

「社内調査は人民裁判ではないので、高圧的な追及をしないこと。相手の立場を思いやり、その地位や立場に見合ったヒアリングを実施するようにしよう。ただし、不誠実な社員には、たとえ幹部であっても断固たる態度で対応する。それから、大物のヒアリングは、ＳＥＳＣの聴取に同席させてもらうことになっています」

嘉本が付け加えた「ＳＥＳＣの聴取への同席」とは、次のようなものだった。山一の社内調査委員会は、ヒアリングなどで知り得た情報や資料をＳＥＳＣに積極的に提供する。その代わりに、ＳＥＳＣが行平次雄ら山一の元代表取締役クラスに聞き取りをする際には、嘉本がオブザーバーとして同席させてもらうのである。

その手法は、ＯＢたちから「調査委員会と言っても、結局はＳＥＳＣの下働きではないか」と批判を受けたが、嘉本はＳＥＳＣの強制力と権威を利用して元首脳の本音を聞き出す必要があった。それは企業の社内調査では初めての手法で、嘉本らの交渉力があって可能になった。

弁護士の加入と初会合で、調査委員たちの役割が鮮明になった。

まず、委員長の嘉本はＯＢや役員らを相手に「ヒアリング」と呼ぶ事情聴取をする。同列の常務の橋詰は、ＯＢや部課長のヒアリング。関西弁の堀は橋詰を補佐しながら、面倒な法人営業関係者を追及する。杉山は途中から加わって国際部門を任された。

「嘉本一家」と命名した長澤は事務局長と記録、資料探査。クリスチャンの竹内は海外関連に加え、かつて在籍した企画室や経理部人脈をたぐる。横山は得意のパソコンを駆使して国内法人顧客の口座を追及する――という配置だった。

さらに弁護士側は、國廣が七人の書く調査レポートを直し、不足した部分を指摘して調査報告書の形を整える。深澤が総括の顧問役を務める、という分担である。

当面の目標は二月末。「山一の社員が全員解雇される来年三月を待たず、二月をメドに調査報告書を公表しよう」と誓い合った。

後軍《しんがり》の正式結成である。


しんがりの男たちを見守る者もいる。

その一人に、嘉本の秘書役だった郡司由紀子がいた。アジトに顔を出しては、コンビニ弁当やおにぎり、サンドイッチを用意し、そのうち嘉本の指示を受けてヒアリングの呼び出しを始めた。

「潰れた会社を調べてどうするの？」と彼女も同僚に言われている。だが、自分も破綻の理由を知る権利がある、と思っていた。

郡司は中途入社である。短大卒業後、幼稚園教諭になったが、張り切りすぎて体をこわした。体調が戻った時に、新聞の求人広告欄で山一證券が事務職を募集しているのをたまたま見つけたのだった。

父親は元警察官だ。「私はやくざな株屋の世界に入ってしまった」という思いが彼女にはあり、二、三年で辞めようと思っていた。ところが、勝ち気な物言いとさっぱりした性格が男社会の証券会社で好かれ、居場所を見つけた。

社内では綺麗だと言われる組に入っている。酒が入ると、少し釣り上がった目尻が柔らかく笑いかけ、大きな鳶《とび》色の瞳が輝きを増した。酒豪である。顔の作りが大きいせいか、それとも堂々とした振る舞いのせいか、百五十八センチという身長よりもずっと大きく見え、若い社員にも人気があった。

彼女は千葉県の実家から通っている。両親や双子の妹とも仲が良く、居心地が良かった。一人で暮らしたことはなく、ぽつんと心が空っぽになるようなこともなかった。「俺が面倒見るぞ」と言い寄った男も何人かいたが、独立しようという気持ちや、結婚しなければという焦りがなく、いつの間にか適齢期を過ぎている。

父親は警察官を辞めた後、東京の下町で会社員として実直に生きた。彼女が三十歳のころに亡くなったが、「現金だと、お前は使ってしまう。株なら下がっても残るから、持ち株にしなさい」と勧めてくれていた。娘の性格を考えたのだろう。

給料は高度成長の波に乗って右肩上がりで上昇していた。一九七一年の入社以来、約二万株の自社株を貯めた。老後はそれを少しずつ売って、旅行にも行きたいと思っていた。その株は破綻とともに紙くずになってしまった。「破綻のわけを知りたい」

という思いはそこからも来ている。

自主廃業のあと、郡司は嘉本たちを手伝うために塩浜ビルから本社に通い詰めた。

十六階の役員フロアは廊下まで毛足の長い絨毯が敷かれている。調査委員会は同じ階に作業部屋を構えたから、ふわふわの絨毯を踏んで時々、社長室の冷蔵庫を覗きに行った。そこで野澤や五月女と会った。まるで夫婦のように寄り添っている。野澤は気取ることもなく声をかけてきた。

「あんたは元気があっていいねえ」。廃業の衝撃と激務から体調を崩していて、力が感じられなかった。

「いやだ、社長。カラ元気ですよ」

まるで、ご隠居と近所のお姉さんのような会話だった。同僚にあとでこぼした。

「社長と会長は慰め合っていたみたいだったな。気の毒だよ。でもあの人たちが、私たちの運命を握っていたのかと思うと情けないわ」

ありえないことだったが、郡司は嘉本に社長になってほしいと思っていた。真面目な社員は多い。明るい人もたくさんいる。でも、真面目で明るい人はほとんど見たことがなかった。気骨を感じる上司だったから、嘉本にはサラリーマンの群れから抜け出してほしかった。

時々、郡司は嘉本の茶目っ気を思い出した。

本社の近くで嘉本らしき人物を見かけたことがある。あとで嘉本に告げると、それはきっと商社に勤める一卵性双生児の弟だ、という。

「私も双子なんですよ。うちは二卵性なんです」。郡司が声を返すと、嘉本がにやりと笑った。

「郡司君、それじゃあ、ダブルデートをしようか」

あんなに朗らかに笑える人が今は思いつめたように沈んでいる。その人たちがまなじりを決して最後の調査をするのだと聞いて、もう少しついていきたいと、郡司は天井を見あげた。

六章　社内調査

1　ブツの押収

話は少しさかのぼる。後軍《しんがり》が正式に結成される十二月十九日よりも二十日以上も前のことである。ある噂が社内を駆け巡っていた。
「社内では総会屋事件や新聞、雑誌報道のたびにマル秘資料が隠蔽されている。今度も、ＳＥＳＣや東京地検特捜部の追及に備えて、資料が破棄され始めた」というのである。

事業法人担当だった元専務は、こうした噂を裏付ける証言をしている。調査委員のヒアリングに対し、極秘資料の一部をシュレッダーにかけたことを認めたのだった。

その噂を耳にすると、長澤は火がついたように山一の社内や倉庫を探し始めた。急がなければならない。社内は命令指揮系統がはっきりしない状態に陥っている。極秘資料だけは急いで確保しておかなければならないのだ。

彼は倉庫のチェックを始めると同時に、事業法人本部の業務監理マネージャーや顔見知りを次々と呼び出した。すでに触れた通り、業務監理マネージャーは支店や本社の各部にいて、本業をこなしながら、兼務でコンプライアンスを担当している。彼らがとっかかりとなった。

「社内調査をやらされていてね、含み損に関する資料を探しているんだ」

警戒心をおこさせないように、備品でも取りに来たかのような口調で話しかけた。

「資料があれば、ありがたいんだがな」

すると、たまたま廊下で話しかけた社員が事もなげに言った。

「ありますよ。僕は知っています」

「えーっ？」。ドキリとして、その顔を凝視した。

「どこに……あるの？」。そんな幸運があるだろうか。

「案内しますから、黙ってついて来て」

廊下から十数メートルの距離がひどく長く感じられる。彼が案内したのは、十階にある事業法人本部のキャビネットだった。部屋のみんなが見ているような気がして、胸が高鳴った。

「ここです。この中にあります」

小声の彼が開けたキャビネットの一角に、背表紙に何も記されていないファイルと、山一の紙袋がずらりと並んでいた。ファイルを開くと、山一證券と顧客企業が利回り保証の密約を結んだ契約関連のコピーが綴じてあった。紙袋には売買契約書類の束が詰まっている。ファイルは数十冊に上り、あわてて用意したダンボール箱はすぐにいっぱいになった。

長澤は驚いてしまった。会社を破綻に追い込んだ爆弾がまだ、事業法人本部のど真ん中に置いてあるなんて！

――そんなものが簡単に手に入っていいのかよ。

長澤はそれを抱えエレベーターで意気揚々と運んだ。当たりくじを引き当てたような笑みが浮かんでいる。調査委員会の初の戦果であった。簿外債務を追いかける端緒をつかんだのである。

手引きしてくれた社員はすでに、事業法人本部から別の部署に異動していた。この時はたまたま本社に応援に駆けつけていたのだった。ジホウの秘密を守ることよりも、調査に協力しようという気持ちが勝っていたのである。

彼はそのあとも時々、調査委員会の部屋をのぞきに来た。陰の協力者というところだった。

長澤の発掘がもたらした教訓は、目指す極秘書類が意外に身近なところにある、ということだった。がっちりガードされた大金庫や本社の外の倉庫の中とは限らないのだ。ジホウはやはり社内の聖域だった。だが、それはいま、自分たちの手の届くところにある。

大戦果の直後、事業法人本部の中堅幹部からアジトに電話がかかってきた。

「私の管理していた資料を提出したいんです」

受話器を取った嘉本は努めてさらりと言った。

「わかった。君が持ってきてくれるんだね」

翌日、嘉本のもとを訪れた幹部は両手に重そうな紙袋を下げていた。

「家に置いていました」

隠匿場所は自宅だったのである。どこか吹っ切れた様子だ。簿外債務という爆弾を手放してほっとしたのだろう。

「ありがたい。助かるよ。本当にありがとう」。嘉本は彼の手をぐっと握り締めた。

一方、なかなか提出に応じない部長もいた。経歴からしても、隠し持っているはずである。嘉本はその部長を部屋に呼んで、直談判することにした。

「飛ばしの資料があるでしょう。協力してほしいんだよ」

「いやあ、そんなものは、ありませんよ」

嘉本の顔が曇った。少し脅すしかない。

「僕らは営業担当者個人の責任を追及したり、損害賠償の対象にしようとしたりすることは考えていないよ。でもね、資料を隠し、提出を拒否するのであれば追及も考えざるを得ない」

「と言われても……」

「資料提供を要請したが、彼は拒否しましたと報告して、それを公開することになるよ」

ようやく部長は諦めたように「わかりました」と漏らした。

「私が取りに行きます」

「自宅にあるのであれば、いますぐ一緒に取りに行こう」

「いや、それだけは勘弁してください」

「僕の方で車をすぐ出すからさ」

「必ず私が持ってきますから。きょうは勘弁してください」

押し問答の末に、部長が白状した。「実は自宅ではなくて、別なところにあるんです」

それはどこなのか、言えないところなのか。よくわからなかったが、「待ってやるのも武士の情けだ」と嘉本は考えた。

「明日、きっと持ってきてくれ」

嘉本は翌日、朝早く出社して待ち構えていた。そこへ部長がダンボール二箱分の資料を車で運んできた。

嘉本たちは宿泊所と化したアジトとともに、本社十六階の副社長室の一つを作業部屋として占拠した。部屋には調査委員会の存在を示すプレートや張り紙の類はない。窓際に棚を作り、机を二つ並べて、パソコンとプリンターを配置した。その机の前に田の字形に四つの机を寄せ合って作業台にしている。作業部屋はいっぱいになり、休息用のソファも置けなかった。

余裕があれば、資料はファイリングし、厳重に管理したことだろう。しかし、部屋に鍵はかけたものの、時間を与えられていない彼らはダンボール箱ごと壁際の棚に積み上げた。その数は約四十箱。分類した資料は、別の棚にひとかたまりごとに置き、張り紙をしてさらに読み込んだ。

長澤たちは、「ホテルで法人営業部門の秘密会議が行われていた」と聞きこむと、経理部に走り、そのホテルから山一に届いている請求書や「宴会明細書」の綴りを探した。秘密会議の事実が裏付けられるだけでなく、明細書に記されたコーヒーや弁当、ビールの数で出席者の人数まで判明するからである。実際に、後述する秘密会議の謀議者は経理部提出書類によって裏付けられた。

「今度はこんなの、持ってきたよ！」

見つけてくるたびに長澤は明るく声を上げ、竹内や横山が資料を取り囲んだ。

「何ですか？」

「なになになに？」

「山一が仲介した『飛ばし』取引の資料だよ。山一との取引で生じた含み損を、別の会社に次々と移し替えているんだよな。これで飛ばした先の企業は全部わかるね。横山君！　飛ばしの全体像がわかるように、パソコンでこれを打ち込んで一覧表にしてくれ」

横山はそれを手にパソコンに向かった。ここから飛ばしの履歴簿作りが始まった。ところが、一週間以上もかかって打ち込んだ表には、ところどころ空白があった。転々と飛ばす途中でどの会社に疎開させたのかわからない部分が出てくるのだ。虫食い状態の「飛ばし履歴簿」では全容を解明したことにはならない。すると、長澤や竹内が前後の法人取引の担当者を探して話を聞き、資料を見つけてくる。その繰り返しだった。

弁護士の國廣が思わず、「ひでえなあ」と漏らした資料がある。

「調査報告書に添付しましょう。これこそが証拠ですから」

それは、事業法人本部の社員が一九九〇年十一月五日に作成した「飛ばし」一覧表であった。

上司の指示でB４判用紙四枚にまとめたもので、ジホウの担当者名、顧客企業名、ファンドの分類、金額、決算期、損益状況、約束した金利と利息、そして交渉状況がワープロで打たれていた。

投資金額は、ファンド当たり二十五億円から二百七十二億円余で、こんな記載が見える。

157・74　▲120・50　保有有価に金利分をONしてJUMP
138・10　▲77・87　金利を載せ疎開
247・69　▲123・41　エンドレスにつなぐ
108・79　▲74・81　6ヶ月ごとのroll-over

（単位：億円）

「ジャンプ」「疎開」「ロールオーバー（移管）」はすべて、別の企業に簿外債務を移し替える符丁である。例えば、一行目の「157・74 ▲120・50」は、「約百五十七億円のファンドに百二十億円もの含み損が出ている。それを別の企業に金利分を上乗せすることを条件に、一時引き取り（ジャンプ）してもらう」という意味だ。

　こうした「ジャンプ」や「疎開」が、「エンドレス」（終わりなし）に続いてきたのである。

2　「管理人」の告白

　夜になると、長澤や竹内たちは十六階の作業部屋に集まってくる。考えることは毎日同じであった。

　二千六百億円の簿外債務を、実際には誰が管理しているのか、という根本的な疑問である。

「簿外債務」という塊がポンと存在するわけではなく、損失を抱えた有価証券類や売買取引書類がどこかに隠されているはずだ。そして、その有価証券類の日々の値動きをチェックし、管理している人間がどこかにいるはずだ。

「つまり、簿外債務の山を毎日、管理している元締めがいる。それはきっと山一本社の人間に違いない」

カギを握るその「簿外債務管理人」を見つけて白状させれば解明に大きく近づくはずであった。

それは、事業法人本部か、経理部か、それとも経営企画室か。その人物は、数字に明るく、几帳面で、上司の信頼が厚い人間だろう。もし、簿外債務の管理が六年前の一九九一年ごろから一人の手で続いているとすれば、その人物は部長か、それに近い地位に就いているのではないか。そして、その人物は絶対的に口が固い人間のはずだ。

そのうちに、竹内の脳裏に、社内のだれもがその私生活を知らない、ある幹部の顔が浮かんできた。

――もしかしたら、あの「異才」なら何かを知っているかもしれない。

それが、企画室関連事業課長だった大槻益生《おおつきますお》であった。いまは関連企業部担当理事である。山一の国内関係会社の管理を統括し、関係会社の方針を立案したり、会計処理にあたったりしていた。何となく思い浮かんできただけで、それは直感としか言いようがなかった。

経営企画室は、簿外債務の秘密を握っていた。とすれば、その手足の一人として大槻が選ばれていても不思議はないと竹内は考えたのだった。

大槻は長野県諏訪《すわ》市にある長野県諏訪清陵《すわせいりょう》高校の卒業生で、一九五九年に入社しているから、五十代半ばに達していたが、いまだに独身で職場でも孤立しているように見えた。よく言えば自主独立、悪く言えば人付き合いを絶って仕事に没頭しているところがあった。

彼は、経営企画室担当常務の藤橋に、「あいつは情報を出さない男だから」と評価されている。秘密を守るということだ。

大槻は入社十年目の竹内を当時の企画室で直接指導してくれた課長でもある。進んで教えるわけではないが、尋ねるときちんと答えてくれた。ただし、プライベートなことは口にしない。酒は飲めず、会社の忘年会でもビール一杯飲むと赤くなった。一風変わったこの男を、竹内は嫌いではなかった。若手が電卓を使うのを横目に算盤を楽しそうにはじき、経理用の独特の数字を帳簿に丁寧に書き込んでいた。その姿を見て、我の強い証券マンの中にも、算盤を使って黙々と数字を扱う男がいることを竹内は知った。

　十二月一日、竹内は大槻が与えられていた小部屋に飛び込んでみた。思い切ってぶつかってみる。ダメなら仕方ない。

「ギョウカンで簿外債務のことを調べているんです。大槻さんほどの人ならわかっているはずです。教えてください。わかっていることだけでいいんです」

　すると、大槻はメガネの奥から竹内をじっと見つめた。

「何が知りたいの？」

「簿外債務がどこで管理されているのか。いや、簿外債務について大槻さんがご存じのことを全部お話し願えませんか。お願いします」

「うーん」

　ためらいを見せたあと、隣の応接室に大槻は竹内を連れて行った。同室の事務の女性に聞かせたくなかったのだろう。ソファで向かい合うと、淡々とした調子で切り出した。

「僕が毎日、管理して書き入れているんだよ。株価も」

　その瞬間、竹内の体に電流のようなものが走った。大槻のあっさりとした口調に思わず顔を見つめた。彼は目下の者にも優しい物言いを通すのである。

「副社長だった延命《えんめい》隆さんか、木下公明《こうめい》さんから相談を受けたと思うよ、監査役の木下さんだよ。そのころは木下さんも企画室付部長だったね」

延命は事業法人部門を所管した実力者で、既に亡くなっていた。一方の木下は東大法学部卒の法務担当者である。木下は「特命社員」として社内では有名な存在で、「実力者の延命から直接指示を受けている」と言われていた。

「いつのことですか？」。はやる気持ちを抑えながら尋ねると、大槻は一から説明を始めた。一瞬の間に覚悟を決めたようだった。

「平成三（一九九一）年の十一月だったかな。延命副社長から『うちの会社に飛ばしの受け皿となるような会社はないか』と相談された。評価損を抱えた厄介な有価証券があって、相手企業の勘定から山一の勘定に移したいというんだ」

副社長の相談とは、要するに不正の社命である。山一證券と取り引きした企業に損をさせてしまった。その損失を企業から山一に飛ばして抱えておくような会社を見つけろ、というのである。

「それでどうしたのですか？」

「受け皿会社といっても、緊急のことで新しく会社を作るひまがなかったから、『日本ファクターを使いましょう』と提案したよ」

「日本ファクター？」

「山一ファイナンスが作ったノンバンク会社だよ。経理部と企画室で平成三年三月に設立していたんだ。山一の不良債権をそこに移して缶詰にしていた。株主は山一エンタープライズになっているけどね」。淡々とした言葉のなかに、移し替えのトリックを披露することに得意気な気持ちも混じっていたかもしれない。

「どうして……」。知らないことばかりで、返す言葉が見つからなかった。

「山一本社はもちろん、山一ファイナンスとも関係を離しておきたかったんだよ。距離を置いて監査を受けないように」

「不良債権の缶詰」とは初めて聞く表現であった。不良債権を子会社に移し替えて、山一本体の決算書をきれいに見せ、監査法人や株主の追及をかわすのである。

「受け皿会社は日本ファクター以外にもあるんですか」

「うん、相談を受けた翌年の二月に『エヌ・エフ・キャピタル』と『エヌ・エフ企業』を設立した。同じ年の十一月にも『アイ・オー・シー』と『エム・アイ・エス商会』を設立しているよ」

　これらはいずれもペーパーカンパニーである。嘉本が藤橋常務から報告を押し付けられ、憤慨しながらもSESCに報告した文書に載っていた、あの会社群だった。日本ファクターは三月決算だが、エヌ・エフ・キャピタルとエヌ・エフ企業は十一月決算、アイ・オー・シーとエム・アイ・エス商会は十月決算である。

——一体、こんな会社を設立したのは誰だろう。

竹内が顔を上げると、言葉を待たず大槻は「僕が作った」とはっきりと言った。

「評価損を一ヵ所に集中すると目立つだろう。だから分散した。一つの会社の負債総額が二百億円未満であれば、会計監査の対象にならないことは知っているよね。小分けすれば監査でも問題にならない」

ペーパーカンパニーの監査役には大槻自身が就任している。文字通りの「簿外債務管理人」である。

「決算期をずらす方法も僕が考えた。飛ばしを念頭においていたし、税務上も目立たないようにとね」

「ああ……」。竹内の声が漏れた。

言われてみれば、なるほど不良債権を隠蔽するためにうまく作ってある。決算期が近づけば、不良債権を別のペーパーカンパニーに移し、そこの決算期が近づくとまたもとに戻したり、別のペーパーカンパニーに飛ばしたりするのである。つまり決算期の異なるペーパーカンパニー間で、飛ばしのキャッチボールを繰り返し、損失の表面化を防ぐ操作をしていたのだった。

「税務上」という言葉にも深い意味が含まれている。税務当局の調査能力は警察や検察当局よりはるかに優れており、金融機関の天敵であった。

九一年六月に証券業界の損失補塡問題が浮上したそもそものきっかけは、東京国税局調査部の二年にわたる税務調査である。これを読売新聞が報道して大スキャンダルに発展し、通達で禁じられていた損失補塡は証券取引法でも明確に禁止されることになった。大事なのは、ペーパーカンパニーをひそかに作って簿外債務を抱えさせることだけではない。その秘密の会社を証券会社本体やその周辺の関係会社から遠ざけておいて、国税局に関心を持たせないことが必要であった。

「これにはどこが関与しているんですか」

「企画室、経理部、法人営業本部、それから商品連絡部だね」

やはり、会社ぐるみだったのだ。肌が粟立っている。もし竹内が業務監査の素人であったら、大槻の告白に次々と大声を出していただろう。冷静さを取り戻すうちに真相究明への道筋が見えた思いを感じていた。

「関与したのはどなたですか？」。不良債権の移し替えには資金調達も必要だ。組織ぐるみでなければ大掛かりな「飛ばし」は不可能なのである。

「延命さん、三木さん、法人営業本部長の……」

——あの人もこの人も……。

一人ひとりの顔を思い浮かべながら、竹内はメモに書き込んでいった。

名前の挙がった幹部は計九人。木下を除き、そのすべてが役員だった。三木は当時、副社長でそのころから関与者だったのだ。

「受け皿会社で簿外を引き受けると決めたときから、いつか、こういうことが起きるとは思っていたよ」。大槻が小さなため息をついた。

こういうこと、とは破滅的な事態を指している。大槻の話の腰を折らないよう速やかに、そして関与者を聞き漏らさないよう慎重に、竹内は大学ノートにメモを取り続けた。

なぜ、これほど細かく大槻は打ち明けてくれるのだろうか、と竹内は考えている。大槻は自分の仕事ぶりをひけらかしたり、愚痴をこぼしたりするような男ではなかった。

六年もの間、守り抜いたものが山一とともに崩壊した。大槻が独自に工夫を凝らしたトリックがいま、審判を受けようとしている。胸にぽっかりと穴のようなものが空いたところに、竹内はやってきたのだった。

竹内と大槻のやりとりを聞いた菊野晋次は考えにふけっていた。

――そういうことだったのか……。

山一エンタープライズという社名は、記憶の隅の、しかし近い部分にあった。この会社が千二百億円の不自然な国債取引をしていたのを、菊野は一年前、社内監査の途中で見つけ、同社の常務に電話で問い質していたからだ。

菊野の脳裏にはその時、旧知の常務から言われた言葉が刻まれている。

「それは会長か、社長に聞いてくれよ」

山一ではトップの了解の下で、元手のかからない錬金術が繰り広げられていたのである。それは次のようなものだった。

大槻たちの債務隠蔽グループは、不良債権を山一で引き取って「缶詰にする」必要に迫られた。そのためには、まず、大口顧客の不良債権そのものを山一側で買い取らなければならない。錬金術は、その資金を調達するため大槻たちが考案した仕組みだった。

初めに、山一證券が千二百億円もの国債を山一エンタープライズに貸し付ける。次にエンタープライズ社は五社のペーパーカンパニーに転貸する。ペーパーカンパニーはこの国債を山一に売って必要な資金を調達し、大口顧客の不良債権を買い取る――。

国債がぐるりと一回りする錬金術の一端――つまり山一エンタープライズに国債が流れたところを、菊野はあの時、摑みかけていたのだ。ところが、「会長か、社長に聞いてくれ」という一言で、追及は断たれた。

その時に封印された謎をいま、部下の竹内が解明したのだった。

3　証拠の保管先

竹内が次に大槻の部屋を訪れたのは二日後のことである。

簿外債務管理人を発見したのだから、翌日もヒアリングを行うべきだったのだが、竹内にはそうはできない事情があった。山一の経理部課長で後輩の北口勝雅が過労死し、その社葬が行われたからである。

北口は七つ年下で、ロンドンの山一インターナショナル勤務時代からゴルフ仲間であった。アメリカンフットボールのファンでもあり、NFL（米国のアメリカンフットボールリーグ）が好きな竹内とは特に気があった。

北口が担当したのは、山一海外店の資金繰りや撤収問題である。自主廃業の前から各地の資金繰りを日銀に報告していたが、海外とは時差があるから普段でも仕事は不規則になりがちであった。そのうえに破綻の坂道を転げ落ちるのが速かったため、約二週間も自宅に帰れない日々が続いた。北口は富士通から転職して山一に賭け、その山一が潰れたことで落胆していた。亡くなったのは、残務処理の続く廃業一週間後のことである。

葬儀の日は曇天だった。葬儀場の外にストーブが二台置かれていたが、暖を取ろうとする社員はいなかった。二人の子供が父親の死を理解できずに走り回っている。小学一年生の長男は亡くなったその日が初めての学芸会だった。長女は五歳の誕生日を迎えたばかりである。父親は深夜にやっと帰宅し、翌朝、意識不明のところを妻の伸子に発見されたのだった。

竹内が病院に駆けつけると、北口は霊安室に眠っていた。冷たい廊下に出ると、伸子の父親が肩を震わせている。地方テレビ局の役員だった彼は、竹内を見つけると悲憤の目を向けながら怒鳴りつけた。

「若い、まだこれからの男を山一に殺されたんだ！　こんな馬鹿な話があるか」

竹内は何も言えなかった。頭を垂れて怒りの前に立ち尽くした。いま、父親の叱責は竹内が受けるしかないのだ。北口は過労死するだけでは済まなかった。病院から竹内に付き添われて監察医務院に搬送され、解剖された。

翌朝の東京は、冷え冷えと晴れた冬の空が広がっていた。竹内は伸子と一緒に監察医務院の北口を迎えに行った。

——きっと、必要があって彼は神に召されたのだ。

クリスチャンの竹内はそう考えようと努めたが、告別式で弔辞を読み始めると涙が頬を伝っていくのが自分でもわかった。


「山一證券が潰れた日に、君の同期の原田君が『この世の終わりじゃないから』と言っていました。命を取られるわけじゃない、と思っていたのに、君が亡くなるなんて信じられません。

ロンドンに一緒に出張した日に三洋証券が潰れてしまって、自分の本来の仕事じゃないのに、『心配だ』と現地でも海外店の資金繰りを手伝っていましたね。現地から帰ってからも、日曜からずっと寝ずに海外店の資金繰りをやっていたと聞いています。北口君のほかにこの仕事が出来る人間が少ないから、責任感が強いから、無理をしてしまったのですね。

経理の仕事も中間決算で遅くまで頑張っていました。子供と遊ぶ時間がなくて、

したね。『上の子が母親ばかりになついていて、自分になついてくれない』と寂しがっていま
　ニューヨークにいる金井さんが言っていました。『悔しいよ、と北口君の言葉を聞いたのが、最後になってしまった。今でも耳に残っている』って。ロンドンの安田君が泣きながら、『順番が違うよ』と言っていました。今日、ここに来られなかった世界中の仲間が悔しがっています。僕にも言っていたね。『自主廃業なんて悔しい』って。今は、そう言っていた君を亡くして、みんな悔しいよ」

　伸子は参列者にゆっくりと挨拶した。「短くはありましたが、中身の詰まった一生を、北口は懸命に生きたと思います」。その途中から斎場は、すすり泣く声に覆われた。

　死には誰もあらがえない。人間は必要とされてそこに生き、そして召されていく。しかし、北口の家族だけでなく、竹内もこの理不尽な死をなかなか受け入れることができなかった。

　葬儀翌日の竹内は執拗だった。大槻の机の前で話し込んだ。竹内の目には大槻の部

下たちの存在も映っていない。大槻からさらに聞き出さなければならないことがある。

「ブツ」――つまり、巨額の損を抱えた有価証券はどこに隠されているのか、ということである。竹内はその質問をさらりと口にした。

「飛ばしの株式はどこに保管されているんですか」

「地下の金庫だよ。証券管理部の金庫にキャビネットを借りてね、そこに保管しているんだ。ずっとそこに裸で置いてある」

地下金庫とは、山一證券兜町ビルの巨大金庫のことである。地下一階そのものが金庫になっており、顧客から預かった株や債券の多くが厳重に保管されていた。厚さ二十五センチの鉄の扉の向こうに、テニスコート二つ分の大部屋があって、十九列の可動式キャビネットが備えられていた。その一つに大量の株券が包装もされないまま隠されていたのだった。

「やっぱり金庫に隠していたのか」と竹内は思った。

長澤が「手の届く聖域」である事業法人本部のキャビネットで発見した契約書類と違って、山一の命運を握る秘密の株券は金庫の中に保管されていたのだった。

その金庫まであと一歩だ。竹内は核心の質問を切り出した。

「鍵はどこにあるんですか？」

するとと、大槻は目の前の机の中を指差した。

「ここだよ。僕が管理している。キャビネットをあまり開けたことはないけどね」

通常、担保を預かる場合は証券管理部で管理することになっているが、大槻がすべてを任され、あの大金庫のなかに眠らせているというのである。

大槻はさらに自分の机の中からＢ４の封筒を取り出して見せた。その中には数十枚の用紙があって、株の銘柄や株数、日々の株価などが手書きでびっしりと記されていた。

「こうやって僕が値動きを書き込んでいるんだ」

彼は顧客企業から山一に飛ばした膨大な株式の一つ一つの値動きを、自分で作った管理簿に日々書き入れていたのである。この六年間、書き込んでは自分で照合し、机の中に仕舞い、鍵をかける。それは上司の誰もチェックしない孤独な作業であった。

「ブツ」のある金庫と鍵、そして管理簿……。破綻の謎を解くための糸口は揃ったが、山一の深淵を見たことで竹内の心は重く沈んでいた。「人の山一」とはこんな犯罪行為を社員に強いる会社だったのか。

元上司が一人で簿外管理簿に書き込む暗い作業を、彼は思い描いた。

飛ばしの株式をも飲み込んでいたその金庫は、清算業務のために菊野の管理下に入ろうとしていた。

金庫のコンピュータシステムは数億円を投じた最新のものだった。このシステムは顧客の管理番号をコンピュータに入力すれば、株券が入ったスチールボックスがレールの上を滑って出てくる仕組みだ。一時間に八百件の処理能力があった。ところが、預かり資産は二十四兆円。百六十万口座もあり、自主廃業を宣言した翌日には顧客からの解約は二十万件近くに上った。「俺の株券を返せ」と矢の催促である。担当の幹部が深夜、思い余って長澤のところに電話をかけてきた。

「あのシステムを使っていたら、とても間に合わないよ。どうしたらいいかな」

「コンピュータシステムを壊したらいいんじゃないですか。お客さんに返すことが先決でしょう。あなたもわかってるんじゃないですか」

「そうだな」

長澤はシステムのことがよくわからない。しかし、人間のためのシステムに人間が振り回され、それに合わせなくてはならないようなら壊すしかない。しかも今は非常時である。担当幹部はそれを理解していたから、二言、三言でやりとりは済んだ。

一方、清算の責任者に担ぎ出された菊野も同じころ、部下の虫明たちに言っていた。

「責任は俺が取るよ。こうなったら人海戦術しかないだろう」

菊野らはシステムを切り、部下の検査課の社員らを総動員した。手作業で金庫の棚から株券や債券を直接出し、支店に送ったのだった。実際にシステムがきちんと解除されたのか、破壊に近いことが行われたのか、菊野や長澤には関心がなかった。破綻した山一に必要なのは、金庫の中身だけなのである。

そんな騒ぎもあって、巨大金庫はもう「嘉本一家」の監視下にあるようなものだった。そして、簿外債務の管理人が告白したことで秘密のキャビネットも開こうとしている。

4　ヘドロ

「私は山一破綻の調査を仰せつかっております。そうである以上、何とか、まとまりをつけなければなりません。どうか、簿外債務の背景を概略、お教えいただけませんか」

嘉本は、社内で「学者」と渾名《あだな》されるエリートに頭を下げていた。大槻の話に出てきた常勤監査役の木下公明である。十二月一日。竹内が大槻の小部屋に飛び込んだのと同じ日であった。

嘉本が木下を初めてのヒアリングの相手に選んだのは、簿外債務の秘密を知る特異な存在と噂されていたからである。嘉本の直感のようなものも働いている。竹内と嘉本は偶然にも、それぞれのポストに見合う、極めて重要な二人の人物にいきなりぶつかっていた。

木下は山一の元法務担当者で、調査部や審査部を歩いた商事法務の専門家だった。「センセイ」「大家」とも呼ばれている。

嘉本と同じ街に住み、同じ駅を利用して通勤しているが、木下は理論家で有名な酒豪。営業出身で下戸の嘉本には縁遠い存在であった。

監査役という立場もあって、木下はマスコミの取材攻勢にさらされている。「監査役は機能していなかった」と痛烈な批判も受けていた。真実を打ち明ける機会を待っていたようにも見えた。

木下は思い出すような遠い目をして、ゆっくりと口を開いた。

「一九八九年の春だったと思うんですが、ゴルフ帰りの車の中でした。企画室の同僚だった藤橋部長から『事業法人本部でたいへんな損を抱えている』と聞かされましてね」

いきなり藤橋の名前が出てきたので嘉本ははっとした。十日ほど前に、藤橋が「証券監視委に含み損についてペーパーで報告してほしい」と頼んできたことをちらりと思い返した。八年以上も前の、企画室付部長の時代から藤橋は秘密の一端を知っていたのだ。

木下は菊野と同じ鹿児島県の出身である。県立川内《せんだい》高校の秀才で母校から講演を求められるほどの存在であった。記憶力も突出している。

「法人の一任運用ファンドですね。六百億円程度の損失と言ったかな。それが私の関わりの始まりです」

「それでどうされたのでしょうか？」

時計はまだ午前十時半を過ぎたばかりだ。時間はたっぷりとある。

「愕然としました。それで事業法人の人間にも事情を聞き、『法人ファンドの問題点について』と題する三ページ程度のメモを作って、行平、三木、高木、永田の四氏に提出しました。『ニギリのファンドが存在し、五百億から六百億円の損失となって苦労している。経営としてコントロールしないとたいへんなことになる』という内容でしたね」

行平は当時社長で、三木は次期社長をうかがう企画室長兼務の専務だった。高木眞《まさ》行《ゆき》は常務で事業法人本部長、永田とは株式本部長を務めた永田元雄専務で、すでに亡くなっている。その首脳たちにラインでもない部付部長が直接提出して警告した、というのだった。

山一證券は官僚組織のようなところがあり、社長から副社長、本部長、各部長や支店長とラインに沿って指示が下り、逆に報告は上がっていく。ところが、延命副社長に可愛がられていた木下だけは、上司を飛ばして直接、社長や副社長に上申できる、と社内で囁かれていた。やはり、特別な存在だったのである。

ただし、その木下メモが真剣に検討された様子はない。法人担当の専務は、木下にこう伝えたという。

「会社が、ある時期急速に飛躍するためには、思い切った冒険が必要だ。今がその時だよ」

また、後に、「飛ばし」ファンドの後始末に苦慮することになって、社長室で会議を開いた。木下によると、社長の行平はその席でさかんに嘆いた。

「こんなに苦労するのなら、もう少し早く処理しておくべきだった」

「二、三年前、それを申し上げたはずですが」。木下が指摘すると、行平はつぶやいた。

「そういえば、前に君は何か言っていたなあ」

首脳の認識はこの程度のものだったのである。


木下はそのあと何度も嘉本のヒアリングに応じた。それだけでなく、自ら顚末を記した論文を調査委員会に提出した。その木下論文に、証券界と山一のバブルが詳細に描かれていた。彼はまず、日本中がバブル景気に沸いた一九八〇年代前半に、山一にヘドロがあった、と書き始めている。


〈延命副社長から聞いたところによると、八四年九月の人事異動で高木眞行氏が第一事業法人部長を任される際、「ヘドロ（大きな損失が生じており回復の見込みのない一任ファンドのこと）を抱えたままの事業法人部は引き受けられない」と固辞した。だが、当時、事業法人本部管掌だった行平副社長が説得に乗り出して、渋々、部長職を引き受けたとのことである。とすれば当時、既に法人部門では「握り」に伴う大きな損失を抱えていたことになる。

「握り」とは、法人顧客の資金運用に関して取引を事実上、一任させて貰い、その代わりに一定の運用利回りの獲得を強く匂わせる勧誘行為である。旧証券取引法の下でも、売買一任勘定取引は禁止的制約を受け、また利回り保証は明確に禁止されていた。そのため現実の勧誘では、証取法に直接的に抵触することを避けるために、特定金銭信託ファンドを設定し、取引注文は顧客法人から発注されたように段取りを整え、利回り保証に代えて目標運用利回りを相互に確認するといった方法が採られるケースが多かったようである。

このような「握り」は、証取法に違反する可能性が強いばかりでなく、経営上も大きな危険を内在していた〉

ちなみに「握り」とは、互いに手を握りあって口約束を交わすことから生まれた言葉だ。

木下は、山一が廃業したあと、札幌学院大学法学部教授や駿河台大学法科大学院教授に就いて、証取法などについて教えた。文字通り、「学者」であり、「センセイ」になったのである。その分析は簿外債務の関与者とは思えないほど冷静だった。

〈株価が右肩上りで上昇を続ける限りにおいては、「握り」は顧客法人、担当営業マン、証券会社のいずれにもメリットをもたらす。顧客法人は一定の高利回りを見込めるので、銀行等から低い金利で資金を借り入れ、これを「握り」による証券運用に回すことによって、一定の利鞘を獲得できる。

事実、バブル期の金融緩和のもとで、多くの金融機関は不動産融資と並行して証券運用向けの企業融資を積極的に行った。「握り」を実行する証券会社の営業マンにとっては、巨額の資金を一任的に運用できることから、積極的な株式売買で多額の手数料収入を稼ぎ、優績営業マンとして人事評価を高めることができた。

もちろん証券会社は、これで大きな手数料収入を得た。八〇年代後半当時は、あたかも株価は無限に上がり続けるかのような雰囲気のもと、「握り」については、「据え膳食わぬは男の恥」的な感覚が証券会社にも横溢していたように思われる〉

木下が指摘する、ニギリ営業は支店でも横行した。

「八％（の利回り）を約束してもいいから、カネを集めてこい！」

営業マンにそんなハッパをかけた支店長がいる。嘉本はあとでそれを聞いて「必ず後でツケが回ってくるぞ」と怒った。

「自信を持って投資を勧められるのは一年に一、二回」。嘉本はそんな仲間内の言葉を聞いている。むしろ予想が当たるのはまれで、外れることが多いのだ。しかし、証券業の本質はリピート営業である。顧客に繰り返し投資させることで利益を得ているのである。

その矛盾のなかで、嘉本たちは自分なりの相場観をきちんと立てて相手に伝えることを心がけてきた。ニギリ営業は一時、社内で評価されることがあっても、必ず自分の首を絞めることになるからだ。

しかし、正論は本社、特に大企業相手の法人部門では顧みられない。トップとその子飼いたちがニギリの旗を振っていたからである。

「ニギリによって巨額の一任運用ファンドを獲得した法人営業マンは、社内でスター視され、大きな顔ができた」と木下は証言している。

「それはずば抜けた手数料収入を稼ぎ出していたからだけではありません。一任ファンドの運用で高利益が生じても、顧客法人には当初約束の利回り相当分だけを渡せばよく、超過利益をどうするかは事実上、営業マンの裁量に任されていました。そこで仲間の運用ファンドで損失が生じているときは、そのファンドを簿価で引き取り、これを自分のファンドに生じている超過利益で相殺することが行われました。これは困ったときの仲間同士の相互扶助であり、しばしば『貸し借り関係』と呼ばれました」

当然、借り手は貸し手に恩義を感ずることになり、そこには特殊な人脈が発生しやすい。このような貸借関係は営業マンの間だけでなく、時には決算期末の損益調整のために商品部対法人営業部の間でも行われた、という。

「法人営業マンの中には、そのような異常な営業姿勢を強く批判した人もいます。ニギリによる手数料稼ぎに与しなかった人達もいました。でも、彼らの多くは相対的に営業成績が低く、やがて苦い思いを抱きながら、法人部門を去っていったんです」

このころ、山一證券本社に近い小料理店で、常務取締役事業法人本部長に就いた高木と木下が酒を酌み交わした。酔いが回ると、木下が本音を吐くのはいつものことである。それは露骨な営業批判だった。

「ヘドロを膨らませた法人部門は諸悪の根源じゃないか」

すると、気の強い高木が激怒した。

「営業現場を知らない奴が何を言うか。いいかげんにしろ」

高木は第一事業法人部長に就く際、「事業法人はヘドロを抱えている」と批判した当人である。それが出世するとともに、今度はヘドロ批判を許さない存在になっている。だから、木下はこう言うのである。

「つまり、ニギリ営業の拡大は、あるべき証券営業の姿を曲げ、法人営業部門に悪しきカルチャーをもたらす結果になったのです」

さて、問題は、ニギリ営業のその後である。一九八九年初めにはまだ、日経平均株価は全体的に上昇中であった。ところが、同年末に日経平均株価が三万八千九百十五円八十七銭の史上最高値をつけたあと、バブルがはじける。その結果、どうなったのか。先ほどの木下論文を再び引用しよう。

〈「握り」は株価が永久に上昇し続けることを前提にする。株価が長期反落期を迎えると運用ファンドに損失が発生し、顧客法人の期待に応えられなくなる。そこで顧客法人と担当営業マンとの間に、「約束を守れ」「守れない」といったトラブルが発生する〉

その決着をつけるには、顧客法人が損失を自社のものと認めてこれを呑み込んでしまうか、証券会社が損失補塡をするしかない。いずれの決着も当事者に痛みをもたらす。そこで苦肉の策として登場したのが、決着を先延ばしするための「飛ばし」である。

ただ、「飛ばし」は一時凌ぎにはなったものの、証券会社に大きな問題をもたらした。飛ばしている間も、株価下落によりファンドの含み損が拡大したからである。これに金利分が上乗せされ、損失はさらに拡大した。

しかも、証券会社を仲立ちにして、A社からB社に移った「飛ばし」が、さらにC社、さらにはD社と飛ばされていくと、もはやこれが最初のA社に戻ることは期待できなくなる。

当時、この糸の切れた凧のような「飛ばし」を、法人営業部門では「宇宙遊泳」と呼んでいた。こうした宇宙遊泳ファンドは、最終的には、それを仲介した証券会社で引き取らざるを得なくなることは明らかであった。そして、結局は隠蔽するしかなくなったのだった。

弁護士の國廣は、この木下論文に強い興味を抱き、「社内調査報告書」にも、「宇宙遊泳」という言葉を使おうと提案している。しかし、木下論文を読んだ調査委員たちは深いため息をついた。

――木下さん、そこまでわかっていたのに、あなたは何をやっていたのか。あなたは監査役まで務めたのではなかったのか。

いだのである。

「木下がトップの指示で債務隠しの実務を担った」という証言が、役員たちから相次いだのである。

副社長だった白井隆二や幹部は、木下こそが債務隠蔽の知恵袋である、と告白していた。彼らによると、そもそも簿外債務をペーパーカンパニーに引き取らせる仕組みを考え出したのは木下だというのだった。

「法務担当部長の木下氏は、同時に債務隠しチームのブレーンだった」と白井は表現している。

七章　残りし者の意地

1　情報提供

領収書の束を、作業部屋の机の上にドンと置いた者がいる。山一の倉庫に潜り込んでいたはずの長澤正夫だった。

「これ、調べてみようよ。最後の機会かもしれないしね」

長澤の視線は、訝しげに見つめる横山淳に注がれていた。エクセル（表計算ソフト）を使ってパソコンで集計してみろ、と長澤は指示しているのである。

それは元副社長が山一にツケ回しした領収書であった。ほとんどが、飲食費やゴルフのプレー費に使われていた。横山が領収書の金額をパソコンに一枚ずつ入力していくと、総額は年間五百万円を超えた。

「顧客接待」の名目で、年間五十回以上も会社の金でゴルフをしている役員もいた。役員たちは会社のカネで遊んでいると噂されていたが、長澤たちがちょっと調べてみただけで噂は裏付けられた。

「ふざけるなって感じですね」

横山が顔を歪めた。領収書を見つけてきた長澤はあきれ果てている。

「ひどいねえ」

一緒にいた竹内は別の疑惑をつかんでいた。

ある部署では弁護士に依頼した費用を水増ししていた、というのである。利ざやを懐に入れたその部署の幹部は、部下に口止めするためか、豪勢な部内懇親会を都内の一流ホテルで開いている。山一破綻のあと、仲間を引き連れて金融機関に移っていった。仲間内では英雄扱いである。

「うちの役員が海外出張でネクタイを大量に買ってきて経費で落としていました。こんなことがあっていいんでしょうか」

「今だから言うが、リベートをもらった幹部がいたよ。調べてみたらどうかな」。内部告発も少しずつ寄せられている。債務隠し以外の不正も追及してくれると期待した社員やOBが存在したのだった。

「飲み屋の女に金を作らせた者がいる。値上がり確実なCB（転換社債）を渡していた」「顧客名義の口座をでっち上げた社員がいる。値上がりしそうな商品が回ってきた時にその口座で儲けた」

証券会社に特有の情報である。堀も幹部が管理している不審な口座を見つけた。その取引の利益は億単位に上っていたという。

「社内の人間が儲けているんだ。キャッカンを調べて追及すべきじゃないか」

キャッカンとは証券会社の顧客勘定元帳のことで、顧客の売買取引や入出金が記載されている。業務監理本部にも備えられたマイクロフィルムのキャッカンを、堀は精査しようとした。

嘉本の自宅にも、社員から電話がかかってきた。

「簿外債務の問題以外にも、許せない人たちがいるんです」

「…………」

黙って一通り話を聞いてから、電話の主に嘉本は答えた。

「しっかりやれというお言葉はありがたいと思います。でも、あなたは調査委員会を社内特捜部のようにお考えなのではないですか」。その言葉は受話器の向こうに冷たく響いたかもしれない。

「この際、不正はすべて告発してもらいたいんですよ」

「時間があれば、あるいはそれもできるかもしれません。しかし、僕らが急いでやらなければならないのは、簿外債務の真相を解明することなんですよ。もし、証拠があるのなら、あなた自身が検察に告発してください」

内部告発する社員の気持ちは嘉本にも理解できる。不正の情報がもたらされるたびに、「やってられるか」という気持ちにもなる。しかし、彼は「特捜部ではない」と繰り返し、長澤や堀に言った。

「調査委員会の目的とはなんぞや。それは簿外債務を解明してけじめをつけることで、恨みを晴らすことではないはずだよな」

そう言いながら、嘉本は提供された情報の一部について、独自に関係者から事情を聞いたこともある。だが、告発できるような証拠は集まらなかった。強制調査権限のない委員たちの、それが限界であった。

「くそっ!」。暗い声が作業部屋に時折、漏れた。

2 疎んじられても

調査が本格化すると、嘉本や橋詰たちは、山一本社十八階に泊まり込みを始めた。総会屋事件の際に、「隅田クラブ」とも「アジト」とも呼んだ一八〇一号室に住み込んだのだった。

嘉本の一週間は月曜日の朝、千葉県の自宅から約一時間かけて出勤するところから始まる。紺系の背広に無地のワイシャツは変わらないが、手に大きめのボストンバッグを下げていた。五日分の下着とワイシャツが詰まっている。出勤すると、アジトにバッグを置き、十六階の作業部屋に下りる。

中央の作業机の上にメモと資料が山積みにされている。その部屋で情報をやりとりし、旧経営陣らのヒアリングを実施するか、ＳＥＳＣの事情聴取に同席してメモを取った。

嘉本たちがヒアリングの対象として挙げた役職員はＯＢを含め百人以上に上る。それも微妙なニュアンスを含んだり、他の役員の発言と矛盾したりする部分があるから、法人営業部門の元役員には二、三度実施しなければならない。大槻や木下のようにカギを握る実務者の聴取は四、五回に上った。

夜はヒアリングのメモをまとめ、他の委員やアンカーマンである國廣ら弁護士の意見を聞いた。コンビニで買ってきた弁当やカップ麺で腹を満たし、寝るのは午前零時過ぎだ。長澤らは一八〇一号室のダイニングルームでビールや焼酎を飲み、嘉本の隣のベッドにもぐりこんだ。そして、金曜日の夜か、土曜日の朝に家に戻って汚れ物を出す――という現実である。嘉本は長い間、支店で単身赴任生活を続けてきたので、泊まり込みも苦にならなかった。

今までと違うのは、いくら頑張っても一九九八年一月から給与はゼロになるということであった。

嘉本は怒ったような顔をしていることが多かった。顔は青ざめ、時折、胸中にこみ上げてくるものがある。少し心が緩む週末や、自宅に向かうクリスマスの雑踏でそれは不意に顔を出した。

自主廃業という事態は、サラリーマンである自分の家計を破綻させただけではない。五十四年の自分の人生まで崩壊したような気分にさせられるのだ。

目の前を行く人たちは明日も行く会社がある。それにひきかえ、自分たちは間もなく通うところさえなくなる。会社というつっかい棒が外れると、サラリーマンは見知らぬ街に取り残された異邦人のようだ。疲れ果てた金曜日、すし詰めの電車で帰る時、嘉本は突然、自分が天上から誰かに寂しい目で見つめられているような気になったのだった。

「偉そうなことをいっても、自分の人生は集団で人生の終点に運ばれていくようなものだった。組織という電車のなかで守られていたのだ。自分が知っていたのは山一という狭い電車のなかだけだった。いや、その山一のことさえ、本当は知らなかったではないか」

　年の瀬の賑わいのなかで、寂しさが傷のようにいつまでも心に残った。

　時間が経過するにつれ、社員たちは調査委員たちを遠巻きに見ているようになった。支店などから激励や内部告発の電話がかかったり、ファックスが届いたりすることはなくなっている。清算業務と再就職活動に忙しい社員たちは、もう蘇生することのない山一證券の社内調査に急速に関心を失っていたのである。山一が破綻した理由を知りたがっていた支店長たちも、嘉本たちに調査を丸投げしたままだ。社内で調査委員に出くわした幹部や社員が「がんばってください」と、声をかける程度である。

　それは過去、潰れた会社の経営陣がその真相を追跡調査した例はなく、これまでの「社内調査」とは、社長が不祥事の言い訳をする材料を探したり、批判をそらしたりするためのものでしかなかったからである。

「山一もまた恰好をつけてごまかすのだろう。社内調査なんてガス抜きじゃないのか」

　山一の社員たちの多くはそう考え、捜査当局の追及に期待をかけていた。

　しかし、社員の彼らだからこそできたことがある。

　旧経営陣や上司、同僚たちの一部は、七人の調査委員が拍子抜けするほどあっさりと中枢の秘密を打ち明けるときがあった。嘉本たちは弁護士や検事たちのように、テープレコーダーを備えて物々しく聴取するやり方は取らなかった。

もともと権威の鎧を身につけていないので、ノート片手に世間話から切り出し、その延長という雰囲気を保つように心がけた。口を開く側には身内から聞かれているという安心感があり、「株屋」の共通言語があり、自主廃業の喪失感と悔恨があった。

そのやり方を批判するOBたちもいた。いい加減な内容だというのである。

「社内調査といっても、ほとんど伝聞情報に基づいたものではないか」

嘉本はそんな声を聞くたびに強く反発した。

「伝聞こそ、調査の命じゃないか」

後軍《しんがり》が正式に結成される直前の一九九七年十二月十六日のことである。午前九時半からのヒアリングで、橋詰と堀は生々しい言葉を聞いた。相手は事業法人第三部の幹部だった。

「事業法人一部と二部はドロドロでしたね。八七年、八八年にはこの二つの部は激しく競争していて、もうヘドロを抱えていました」

「ヘドロ……。回復の見込みのないファンドだね」

橋詰は次の言葉を軽く促した。

「はい。行平さんの腹心である高木眞行さんが事業法人本部長になると、競争はさらに激しくなりました」

前述した高木は八〇年に第一事業法人部付営業次長に就き、八年後に取締役事業法人本部長となった。法人営業の本流——つまり「法人の山一」の王道を歩いている。一九九一年に四大証券の損失補塡が発覚したときにはジホウ担当の専務取締役で、行平社長の下でアンタッチャブルな存在になっていた。

「高木さんに、『ニギリファンドを取ってこない部長はクビだ』と指示されました。『代わりはいくらでもいる。なんでも上を巻き込めば会社ぐるみで何の問題もない』とも言われました」

激しい気性の堀がちょっと脅し、橋詰が静かになだめる。そんな役割分担をする時もあったが、たいてい堀は橋詰の横で黙って睨みをきかせているだけで十分だった。

「反対するものもいただろうな」

「『含み損は表に出すべきだ』と主張した人もいたんです。でもそんな人は、行平さんに排除されました。あとになって、含み損を抱えた『宇宙遊泳』がどうなったのか調べましたが、我々もわかりませんでした。九四、九五年ごろからは怖くて、見ていられないようになりました」

実は、簿外債務が実態不明になったのは、行平や延命たちが特別チームを作らせて、法人営業部門から隔離し、「簿外債務管理人」らの下で集中管理したためである。

たまたま同じ日に、これを裏付ける証言をした人物がいる。彼は元事業法人本部副本部長で、山一の関連会社に役員として天下っていた。

「高木さんは確信犯です。『企業に一億円補塡して、そこの主幹事が守れるならばいいよ』とか、『最後は会社を巻き込めば、それは事故ではない』と言っていました。ニギリをした営業マンの手数料収入はどんどん上がり、そうでない人は苦労していました」

こうした言葉を聞いて嘉本や堀たちは腹を立てる一方で、位相のずれのような違和感を覚えていた。

――行平や高木たちはなぜこれほどの無理を重ねなければならなかったのだろうか？

確かに、顧客からもニギリを迫られる時代ではあった。だが、それは最前線の社員やヒラ取までの話で、経営責任を背負う社長や代表権を持つ役員クラスには必ずしも当てはまらない。

普通なら、トップの座に就いた者は、違法行為や無理な営業にブレーキをかけたがるものである。ところが、行平が社長になった一九八八年の後も、彼の腹心たちが事業法人本部の営業マンを強引なニギリ営業に駆り立て、権力を握った行平はそれを止めようとはしなかった。

その理由は、元副本部長らの証言から約一ヵ月後、山一最大の事件とともに、嘉本たちの前に浮上してくる。

3　清算社員のプライド

「ひとり一人が熱意を持ってください。そして山一百年の歴史を自分の手で閉じてください」

菊野晋次の挨拶を、約百八十人の社員たちは複雑な思いで聞いていた。熱い口調で菊野が語りかけているのは、つまり、会社解体のために頑張れ、ということなのである。

会社破綻の日から六十八日が過ぎ、一九九八年二月一日、塩浜ビルの大会議室で山一清算業務センターの発足式が開かれていた。第一次対象の十九支店は九八年一月末に山一の看板を外している。二月末には五十七店、三月末には四十店が閉鎖されて全員が解雇されることになっていた。

若い社員の大半が会社を去り、残った多くは年配者であった。センターには、その中でも真面目で再就職先が決まっていない人を集めている。残務を引き継ぐ支店の職員がいれば、法人や個人営業担当、投資相談課や証券貯蓄課などの社員もいた。彼らは「清算社員」と呼ばれた。

センター長に就いた菊野はあらかじめ彼らに話をしている。

「再就職先が見つかったなら、あんたたちもすぐにやめてもいいんだよ」

しかし、本音は、信頼できる人間には残ってほしいのである。社員たちの心の中には、無策であった経営陣に対する不満が渦巻いていた。不満に火が点き、怒りが爆発するとどうなるか――。

清算センターが稼働して五ヵ月後のことだ。信用不安が広がっていた隣の韓国で、経営悪化を理由に三つの都市銀行と二つの地方銀行が営業停止や整理を命じられた。すると、労組や従業員が激しく反発し、店頭にバリケードを築いて関係者の出入りを妨害するところが出た。

産経新聞の報道によると、従業員は金庫やコンピュータ室など重要施設を封鎖して使えなくしたあと、集団休暇に入った。当然、各行とも業務が麻痺する。コンピュータのパスワードを勝手に変えたり、支店長ら幹部が行方不明になったりした銀行もあった。中には、銀行整理発表前日に、従業員の退職金として、五百二十億ウォン（約五十二億円）が引き出された地方銀行もあり、顧客を無視した大混乱が続いた。

山一の場合、株券など預かり資産は大金庫の中に保管してあるが、それが紛失したり、盗まれたりしては大変なことになる。社員の再就職を犠牲にしても人材を確保し、センターの要所に、信頼の置ける人間を配置しなければならないのだった。菊野は求職活動に忙しい社員を飲み屋で口説いた。

「幕引きの業務があるんじゃがなあ」

「はい」

「しばらくわしに命を預けてくれんかね」

「菊野さんがそう言うのなら手伝いましょう」

別の古手社員はこう言って菊野を感激させた。

「自分は清算センターの立ち上げに関与しました。もう棺桶に片足を突っ込んでいます。山一がこうなった以上、新設の部署に転勤したつもりで清算業務を続けてもかまいませんよ」

——清算のめどがつけば、彼らを必ず再就職させる。

菊野は自分に誓った。

塩浜ビルで実際に清算センターがスタートしたのは翌二月二日午前八時四十分である。電話のスイッチを入れると、代表電話十本と内線電話五十本が一斉に鳴り出し、午後四時の電話応対終了時まで鳴り止まなかった。各支店から清算センターに戦場が移った瞬間だった。

部屋から出ても、トイレに行っても、廊下を歩いても、ベルの音はどこにいても聞こえた。その多くは顧客からの苦情と閉鎖間近の支店からの問い合わせであった。初日の電話は三百六十件。二月中の電話を集計すると六千九百二十一件、三月は三万二千六百二十八件もかかってきた。

「もうわけがわからない」。耳を塞ぐ社員がいた。ベルが鳴っているのは、センターの中なのか、自分の耳の中なのかわからない、というのだ。別の女性はこう表現した。

「電話のベル音が体中にしみ込んで気が狂いそうでした」

社員が電話を取る。

「はい、山一清算業務センターです」

「ばかやろう！」。その瞬間に、電話口から罵声を浴びる。支店の営業マンに聞きたいことがある、という客もいた。

「電話口に出せ！　あの野郎を」

「そういう者はここにはおりませんが……」

「どこに行ったのか教えろ」

「山一を退社したので、私どもにはわかりません」

「そんなわけないだろう。調べて行き先を教えろ」

凄まじい剣幕である。

「十一月に返すと約束したじゃないか。株券をいまだに送ってこないのはどういうことだ。本当に株券はあるのか」

「俺のカネを返せ。何千万円も損をさせやがって」という客がいれば、「主人に内緒で取り引きしていたのがバレてしまいました」と泣きつく主婦もいた。

「今から東京のセンターに行くから、待ってろ」

ガチャンと電話を切る客もいる。破綻から二ヵ月経ってもこんなありさまだったのである。

目が疲れ、肩は凝る。清算社員たちの耳は赤く腫れ上がった。一日中、受話器を押し当てているからだ。

菊野は彼らを毎晩、塩浜ビル近くの飲み屋に誘った。センターの廊下を隔てた部屋に、メリルリンチ日本証券の立ち上げチームが事務所を構えている。山一の社員を大量に受け入れるためだった。

「菊野さん、あっちは立ち上げ、こっちは消えていくための業務ですよ。やっぱり虚しいです」

「そうだ。だがなあ、誰かがやるしかないんだよ」

「同じセイサンでも生産と清算と、漢字が違うだけで大違いですよ。我々が一生懸命に、無理と言われる営業をして、努力して集めてきた資産ですよ」

「うんうん、辛かったなあ」

「それをただ返すだけの仕事なんて何とバカバカしい。悲しい話じゃないですか。聞いてますか！　菊野さん」

「悔しいな。わしに言え。なんでも聞いてやるぞ」

そして、いつものように「菊野じゃからな」と続けるのだった。

塩浜ビルは真冬にも真紅のサザンカの生け垣に囲まれている。ビルを出て汐浜運河にかかる南開橋に立つと、遥か六本木方向の高層ビルの間にオレンジ色に輝く東京タワーがそびえていた。場末の、はっとするような風景である。

その塩浜ビル前の横断歩道を渡り、路地を百メートルほど入ったところに、美鈴《みすず》食堂という飲食店があった。独り身の女将《おかみ》を、「母さん」と慕って社員たちは通った。菊野の秘書役だった木戸みね子も清算センターで疲れ果て、菊野たちによく誘われた。

「ここで切り替えて帰りましょうや」

それが菊野のもう一つの口癖である。木戸は連日、一時間から一時間半ほど飲んで帰った。

「いいかげんにしろ。毎晩飲んで帰って！」と夫に叱られたこともあった。だが、それで何とか精神の均衡を保っていたのだった。

美鈴食堂の女将には子供がいない。女将の夫は若い女との間に子供を作り、家を出て行ったという話だった。

お互いに廃業の話題には触れなかった。だが、女将はぽつりと漏らした。

「山一さんがいらっしゃったから、心強かったのにねえ」

美鈴食堂は常連を失い、やがて店を閉めることになった。みんな少しずつ不幸になったのだ。

しかし、清算社員のなかには、こうした生活を、〈人生の中で非常に密度の濃い充実した期間であった〉と日記などに記した者もいた。それを知った菊野は原稿を募り、センターが閉鎖されるときに「手記」としてまとめた。中村という男性社員はこう記した。

〈私の好きな言葉は「勿過去悔　莫将来按　無万事怯」である。過ぎ去ったことをくよくよ後悔するな。これからのことをあれこれ心配するな、すべての事をおそれるな、という意味であろう。人生万事塞翁が馬だ。まだ、わが人生の結論は出ていない。

叡智と愛と信實の
翼をのべて　いざ翔らん
待てるは廣き　世界の市場
われら聞く　明日の凱歌《がいか》を　勝鬨《かちどき》を

山一　山一

山一證券の　若人われら

この社歌を口ずさみながら、知らず知らずに何故か目頭が熱くなり、涙がこぼれた。私は山一證券をプライドを持って、心から深く愛し続けてきたのである〉

消滅した会社に対する感情も「愛社精神」と呼ぶのだろうか。手記を寄せたのは三十人。多くは中高年で、一様に安定した軌道を歩いていた人である。自主廃業という事態がなければ、自分の中に眠る愛社精神を発見することもなく、粛々と終身雇用の会社人生を終えたかもしれない。ところが、会社破綻の幕引きに立ち会うことで否も応もなく、自分にとって会社とは何であったのか、働くということは何であるのかを、時間をかけて真剣に考えることになった。

改まった書き方をすれば、彼らは人生や労働の意味を立ち止まって考え、そこから再出発したのである。

次の手記は五十歳近い女性が書いたものだ。

〈会社の終わる時というのは、人の生命が終わる時と一緒だった。悲しんでいる間もなく、お通夜。そして葬儀のごとく清算業務が続いた。

　年が明けた頃から、一人ふたりと去っていった。私も心身ともに疲れきって、何度も会社を後にしようかと考えたが、自分の長い人生の時間を費やした会社に対して、いい加減な最期にしたくないという思いがあった。三月までは頑張ろうと決めて清算業務に従事した。

　会社の終わる時になり、いまだかつてないほど、山一證券の社員であったことを意識した。そして、会社の最期を見届けてみたいという気持ちになった。

　五月の半ばごろまでは多忙であった業務も次第に片がつき、人も証券も日を増すごとに減り、寂しくなるばかりの会社だった。そんなさなか、銀行に就職が決まった。最後まで残るつもりだったが、七月末で退社することにした。

　一九九八年七月三十一日の夕刻。私は両手に荷物を下げて、守衛室のある裏玄関から会社の外に出た。（中略）

　色々の出来事を呑み込んで、山一證券は消えてしまう。けれど、私は在職していたことを誇りに思い、忘れないことを誓って、二十八年四ヵ月間、他の土地に行くこともなく通勤し続けた山一ビルを後にした〉

〈山一證券を忘れない〉という題を付けたこの女性の視線はしかし、次の大手都銀にある。人生の折り返し点を過ぎた女性たちにとっては、清算センターもまた、破綻後の再就職先であり、実際にはそこも失職したのだ。過去と決別し、現実を受け入れなければ食べていくことは難しい。

そのため、集まった手記の多くは、菊野が想定した「思い出の記」を超え、「次はどんな生活が待っているのか」と失業後の自分を前向きに考えるものになった。

もちろん、手記の中には、「一部幹部が巨大企業を私物化した行為は絶対に許されるものではない」と憤りの声を記したものも含まれている。

「破綻のこの責任は一体どこが、誰が取るのか。絶対に風化させてはならない」と。

その声はしかし、日毎に小さくなっていった。

4　焦り

堀がヒアリングに加わってから三ヵ月が過ぎたころ、妻の禮子から電話がかかってきた。

「お父さん、もうお金ないよ」

役員を務める堀の手元にも、わずかな株が残っているだけだ。時価にして六十万円だった。心の焦りはどこかで表れるのだろう。

破綻後、堀は「明るさが消えて怒りっぽくなった」と言われるようになっていた。周囲をハラハラさせるような言動も多かった。

彼が憤激している。禮子が風邪を引いて病院に行ったが、健康保険証を一瞥した事務員に冷たく言われたのだという。

「潰れた会社の健保なので、この保険証は使えません」

たぶん、病院側の勘違いだったのだろうが、堀のぶつけようのない怒りがヒアリングに向けられないか、と嘉本らは心配だった。

「あんなアホなニギリ営業が通用したんか」

ヒアリングを終えた堀がアジトで吠えている。嘉本はやんわりと忠告した。

「でも、ホリちゃんなあ、お前の気持ちはわかるが、とっちめようとすると、貝は口を閉じるぞ」

「はらわたが煮えくり返るんですわ」

「貝の口は無理にこじ開けようとしても開かんよ。同じ会社にいたんだし、プライドもあるんだから、そこを傷つけないようにしないとな」

しかし、そんな嘉本自身も貝の口をこじ開けようとしたことがあった。彼が元専務と本社の応接室で向かい合った時のことである。

その人物は行平前会長の側近の一人で、地位だけでなく歳も嘉本よりはるかに上だった。木下や大槻らの証言で、元専務が取締役債券本部副本部長だったころから、債務隠しのチームの一員だったことがわかっている。外国債券を使った債務隠しのアイデアを出し、隠蔽のための重要な会議に出席していたのである。ヒアリングのポイントの一つは、本人だけでなく誰がどこまで債務隠しに関与しているか、というところにある。

嘉本は一歩引いて質問した。竹内が同席してメモを取っている。

「その時、どんな発言があったのですか」

「うーん。覚えていないな」

「そうですか？」

「関与といっても、自分の仕事をやっただけだ。あの人たちが協力を求めてきたことはあったかな」

元専務は行平や三木ら幹部を指して、「彼らが」「あの人たちが」と三人称で語り、「私が」という言葉を慎重に避けた。

破綻の責任を明確化するために、野澤や嘉本ら最後の経営陣は債務隠しに関わったり、違法な配当を続けたりした責任者を特定し、損害賠償請求訴訟を起こすことを社会的に求められていた。自ら関与を告白すればそれは明白な証拠となった。それだけは免れたい、というのが元専務の偽らざる気持ちであろう。

核心に近づくにつれて元専務はのらりくらりとはぐらかし、堂々めぐりが続いた。嘉本の声が少しずつ高くなっている。目は瞬くことを忘れ、元専務をじっと咎《とが》めていた。竹内は嘉本が胸の中の憤激を抑えているのがわかった。

「山一の破綻は避けられなかったんだよ」。元専務が何度目かの抗弁をした時だった。

「ふざけるな！」

突然、嘉本が応接テーブルをバンと叩いて大声を上げた。竹内が驚いて顔を上げると、燃えるような嘉本の目があった。

「山一の破綻は自然現象か！　自己責任をどう考えているんですか。あなたも経営陣だったでしょう」

嘉本は怖い上司だったが、竹内が怒鳴り声を聞くのは初めてだった。

直後の日曜日、嘉本は食卓のテーブルで妻の千恵子に言い聞かせた。

「こういう仕事をしていると、人に恨まれることもある。訴訟で俺自身が身ぐるみ剝がれることもあるかもしれんぞ」

「しょうがないわ」

口にはしないが、千恵子は夫を誇りに思っていた。会社破綻後に、自宅に届いた一枚のファックスを夫が大事に仕舞っていることも知っていた。それは、山一ＯＧから届いたもので、こう書かれていた。

〈これはあなたの運命です。しっかりやってください〉

——よたよたしながらも、夫は調査をやっていくんだ。

千恵子も先のことをあまり考えないようにしていた。夫の再就職のこともすべてが終わってから考えるしかないんだ。

八章　破綻の全真相

1　暴走の契機

嘉本の疑問に答える人物が現れたのは、破綻から二ヵ月を迎えようとするころだった。

行平の下で専務法人営業本部長にまで出世した小西正純《まさずみ》である。山一系列の証券会社社長におさまっていた。嘉本がヒアリングに訪れると、小西は社長室のソファに招いて、バブル期の営業を振り返った。

「僕は、上司だった永田さんにこう言われたことがあるんだ。『会社を潰すこと以外は、何をやってもよい。シェアを上げろ!』って」

既に触れたが、永田とは行平の腹心だった永田元雄のことである。行平が専務事業法人本部長のころに副本部長を務め、株式本部長に就いた。法人営業グループでは行平―永田―高木という系譜で語られていた。

「僕は永田さんに聞いたよ。『どうしてそこまでやらなくてはいけないのですか』とね。すると、彼がこう説明するんだ。『行平さんを社長にしないといけない。そのためには、株主総会を乗り切らないといけない。そしてそのためには、業績を上げないといけないんだ』」

　嘉本は小西の告白にじっと耳を傾けていた。封印されたものが解かれようとしている。彼は、法人営業グループが暴走した真相を突き止めようとしていた。行平ら本社中枢の幹部が、ジホウの暴走をなぜ止めようとしなかったのか。ニギリ営業で無理を重ねた理由はまだ見えてこなかったのだ。

「行平さんを復帰させるまつりごとをしなければならない……。そんな感じだったな」

「まつりごと？」

　嘉本は心の中で小西の言葉を反芻した。

「永田さんはまつりごとのために、カネ集めの大号令をかけた。つまり、ファンドの獲得だ」

「ジホウのニギリファンドですね」

「そうだ。それで一挙にファンドの残高が膨らんでいった」

「その結果、何が起きたのでしょうか？」

「ジホウに甘くなったな。行平さんは」

そして、小西は十年以上も封印されていた事件を口にした。

「甘くなった原因は、三菱重工業ＣＢ事件にその端緒があると思う」

嘉本はぎょっとして小西の表情を眺めやった。ＣＢ事件は山一の古手社員の胸に深く刻まれている。苦い記憶だ。


「三菱重工業ＣＢ事件」は、一九八六年、山一を含む四大証券が三菱重工業から依頼され、値上がり確実なＣＢ（転換社債）を政財界や総会屋にばらまいたと言われた事件だ。ＣＢはConvertible Bondの略で、株式に転換する権利の付いた社債のことである。バブル期に、濡れ手で粟の金融商品としてもてはやされ、企業が幹事役の証券会社を通じて発行すればたちどころに値上がりした。

当時、行平は三菱担当の事業法人本部長だったが、ばらまきの噂が広がり、個人営業を重視する反行平派との社内抗争に発展した。行平はロンドンが本拠の山一インターナショナル会長に左遷され、行平に対抗した筆頭副社長の成田芳穂《よしお》がそのさなか、自殺に追い込まれている。東京地検特捜部の検事が事件解明に乗り出しながら、成田が自殺したことでうやむやになっていた。

　その疑惑が、山一の経営にどう関わったというのか？

　小西の告白は続いた。

「三菱重工CB事件は、行平事業法人本部長、永田副本部長の時代に起きたことだ。この事件で三菱重工との実務を行ったのは永田さんだよ。ところが、親分である行平さんの首を差し出すことになり、永田さんや高木さんは非常な義理と負い目を感じた」

「…………」

「従って、行平さんを本社に復帰させる努力をすることが、自分たちの役目であると強く意識していたと思いますよ」

　行平は実際にはロンドンには赴かず、山一社長室の並びのインターナショナル会長室で、永田たちの「まつりごと」を見守っている。きわめて甘い処置であった。

　行平が代表取締役副社長として復帰するのは、ほとぼりがさめた一年後のことだ。まつりごとは成功したのである。「たった一年で復活させるとは筋が通らない」と復帰人事に反対した役員は遠ざけられ、関連会社に追いやられた。そして、行平は副社長就任から九ヵ月後の八八年九月には、ついに念願の社長の座に就いた。

「だから、行平さんはジホウに対する負い目を感じていた。『自分を復帰させ、社長に押し上げてくれたのは事業法人本部だ』と、ずーっと引っ張っていた」

小西は「ずーっと」というところに力を込めて、「このことが」と続けた。

「行平さんが事業法人本部に対して甘くなった理由だ」

その後、元幹部たちは三菱重工CB事件の闇を次々と語るようになった。

まず、小西が嘉本に告白してから四日後。事業法人本部に在籍していた幹部が、「成田副社長の自殺を調べると、すべてがわかってきます」と言い出した。

「行平氏を何としても社長に、という永田、高木さんの主流派に対し、成田副社長を社長に据えようという勢力がぶつかっていました。それまで横田社長と成田副社長は仲が良かったのですが、横田社長や植谷会長から成田副社長は『三菱重工の親引け(配分先)リストを外部に漏らしたのは君だろう』と怒られていました。成田副社長が自殺したのはその直後です。あの時、ジホウを改革しておけば良かったのです」

その三日後、今度は行平の一年先輩にあたる元首脳が事情聴取の場に現れた。山一の代表取締役副社長だった小松正男である。彼が告白の相手として選んだのは、SESCの室長であった。嘉本はオブザーバーとしてメモを取っている。

「四〇年不況で倒れかけた後、新生山一は野村などとの幹事争いで敗れ、負け組になりました。それでも、『法人の山一』のイメージを捨てきれず、よけいに法人営業を強化する方向に向かうこととなりました」

企業の見栄を捨てられなかった。それが最初のつまずきだった、というのだ。

「(山一がつまずいた)もう一つの背景としては、三菱重工CB事件があります」

その言葉に二人のSESC調査官が身を乗り出した。

「それは山一が直面した最大の事件でした。CB事件の責任を取らされた行平専務を本社に復帰させようとして、永田元雄常務が猛烈に頑張りました。営業体が弱い分、法人営業部門で頑張らねばという意識があり、その時代に営業特金(証券会社の営業マンに売買を一任して運用する資金)が拡大したのです。横田社長は決断力のない人でした。永田氏が無理しているのを知っていながら見て見ぬ振りをしたのも、決断力の無さからです」

CB事件はやはり、山一の経営モラル崩壊の大きな契機になっていたのだ。

次に跡目を継ぐ男のために子分たちは暴走し、それを社長は見て見ぬ振りをしていた。そして跡目を継いだ次の社長・行平も恩義を感じてまた暴走を黙認した、というのである。

日本の職業観にはかつて、「堅気」という概念があった。堅い商売を貫くことが尊くまっとうとされ、堅いというところに信頼を置く人が多かった。しかし、元首脳の口から語られたCB事件と、それを端緒にした暴走営業は、堅気がやることではなく、「株屋」と呼ばれた世界のヤクザな商売であった。経営破綻はその帰結だったのだ。

2　不正はすぐ隣に

「暴走営業の当事者」とされた高木眞行は、野太い声と厳つい顔で押す、気力に満ちた証券マンである。山一ファイナンスの社長に天下っていたが、新聞記者たちを相手に、「俺たち営業の人間は、損失補塡なんて立ちションぐらい（の軽犯罪）にしか受け止めていなかった」と言ってのける心臓の持ち主で、山一幹部たちのなかで、最後にSESCの聴取に応じた。CB事件の裏側を証言した彼のメモがSESCに残っている。

〈三菱重工のCBは、もともと日興證券と当社山一が共同幹事のところを、野村證券が主幹事で割り込んだ形だった。野村からリストが配付され、野村が政官界、山一證

券と日興證券が総会屋という割り振りだった。当社は数十人に配分した〉

高木によると、山一側は三菱重工の総務部からこう言われたという。

「総会屋の方は日興さんにも配ってもらっています。政治家と官界の方は主幹事の野村さんが引き受けています。大騒ぎするような話ではなく、いつもやっていることです」

東京地検特捜部が追跡しようとしたのは、この親引けリストの政官界ルートだったのである。元特捜部検事によると、八六年当時、防衛庁のジェット戦闘機導入にからみ、国産か国外調達にするかという問題が取りざたされていた。

高木の証言メモには続きがある。

〈このこと（三菱重工の親引けリスト）を、成田副社長が組合グループや総会屋に流したため、当社はこの総会屋に脅されることになった。総会屋は社長交代や行平の辞任を要求し、三人の副社長が対応したものの駄目だった。そこで総会屋の上森子鉄に仲介を頼んだが、やはりうまくいかなかった〉

上森は当時、四大証券の株主総会を仕切っていた大物総会屋だ。総会屋に会社中枢の暗部を突かれ、大物総会屋を会長の植谷久三の部屋に引き入れて解決を図ろうとしたのである。

〈最終的に責任者の行平事業法人本部長が海外へ転出することで決着をつけた。直属の永田副本部長は、親引け配分は自分の責任であるのに上司の行平専務に責任を取らせたことを悔やんでいた。行平を社長として復帰させるためには当社の業績を伸ばさねばならないと考え、営業特金を拡大させる結果となった。行平はこの法人の暴走をわかっていながら、「自分を社長にしてくれたのは法人営業グループだ」との思いからブレーキがかからなかったのではないか〉

「法人の暴走」とは、実はこのとき、高木が口にした言葉である。

法人営業グループが暴走し社内権力と化していくなかで、対立していた成田と彼に近いリテール派の幹部たちは次々にパージされていった。

「事実を知ることは、寂しいものだ」と嘉本は思う。事実は頑固者で、調査するものをじっと待ち受けているが、出会ったところで歴史は後戻りしない。暴走営業の末に会社は崩壊し、元首脳たちは会社が消滅したからこそ、ようやく口を開いた。嘉本は怒りを通り越して、やりきれない思いでいっぱいだった。

「偉そうに連中は出世している！　そんなアホな」。堀は激怒した。

竹内は誰がトップに立とうとどうでもいいことだ、と思っていた。しかし、この話を聞くと黙っていられなかった。上司の長澤たちと憤りをぶつけ合った。

「許せないですよね。ニギリで勢力を増やしたんですよ」

「それで法人の連中は驕り高ぶっていたよな。絶対許せん」

「CB事件ですけど、どこの総会屋にいくら渡したという名簿が、僕のすぐ横を通っていたんですよ」

竹内が言った。当時、竹内は企画室に異動して二年目だった。直接タッチはしなかったが、先輩たちが声を潜めて話をしていた。先輩は総会屋名簿のコピーを指さしながら、「ここにCBが渡った」「ここはまだ入っていない」と話している。極秘案件というより、会社全体で総会屋にCBを渡している、という雰囲気だった。こんな話も耳にした。

「うちの幹部が三菱のCBの枠をもらって儲けたらしいよ」

「え？　どのくらい」

「一千万円投資して、二倍になったそうだ」

「家も建つねえ」

三菱重工から回ってきたCBの親引け枠には余裕があった。山一の幹部は役得でその枠をもらい、他人の名義で儲けた――そんな噂だった。

弁護士の國廣は、不正に手を染めた山一の経営陣が「会社のためにやった」という言葉を信じない。それは自分の地位のためだ、と思うからだ。

「そこに彼らのずるさを感じるよ。そこで『おかしい』なんて声を上げると、組織からスピンアウト（はみ出す）してしまう。まじめすぎる人は、抱え込んで死んでしまうんだ」

CB事件やそれがもたらした暴走営業という言葉は、結局、調査報告書には盛り込まれていない。社内調査は、債務隠しがなぜ、あるいは誰によって行われていたのか、そしてペーパーカンパニーを駆使した構図の解明に重点が置かれていたからである。それでなくても調査の範囲は、国内から海外へ、そして大蔵省へと次第に広がり、時間は容赦なく過ぎていった。

CB事件の闇については、嘉本たちが腹深く飲み込むしかなかったのである。時折、思い出すたびに疼きのようなものが走った。

3　前社長は語る

行き先を告げずに、嘉本はアジトを出た。朝から少し緊張していた。

前社長の三木淳夫と会う約束を取り付けていたのである。面談場所は、社員やマスコミの目を避けて新宿のホテルの小さな部屋を選んだ。

いま、三木は「容疑者」と呼ばれる身である。総会屋への利益供与事件で四ヵ月前の九月の終わりに逮捕され、五十日余も勾留されていた。保釈されたあと、今度は簿外債務事件でSESCや特捜部の追及を受けている。マスコミは、山一破綻の責任者として簿外債務事件でも逮捕されるだろう、と報じていた。

「社内調査委員会のヒアリングを受けてください」

つてを頼って嘉本は三木に要請をしていた。何しろ、三木は取締役企画室長から数えても十一年間、経営の中枢にいたのである。その三木が再び捜査当局に囚われる前に、口を開かせることができれば、社内調査は一気に前進するだろう。債務隠しを知っていたと思われる山一幹部は、会議出席者などを数え上げると三十人前後にも及ぶことがわかってきた。債務隠し事件は組織犯罪の疑いが強いのである。ところが、元幹部のなかには、行平と三木だけの責任にして、自分は逃げようという者もいた。三木前社長には彼なりの言い分があるはずだ。社員に代わって前社長を質すことが自分の義務のような気持ちがしていた。

三木は総会屋事件で逮捕されたあと、マスコミだけでなく、かつての部下や先輩たちからも叩かれていた。三木を責めれば自分たちの罪が軽くなるとでもいうように、前社長批判の言葉は辛辣を極めた。

「三木はメッセンジャーボーイが少し偉くなったぐらいのものだ」

そう評したのは、先輩の元副社長である。三木に仕えたこともある元専務は言った。

「三木氏は大陸的な大物なのか、小物なのか、よくわからなかった。我々がいろんなことを言っても真剣に受け取らないところがあり、適当にやってくれ、というニュアンスで、それが大人の風格に見えた。行平さんもそうだったが、『嫌なことは、あまり自分の耳に入れないでほしい』というスタンスだった」

しかし、嘉本や橋詰は、手のひらを返した彼らのように、三木を叩くことができなかった。社内には三木たちを囲む「福岡会」という社内懇親会があった。その一員であった橋詰は、すべての事件が終結したあと、力も財産も失った三木を郷里に招待して慰労している。

一方で、そうした私情は捨てなければ、独自にヒアリングをする意味はない。SESCを交えずに聴取することや、会社ではなくホテルで行うことを決めたのは嘉本一人の考えだった。

「やあ、苦労をかけるなあ」と部屋に入ってきた三木を見て、嘉本は少しほっとした。それはいかにも自然で、話す覚悟をして臨んでいるようにも見えた。

しばらく雑談が続き、三木が不意に切り出した。

「自主廃業のときですけどね」

「はい？」

「行平さんは何か、おっしゃっていましたか」

「いや、会社にはお見えになっていなかったと思いますよ」

「そうですか……」

小さなため息のようなものが漏れた。行平は絶対的な上司だった。その人物は廃業が決まった時にどう対応したのか、三木には気になっていたのである。

嘉本は受け流して質問に入った。

「バブル期のことですが……」

三木は小さなテーブルに置いたメモに目を落としたまま、告白を始めた。

「あのころ、金余りによる資産運用時代を迎え、山一も押せ押せで一気に資金の囲い込みに動いていました。その先頭に永田元雄専務が立ちました」

永田専務とは、幹部たちが何度も口にした行平の側近である。一九九三年のＤＤＩ（第二電電株式会社）株の上場をめぐる売買でも大成功した実力者だった。

「その運動の本質……法人営業の暴走を止められなかった理由はなんだと思われますか？」

「やはり、永田専務の性格や考え方が大きいと思いますね。彼は右肩上がりのマーケットの時は、たとえ損が出ても、その実損は表に出さずに飛ばし続けていれば、いつか相場が解決してくれる、という哲学を強く持っていました。

この考え方と彼の性格が、問題のあるファンドの整理を遅らせた理由と思えます。彼が臆病で気が小さい人なら、早く投げていたでしょう。そうでなかったから、逆に『飛ばしのために、もっとカネを集めてこい』となっていった」

嘉本はいつものように録音機は使わなかった。その人が本当に語ったことでも、その言葉が必ずしも真意であるとは限らない。口から出たそのことよりも、その人が本当に言わんとすることのほうが大事だ。真意を聞き出すことこそが自分たちのヒアリングなのだ。そう思っていると、話が妙なところに飛んだ。

「『飛ばし』は、損害保険会社の頭のいい人が考えたアイデアなんだよ」と言い出したのである。そして、三木は損保業界大手の名前を挙げた。

「その損保はね、決算の数字作りに困ることのないように、決算期の違うファンドを最初から二つ作って、うちうちで操作できるようにした。最初はうちうちでやっていたものが、だんだん他社のフトコロも借りるように変形していったんだね」

「飛ばし」は投資家や株主の目をごまかす事実上の粉飾決算である。それを損保が考案し、証券会社だけでなく、銀行など金融界全体で重宝した、と三木は言った。だが、嘉本はその話に深入りしないように努めた。

三木を始め、元首脳たちはそろって、「暴走の中心にいたのは永田だ」と主張している。彼らが談合していることはないだろうが、非難の矛先にいる永田は故人で、もはや話を聞くことはできない。そのもどかしさをぶつけるように、嘉本は質問を続けた。

「三菱重工CB事件は経営に影響がありましたか?」

その事件は法人支配を確立させた重要な分岐点だったはずである。

「あれから法人(営業グループ)をグリップする者がいなくなってしまいましたね」

「法人部隊に対し、行平さんが甘くなったということですか」

「その通りです」

と三木は視線をそらしながら言った。

やはりそうか。三木にも法人営業グループの暴走はわかっていたのだ。

行平には、ヒアリングの申し入れはしていない。行平については、SESCが大蔵省の関連施設で事情聴取をすると連絡があり、嘉本がその場に同席する了解を取り付けていた。行平は会長時代でも嘉本との面会を断っており、気を許して本音を語るとは想像できなかったからだ。

窓の外は凍てついている。ぱらついている雨は雪に変わろうとしていた。天気予報はあす、都心が大雪に見舞われるだろうと告げていた。大雪や嵐がやってくるとわかっていれば、誰でも身構える。会社に近づく異変に対して、三木や行平たちはどう対応しようとしたのだろうか。

「ニギリ営業を批判して、社外に出た副社長がいたという報道がありましたが……」

「彼が正面から批判したかどうかはわからないがね」

三木は前置きして嘉本をじっと見た。皮肉っぽい光が目に宿っている。

「彼の批判は結果からみれば評価できますよ。しかし、批判だけで実際には何もしなかった。実際には、彼の煮え切らない態度で、貴重な時間を空費した結果になりました。これも（簿外債務の）整理が遅れた原因だと思いますよ」

「では、どう収束されようとしたのですか？」

地検特捜部の検事なら焦れてドンと机を叩くところだろうが、嘉本は辛抱強く言葉を待っている。

「八九年の暮れには株価は天井をうち、優良銘柄株はその半年前に天井をつけていた。ところが、そのころも当社は一生懸命、資金を集めていた。ファンドを縮小しようとしたのだが、資金がショートしそうで（取引企業から）次々にカネを借りている状況だったな。これはいかん、ということで実態調査を始めたんです」

拘置所暮らしが続いた割には、三木の言葉には疲れが見えなかった。

三木によると、調査の結果、事業法人部門の運用金額は、九〇年二月の時点で一兆八千億円から一兆九千億円、含み損はその七％にもあたる千三百億円から千四百億円に達していることが判明した。運用金額や含み損の金額に大きな幅があるのは、ファンドを管理把握する人間がいなかったためだ。法人営業部門の統率も取れず、二週間ごとに報告させると千億円から二千億円も数字が動いたという。

「中身は相当ひどくメチャメチャらしいとのことでした。ファンドの取り組み方についてもバラバラで、一貫した方針は全く感じられませんでしたね。私や管理担当の副社長は残念ながら、現場を知らない『内務官僚』と呼ばれていて、あれこれ意見を言う状況には全くなかった」

九〇年の時点で山一はもう破滅的状況だったのである。

「歯止めをかけることなどできなかった。既に敗走状態であり、踏ん張って陣形を組める状況になかった」と三木が語るくらいだから。

山一の破綻を追跡するとき、この一九九〇年という年は大きな意味を持っている。行平は八八年九月に社長に就任し、九〇年元旦を迎えた。ところが、前年の急騰相場の反動や金利高などを背景に、東京株式市場は年明けから急落した。日経平均が史上最高値を付けた直後だったから、行平は天頂からジェットコースターで急降下する心境だったであろう。

九〇年三月期の山一は表向き、二千三百三十六億円の経常利益を捻出し、「史上最高の決算」を演出したが、そのころには株、債券、為替のトリプル安が加速し、バブル崩壊は誰の目にも明らかになっていた。

では、このころ、行平と次期社長候補の三木たちは何をしていたか。行平が社長ポストを譲るのは九二年六月である。

　嘉本は元副社長の小松正男から次のような話を聞いた。小松は先述のとおり、三菱重工CB事件についても証言した、事業法人部門の実力者である。

「行平氏が社長になってしばらくして、『営業特金を全部整理してくれ』と言われ、整理委員会ができた。本当に整理するのであれば、その方法は、顧客に損を引き取ってもらうか、補塡で決着をつけるかしかない。だが、行平社長も法人問題についてどうするのか、結論を出すことはできなかった。補塡もしない、相手とけんかもしないということになった。結局、証券会社の経営者は強気でないと務まらないところがあり、ただ相場の回復に期待したということだ」

　相場回復という「神風」が吹くのを待っているうちに、「平成不況」は進んでいく。時は失われ、思わぬ事態が待ち受けていた。

　九一年六月、四大証券の損失補塡が明らかになり、大蔵省が各証券会社の特別検査に乗り出したのだった。さらに証券取引法を改正して損失補塡に罰則規定を設けることを発表した。SESCの設置もこの時に決まったことである。

〈私たちは私たちを変えてゆきます〉

　山一が一面大のこんな広告を主要新聞に掲載したのは、その九一年の秋であった。

もうニギリ営業や損失補塡は繰り返しません、という宣言である。同時に、山一倫理綱領を制定し、社内目付け役の業務監理本部を新設した。しかし、首脳陣の意識と行動はまったく変わらなかった。

山一の首脳はここで二度、極秘会議を開いている。いずれも、社員の目に触れないように、土曜や日曜日に都内のホテルにこっそりと集まった。のちに、調査委員の長澤がホテルの請求書などからその開催を裏付けた会議だ。以下は再び、三木のヒアリングにおける証言である。

「それで九一年八月に（ホテル）ニューオータニに集まって、含み損の実態報告が行われた。その年の十一月には改正証取法の施行も近づいてきたので、ホテルパシフィック（東京）に集合してみんなで収束のため頑張ろう、悪く言えば顧客企業に含み損を抱えたファンドを押し付ける、ということだった。行平社長や延命副社長、担当者で処理にあたったが、翌年一月に結果を聞いたら、『全滅した。押し返された』というんだ。私や白井さんは、だからといってそれを山一のペーパーカンパニーで抱えることは考えてもいなかったがね」

三木が引き合いに出した白井とは、当時、経理担当常務で後に総会屋事件で逮捕される白井隆二のことである。

　後日、彼は三木に続いて嘉本のヒアリングに応じた。ホテルパシフィック東京の秘密会議の模様を質すと、白井は自分だけが異論を唱えたと主張している。

「顧客がどうしても引き取らない損失が千二百億円もあった。『やむなく山一のペーパーカンパニーに沈める』と、木下公明氏からスキームの説明があった。私は『これは会計問題である。公認会計士に聞いてみる』と反対したんだ。だが、延命副社長から『公認会計士に聞かなくてもよい。ＮＯと言われれば、うちが潰れるから』と言われた。それで、行平社長が『これしかない』と断を下したんです」

　白井によると、会議が終わって次のようなやりとりが交わされた。

「三木さん、これでいいんですね」

　白井は三木をつかまえて話しかけた。

「経理としては責任が持てません」

　すると、三木が向き直った。

「どれくらい保《も》つかね？」

　ペーパーカンパニーに沈めた簿外債務のことである。延命は簿外債務のことを「パンドラの箱」と呼んでいた。ギリシャ神話のパンドラの箱の底には、「希望」が残っているのだが、延命によると、「箱を開けたら山一は終わる」というのである。三木の質問はその箱の秘密はいつまで保てるだろうか、という意味だった。白井は即答した。

「わかりませんが、三年くらいでしょう。SESCの検査もあるし、公認会計士もいる。どこでどうなるか責任持てません」

「けれども、行平さんがこれしかないというからしようがないでしょう」

三木の返答に白井はがっかりしたという。しかし、その話を六年後に白井のヒアリングで知った嘉本はさらに落胆した。

白井でなくても、数年後に簿外債務が発覚し、取り返しのつかない事態に陥ることはわかる。わかっていて、白井やそのほかの首脳は何をしていたのか。

白井は嘉本に対して、先送りの内幕をこう表現した。

「いつもそうだったが、会長と社長のハラが固まっていなかった。どんな意見具申をしても、上のハラが固まらないとどうしようもなかった」

社長となる三木と、副社長に出世する白井が「しようがない」と漏らしたのは象徴的だ。実際には白井を含めて、山一には代表権を持つ副社長が五人もいたのである。何のための代表権であろう。ワンマンの行平の下で先送りを傍観していただけの代表取締役だったのである。

会社という組織をどうしようもない怪物に喩える人は多い。しかし、会社を怪物にしてしまうのは、トップであると同時に、そのトップに抵抗しない役員たちなのである。

三木は抵抗をしなかったために、最高実力者だった行平以上に重い罪を背負うことになった。彼は総会屋への利益供与事件で有罪判決を受けたうえ、簿外債務事件で行平とともに証券取引法違反（有価証券報告書の虚偽記載）と商法違反（違法配当）の罪に問われた。

一審は懲役二年六月の実刑判決である。一方、粉飾決算の端緒を作った行平は懲役二年六月、執行猶予五年と猶予刑であった。裁判所は、会社の権力は会長ではなく社長にあり、実際に経営改革に踏み出さなかった三木の責任が最も重いと認定したのである。実刑と猶予刑の判決が二人に言い渡された瞬間、三木は驚きのあまり、息をのんで裁判長を凝視した。立ち尽くすその表情が、「なぜ、ドンの行平よりも私が重いのか！」と語っているようであった。

三木は記者の取材にも応じないまま控訴し、逮捕から三年半後にようやく懲役三年、執行猶予五年で落ち着いた。そのときには、損害賠償請求訴訟や旧山一との和解で財産のすべてを失っていた。

二時間のヒアリングが終わったのは午後五時半だった。

新宿のホテルを出ると、冷たい小雨は雪に変わっていた。

「駅まで車で送ります」

嘉本は三木に声をかけた。

「いや、いいよ」

三木はつぶやくような声を残して、新宿駅に向かって歩き出した。もう社用車を使える立場にはない。人目を避けてホテルに電車でやってきた。帰路もサラリーマンに混じって電車で帰るのである。ちらつく雪の中を前社長の後ろ姿が遠ざかっていった。これからさらに簿外債務事件の取り調べや株主代表訴訟が彼を待ち受けている。

嘉本はホテルの玄関に立ち尽くした。三木はいい人だった。だが、経営者としてはどうだったのだろう。

――いやいや、それ以上、考えるのはやめよう。

嘉本は首を振った。事実が判断することだ。気づいたときには、三木の小さな背中が新宿の雑踏に飲み込まれていた。

九章　魂の報告書

1　去りゆく者たち

山一の取締役会を写した一枚の写真が残っている。

「もう最後になるかもしれないからな。役員会の写真を撮っておこうよ」

三月中旬、代表権を持っている常務の飯田善輝《いいだよしてる》はそうつぶやいて、買ってきた使い捨てのパノラマカメラを出した。本社十五階にある役員会議室のブラインドはほとんど上げられたことがなかったが、眼下の隅田川沿いは二週間もすれば花見客で賑わうことだろう。その花が散り始めるころ、山一社員は全員解雇されるのだ。

飯田のパノラマカメラを持たされた社員が端の方からファインダーを覗くと、楕円形のテーブルの中央で、社長の野澤正平が首を少しひねってこちらを見た。目はどんよりと悲しげだった。その反対側に大きな頭の飯田。背筋を伸ばし身を乗り出している。出席者のほとんどは不思議なほど柔らかな表情を浮かべていた。

三木社長のころに四十人もいた役員は、野澤の時代に二十七人にまで削減されている。それが破綻から約一ヵ月後に若手の三人が辞め、無給になった翌年一月には二人、三月には七人と、次々と会社を去っていった。部下よりも早く会社からいなくなり、社員の顰蹙《ひんしゅく》を買った役員もいる。六月の株主総会の時点では三分の一の九人しか残っていなかった。

嘉本は何事にも理屈を欲しがる人間である。「少なくとも常務以上の役員は株主総会でバッシングを受け止めないといけない」と考えている。株主や社員の罵声を浴びることも役員のけじめなのだ。

ただし、役員も社員同様、仕事の始末をつければ速やかに退社することになっていた。三ヵ月間、役員は無給だったが、とても生活していけないため、四月からは少額だが給与が復活することになっている。それも無駄な役員は抱えられない理由だ。

調査委員で取締役の堀嘉文や杉山元治も三月末で辞める組である。西首都圏本部長の堀の場合、これまで支店を回って清算業務の督励をしたり、幹部たちのヒアリングをしたりしてきたが、一応のメドをつけたから退任したい、と言ってきた。富士銀行系列の大東証券（現・みずほ証券）大阪支店長として再就職することを決断したのだった。解雇される支店社員も集まってくるという。

「嘉本さん、関西に戻らせていただきます。国破れて山河あり。わしらは戦に負けたんや。戻ってやり直しますわ。家族と暮らすのは七年ぶりです」

堀の言葉に嘉本は寂しそうに言った。

「そりゃあ、しゃあないなあ」

堀家の米びつがほぼ尽きたこともあったが、恰好が悪いのでそうは言えなかった。

こうして、七人の調査委員のうち取締役二人が欠けることになった。さらには、頼りにしていた竹内や横山も、「社員全員解雇」の方針に沿って辞めてもらうことになっている。残るのは役員の嘉本と橋詰、そして一時的に再雇用された補佐役の長澤である。アジトの中を冷たい風のようなものが吹き抜けていく。

一方、三月末までにまとめると約束した調査報告書はなかなか出来上がらなかった。「二月中にメドをつける」と内部の会議では誓い合っていたが、報告書をリライトする弁護士の國廣正は一心不乱に書いては直し、直しては補足している。

「本当に報告書を発表できるのだろうか」。壁に張ったカレンダーを見るたびに、嘉本の胸の中に焦りと心細さが重しのように沈んでいく。

嘉本や橋詰もまた、深刻な悩みを抱えていた。山一株を購入した株主の一部が「被害者の会」を結成し、同社の役員相手に損害賠償請求訴訟を起こそうとしていたのだった。二千六百億円の債務を隠し、有価証券報告書に虚偽の記載を続けた。その結果、大きな損害を被ったというのである。

「行平や三木が訴えられるのは当然としても、何も事情を知らなかった俺たち役員までがどうして訴えられなければならないのか」

そんな不満を抱いている役員たちの中に、嘉本は大きな石を投げ込んだ。

社内調査の結果は予定通り公表する、と取締役会で改めて宣言したのである。三ヵ月前の部店長会議の場で、嘉本は「社員にちゃんと報告をする」と大見得を切っていたからである。

「皆様にもご協力をいただき、社内調査を進めてきました。報告書につきましては社員や株主の方々にも公表することを前提にしております。どうかご了解ください」

しかし、詳細な社内調査報告書が発表されれば、株主たちがその報告書を不正の「証拠」として掲げ、損害賠償請求訴訟を起こすことは目に見えていた。OBや社員の一部には、嘉本ら社内調査委員が民事訴訟の圏外にあって調査をしていると受け取られているが、七人の調査委員のうち、嘉本、橋詰、堀、杉山は、取締役の善管注意義務および忠実義務を果たさなかったとして訴訟を起こされる可能性があった。中でも、嘉本、橋詰は常務だから訴訟の対象になることはほぼ確実だ。報告書を実名で公表することは自分たちのクビを絞める結果になるのだった。

公表は部店長会議での口約束に過ぎないし、実名で公表するとも言っていない。公表の方法自体も事実上、嘉本に任されていたのである。しかし、嘉本は事実の公表にこだわった。事実とは調査委員会が知りえた真相のことであり、それを公にするのだ。

——たぶん、会社という組織には馬鹿な人間も必要なのだ。いまさら調査しても、会社は生き返るわけではない。訴えられそうなその時に、一文の得にもならない事実解明と公表を土日返上、無制限残業で続けるなど、賢い人間から見れば、馬鹿の見本だろう。しかし、そうした馬鹿がいなければ、会社の最期は締まらないのだ。

そう考えて腹をくくった嘉本は、國廣や長澤に苦しげに漏らした。

「これは僕らの自己闘争です。事ここに至って、保身をあれこれ考えないでやりぬくしかないんですよ」

だが、公表を恐れる役員たちの危惧は少しずつ現実のものとなろうとしていた。

それは三月二十七日の夕方のことだった。「大阪地裁に提訴」というテレビニュースを見た役員たちが大騒ぎしていた。十二都府県の株主二十五名が損害賠償を求めて、山一と同社の役員、監査法人を相手取り、大阪地裁に提訴したのだ。もちろん、嘉本はその被告の中に含まれている。

「とうとう来るものが来たか……」

覚悟はしていても、嘉本は気落ちを隠せなかった。この後も、嘉本のところには四件の訴状が届き、結局、提訴の数は五件に上った。訴状の一つには、「社内調査報告書」が証拠として採用されていた。嘉本らが訴えられたこの他の訴訟は次の通りだ。

九八年五月一日　大阪地裁　原告十四人　被告　山一證券ほか十一人の取締役（常務以上）
同六月五日　京都地裁　原告一人　被告　山一證券ほか十一人の取締役（常務以上）
同六月十八日　大阪地裁　原告五人　被告　山一證券ほか十二人の取締役（常務以上）
同七月七日　大阪地裁　原告一人　被告　監査法人、山一證券、法務大臣ほか十七人の取締役（旧経営陣の一部と新経営陣の常務以上の一部）

三月末の提訴の前後から、旧経営陣や一部の幹部は公然と調査委員会を批判するようになった。社外調査委員だった國廣正は、監査役たちからも強い異論が出たと証言する。彼の著書『修羅場の経営責任』（文春新書）には、嘉本や國廣が受けた非難の言葉が並んでいる。

「前例がない」「山一自身が事実を調査する必要などあるのか」「公表して名誉毀損などで訴えられたときの責任は誰がとるのか」「マスコミの論調に流されるべきでない」「公表して恥ずかしくない報告書なのか、調査が十分でない報告書を出して山一が恥をかくくらいなら出さない方がいい」「日本は法律的な処理を好まない社会だから法的責任追及を強調しすぎると一般の理解を得られない」

もちろん、國廣は黙っているような弁護士ではない。彼は猛然と反論し、自分の日記にこう記した。

〈いつもながら取締役会での議論には腹が立つ。社員は真相究明を求めている。社員に（ということは社会に対してだ）「調査委員会で真相を究明します」と大見得をきったのは何だったのか〉

國廣はオブザーバーとして役員会に時々出席し、嘉本や橋詰の苦渋を見ていた。そして、取締役会以外でも頭の固い監査役たちと激論を交わした。

嘉本だけでなく、長澤までがその仲裁に割って入ろうとしたこともある。長澤の手帳にこんなメモが残っている。


〈3月6日(金)　新川本社　國廣×監査役　論争〉


嘉本には役員会の場でさほど強い批判を受けたという記憶はない。事実は一つでも、富士山を山梨側から見るのと、静岡側から眺めるのでは姿が違うように、事実の見え方はその人や立場によって変わってくる。國廣は「野心家」と陰口をたたかれるほど大胆で、若い弁護士らしく潔癖なところがあった。

あるとき、國廣は役員会の険悪な雰囲気を、山一の作業部屋でぼやいてみせた。

「取締役でもないのに、お前はなぜこんなところにいるんだ、という雰囲気なんだよ。俺は一人神田でやっているチンピラ弁護士だから、なめられているんだな。企業の人からみれば馬の骨だからね。しかし、邪魔する人がいたのに、野澤社長や五月女会長が黙っているのは許せないよ」

一方の嘉本は絶対に公表すると決意した後は、異論があっても受け流すことにしていた。

嘉本以上に怒ったのは、逆風の中で辞めていく堀や中堅の竹内透だった。竹内は國廣たちから話を聞いてカッとなった。

「幹部たちは何を言ってるんだ。調査して公表することが、山一社員の義務じゃないか」

　竹内と同じ思いの堀はトップに直接、釘を刺すことにした。

　一九九八年三月三十一日。退任の日のことである。堀は退任挨拶を理由に、一緒の部屋にいる野澤と五月女のところに出向いた。

「今日で退任いたします。お世話になりました」

　頭を下げると、堀は怖い顔を作って一気にまくし立てた。

「いまやっている調査委員会のことですが、調査結果を必ず公表してください。私はここまでしかできませんでしたが、あれは世間に公表してほしいんです」

　社長たちは何も言わなかった。堀の言葉だけが社長室に響いた。

「もしにぎり潰すようなことがあれば、私はここに帰ってきます」

2　大蔵省は知っていたのか

　東京をただ一人離れる堀のためにも、嘉本には決着をつけなければならないことがあった。それは、堀がこだわり続けてきた大蔵省の疑惑に関わることだった。「大蔵省は山一の飛ばしや債務隠しを以前から知っていたはずだ」と堀は言い張ってきた。

その大蔵省の疑惑については、前社長の三木淳夫が一月のヒアリングの場で、嘉本に向かって、こう証言していたのである。

「山一と東急百貨店の取引をめぐっては、大蔵省証券局長が飛ばしに関与していた」。それは、堀の推理を裏付ける詳細な内容であった。

問題の取引が始まったのは一九九〇年二月のことだ。山一は東急百貨店に一〇％の利回り保証をすると約束していたが、直後のバブル崩壊で利回りどころか多額の損失を抱えてしまった。

その損失は山一で引き取るのか、それとも東急百貨店が被るのか、はっきりさせないまま、山一は九〇年七月末、九一年一月末、そして七月末と東急百貨店の決算期に合わせて、損失を抱えた有価証券を別の企業に飛ばして凌いでいた。両社が対立するのは、取引開始から一年半後の九一年八月。ホテルニューオータニの極秘会議で、山一が「損失は東急に属しており、引き取るわけにはいかない」と決めたからである。利回り保証を実行しなかったわけだから、その判断は誤りとは言えない。

しかし、両社の交渉は難航し、翌九二年一月には、東急側から「利息分を含め三百十八億円を返せ」という催告状が届く。「万一、返済されないときは、東京地検特捜部に詐欺の被害にあったものとして、行平社長らを告訴し、報道機関に全容を公表する」と催告状には記されていた。

　この問題について、あの新宿のホテルでのヒアリングで、嘉本は尋ねている。

「三木さん、問題になった東急百貨店の催告状については、どのように対応されたのですか」

　すると、記憶をたどって三木が告白を始めたのだった。

「あのころ私は副社長でしたが、大蔵省の松野証券局長に呼ばれて大蔵省にお伺いしました。九二年一月だったと思います。席上、局長から『東急百貨店から、飛ばしの依頼が来ているでしょう。どうするのですか』と聞かれました。私は担当でないのでよくわからない、と答えたんです」

　三木は企画室長のころ、忠実なMOF担と言われた。松野局長とは、そのころからの旧知の間柄だった松野允彦《のぶひこ》のことである。大蔵省は当時、監督下にある証券会社に対して絶対的な指導権限を握り、箸の上げ下ろしに至るまで指図していた。局長の一言ひとことが事実上の行政指導である。

　三木の記憶では、その松野は意外な言葉を口にしたという。

「大和（証券）は、海外に飛ばすそうですよ」

松野のこの言葉は猛烈な毒を含んでいる。東急百貨店は大和証券との取引でも損失を抱えていたが、その大和は海外に損失飛ばしをしてトラブルを回避するというのである。松野は、山一もまた東急百貨店の三百十八億円の有価証券を引き取り、海外に疎開してはどうか——と示唆しているように聞こえる。少なくとも三木はそう受け取った。

「『海外は難しいのではないですか』と私が答えると、松野局長は『うちの審議官が知っているから、聞いて下さい』と言ったんだよ」

驚いた三木は大蔵省から本社にすぐに戻り、副社長の延命の部屋で行平たちに、松野の言葉を伝えた。その場にいた者は一様に、「東急百貨店の件は、大蔵省から『飛ばしによって処理せよ』と示唆された」と理解したという。行平たちはその報告を受けて既定方針を覆し、東急とは争わずに損失を引き受ける方針に大転換した。

「この件を法人営業本部長らに報告した時には、喜んでいましたね」

取引先の東急百貨店と大喧嘩をせずに済むからである。しかも、それは監督官庁のお墨付きなのだ。さらに三木は次のように語っている。

「あのあとに、松野証券局長にお会いしました。私が『(東急百貨店の件を海外に飛ばすことは)資金繰りなど自信がありませんので、国内で処理することにいたしました』と述べたところ、松野局長から言葉をかけられましたね。『ありがとうございました』だったか、『ご苦労さまでした』だったか。そんな言葉でした。

そのあとにも大蔵省を訪問したとき、局長からこう言われました。『山一にすればたいした数字ではない。ひと相場あれば解決ですよ。なんとか早く解決してくださ い』と」

調査委員会は東急の飛ばし問題やこの三木証言を無視できなかった。東急百貨店との取引で生じた損失は、その後、山一のペーパーカンパニーに隠され、約二千六百億円の簿外債務の一部となったからだ。

だが、三木の告白の問題点は、その真偽を確認することが難しいことである。この問題はすでに国会などで追及されていたが、松野は面会の事実は認めながらも、「飛ばし」の示唆については否定していた。

――裏を取れない三木証言をどう扱えばいいのか。

嘉本たちの覚悟を試すかのような悩みだった。國廣や長澤らを交えた話し合いが続いた。

「これは調査報告書に記載しないといけない問題だよ。しかし、証券局長が否定し、大蔵省自体に問い質していない以上、調査報告書に記載すれば山一社内調査委員会の一方的な事実認定と言われかねないな」

國廣の言葉に嘉本が答えた。嘉本にしては大胆な発言だった。

「山一の債務隠しは、監督官庁の大蔵省が目をつぶってきたことで可能になったのではないですか。会社を潰した犯人の一人は旧経営陣ですが、犯人はもう一人いたのではないかと思いますよ」

嘉本はそれ以上、言わなかった。犯人というのが言い過ぎならば、大蔵省が債務隠しの犯罪を見逃し続けてきたのである。

松野の後輩にあたる大蔵省証券局長の長野厖士は、山一が自主廃業を決議した際、「市場が無理な経営をとがめる形で動いてくれるのは、ビッグバン（金融大改革）をやりたいと思った人間としては望ましいことだ」と言い切っている。

「しかし、そんな大見得を切れるほど、ご立派な監督行政だったのか？　少しは自分たちの行政のあり方を省みてものを言う謙虚さがあっていいんじゃないか」

嘉本のそんな考えは堀に近いものがある。

大蔵省に手紙を出してはどうか、という意見もあった。しかし、國廣があっさりダメ出しをした。

「大蔵省からは返事がないだろう。あったとしても、紋切り型の答えしか出てこないだろうから、無駄なことだね」

「何があっても記載すべきですよ」

長澤は強硬派である。嘉本が言った。

「山一證券社内調査委員会ときちっと書いて、質問書を証券局に送ろうか」

「それも送ったという事実だけが残って、回答は期待できない」

「でも、送ったという事実が必要じゃないか」

最後に、國廣が知恵を出した。

「こちらで認定した事実を淡々と記し、ただし書きをつけましょう。他方の当事者である大蔵省側からは事情を聞いていない、と」

「そうだ！　そうしましょう」。みんながうなずき、意地を通すことでまとまった。

「死んだ会社は強いな」

アジトにいた委員たちは一様に、嘉本の言葉にうなずいた。國廣も同じことを考えている。

「確かに、生きている会社だったら、大蔵官僚の逆鱗に触れるようなことはしないだろうな」

消えて行く会社だからできることも多い。嘉本は長澤たちにこんな話をした。

「これまで、企業不祥事の社内調査は、社長が会見するときの道具とされてきたよな。だから社内調査などハナから信用されないんだ。しかし、僕は、社内調査でも一定の条件の下では、外部の調査委員会とはまた違った強みを発揮することがあると思うよ。社内調査の武器はなんといっても、社員による社員のための証言だ。破綻したという現実は、真実の証言をしやすい環境となっているよね」

ただし、委員たちの中には、大蔵省が指導する金融界にとどまり、そこで再就職して生きて行かなければならない者もいる。あれこれ思案の末に、國廣は調査報告書の中に、五ページを費やし「東急百貨店問題」と別項仕立てにすることにした。そしてこんな注釈を付けた。

〈松野元証券局長は、衆議院及び参議院において、三木副社長に会ったことは認めるものの「飛ばし行為についての証取法の解釈について一般的に説明したに過ぎない」等と述べている。

この意味で、松野・三木会談に関する三木副社長の記憶が当然に客観的真実に合致するものであると断定することは困難である〉

一見、大蔵省に配慮したようにも見えるが、最後の文章には次のように嫌味を効かせている。

〈なお本件については、その後、大蔵省からは何らの問い合わせ、検査等も行われていない〉

3　カメラと抵抗

楕円形のテーブルを撮影用のクレーンが見下ろしている。

二十七人の取締役が自主廃業を決議した役員会議室。社長の野澤が座っていた椅子に強いライトが当たり、クレーンで持ち上げられたテレビカメラがその丸い光を凝視していた。

「社長はあの経営破綻の時、何を考えていたんだろう」

嘉本の秘書だった郡司由紀子は、役員会議室の隅でぼんやりと考えていた。目線の端には、NHKのテレビモニターがある。

役員の聖域だった役員会議室にNHKの経済部記者や撮影スタッフが入り込んでいた。「クローズアップ現代」の取材班が、番組の撮影現場の一つとして選んだのである。

「山一には自主廃業以外の選択肢はなかったんだろうか。この会議室で飛ばしの相談をしたこともあったのかしら……」

撮影現場に立ち会っているだけなのに、思いが途切れることがない。山一はこれでもう、お仕舞いという撮影なのだ。「会社がなくなる」と郡司が実感したのは、カメラが聖域を侵したこの撮影現場だった。

彼女は、NHKの撮影をめぐって、嘉本と山一広報部との間で応酬があったことを知っていた。広報部は規則を楯に取材班を入れることに強く抵抗したのである。嘉本は、山一の消えゆく姿を、映像に記録しておきたいと考えていた。

前年十一月に山一が破綻したあとは、ネガティブなニュースと映像の洪水だった。

「本当の姿を系統的に記録してほしいな」

ある日、自宅に夜回り取材に来たNHK経済部の記者に愚痴を言った。すぐに番組ディレクターが訪ねて来た。「密着取材をやらせてくれ」。

嘉本は野澤に掛け合った。

「NHKの撮影チームを社内に入れたいのです。否定的なニュースだけでなく、ちゃんと記録に取っておきましょう。社長も旧経営者に言いたいことがあるはずです。言うべきことはマスメディアに主張していくことも大切じゃないですか。言いましょう」

野澤は例によって、イエスともノーとも言わない。だが、陰口をたたく幹部がまたも現れた。「嘉本がまた、しゃしゃり出てきた」。山一の経営企画室付部長だった石井茂は、彼の著書『決断なき経営』（日本経済新聞社）で厳しく批判している。

〈権限がなくとも、意図が正しければ許されるという感覚もある。例えば、山一最後の局面で山一證券本社にNHKのカメラが入った。テレビカメラは原則としていれないということであった。広報室は最後までこのスタンスを守っていた。ところが、業務監理担当常務の判断でカメラが入ることになった。広報の担当でなくても、そうするのが正しいということで進めていたのである。

誠心誠意の主張が正しいとは限らない。問題を一面的にしか見ていない場合や、信念が思い込みに過ぎない場合も多く見られた。しかも、本人は心から正しいと思っているのであるから、自分の主張に対して疑うところがない。場合によっては、自分の主張から外れる人間は誤っているという独善的な部分もある〉

三月末で社員は全員解雇される。

——もう寿命が尽きかけた会社の何を隠そうというの。最後ぐらい包み隠さず教えてよ！

郡司は取材班に向かって叫び出したい衝動に駆られた。

4 執念の成果

重さ二キロもある板看板には、艶やかな漆黒の塗りに金文字で屋号の「〈一《ヤマイチ》」が刻まれていた。その下に〈證券業　山一證券株式會社〉。左脇に添えられた支店名と住所も、これまた派手な金文字である。証券業がまだ免許制だった時代の名残の金看板だ。

一九九八年三月三十一日は全社員解雇の日だった。最後まで残っていた四十の支店が閉鎖されると看板は外され、証券会社に付き物の神棚や神具とともに、いつの間にかどこかに消えた。

営業本部を統括する常務の仁張暢男は全支店にファックスで情緒的な挨拶文を送った。残務は、菊野晋次が率いる清算業務センターに引き継いだ。

〈本日、全支店のシャッターが閉じられます。誠に万感胸に迫るものがあります。
皆様方を取り巻く大変な悪環境の中で、酷《きび》しく、辛く、また、むなしさの残る清算業務を長期間にわたり、最後まで粛々と遂行し、完了していただきました。そのご努力と責任感に対しましては、同時代に生き、同じ厳しさを共有してきました営業本部

の仲間として誇りと感動と感謝の気持ちで一杯であります。（中略）
　素晴らしい未来は必ず存在します。辛かった過去を明るい未来に変えていかれますよう、自分自身の未来と、その持てる力を信じ……新しい道を切り開いていってください〉

「あの金看板をこっそり持って行った社員がいる」

　東京の社員たちの間に、そんな噂が流れた。

「死んだ会社の看板など、いまさら何にするのだろうか」

「いや、いつか山一を再興しようという人がいるらしいぞ。あれを押し立てて」

「お家再興か。錦の御旗も必要だからなあ」

　首をかしげる者を尻目に、女性社員たちは制服やバッジに加え、山一の錦の御旗であった社旗を自宅に持ち帰った。それは横一・二メートル、縦九十センチ。染み一つない白地に、「〈二」の文字が赤く染め抜かれ、眩しく映えている。

　人事担当の女性社員は、社旗を丁寧に畳みながら仲間に告げた。

「会社の命日にこの旗の下で毎年、会いましょう。会社が無くなるこの悔しさを忘れないようにしましょうね」

毎年会社が破綻した十一月になると、同窓会を開いて会場の真ん中に飾るというのである。

社員たちが次々と本社や支店を後にするころ、嘉本は顔を歪めていた。睡眠不足のために目の下にしわが寄り、くまができている。連日、午前零時過ぎまでヒアリングメモを書いたり、話し合ったりしたが、報告書はとうとう間に合わなかった。去っていく社員に合わせる顔がない。三月末までに社内調査報告書をまとめるのは、彼の人生の目標になっていた。見返りのない調査だっただけに、彼の心のミッションは純化されていて、達成できないとわかると、自分の非力が情けなく涙が出そうになった。

頭を垂れていると、長澤が声をかけた。

「残念ですが仕方ないですよ。中身を読めば社員はみんなわかってくれます」

長澤は求職活動をしていない。それを誰にも告げていなかった。調査のかたわら、嘉本や橋詰らがアジト仲間の再就職に気を揉んでいるのを知っているので、長澤はその話題は避け、今日あすのことしか考えないようにしているのだ。妻はやきもきしていたが、嘉本一家から離脱することはできなかった。

「嘉本さん、私は転職先が近いから毎日、お手伝いにきますよ」

竹内は業界団体の日本証券業協会に再就職が決まっていた。山一本社とは歩いて十五分ほどの距離だ。仕事が終わったらアジトに通うというのである。

郡司由紀子も殊勝なことを言った。「六月の株主総会までは見届けますからね」。清算業務と調査委員会の事務を掛け持ちしている。

社内調査報告書は大筋、できあがってはいたのだ。しかし、訴訟が現実の問題となり、報告書に記載する大蔵省や旧経営陣からの反論も予想されるいま、一つの間違いも許されなかった。報告書を書き直す國廣は画期的な内容のものを残したいと意気込んでいる。

「冒頭に、用語解説や背景事情も盛り込みましょう。嘉本さん」

「そんなものが要りますか？」

「この報告書は社員やマスコミ、一般の人も読むのですよ。現先取引や営業特金という言葉は普通の人にはわかりません。載せましょう」

嘉本の承諾を取り付けると、國廣は長澤や竹内に説明させ、解説文を練った。時間をかけ、知恵を出し合っただけあって、それは従来の会計用語辞典にもない内容で、しかも平易な記述となった。例えば、「営業特金」は金融界で考案された俗語だが、それをこう表現している。

〈いわゆる「営業特金」とは、特定金銭信託の形態を取りながら、投資家や投資顧問会社にかわって、事実上、証券会社の営業部門が運用を行う場合の俗称である〉

「ニギリ」「飛ばし」「簿価」「評価損」「簿外債務」……こうした工夫を凝らした用語解説は八ページに及んだ。

報告書の初稿が出来上がったのは、全店閉鎖から一週間が過ぎたころだった。竹内も交えて報告書全文を読み合わせ、訂正したものを四月十三日の役員懇談会にかけた。株主やマスコミの注目を集めているため、後で不満が出ないよう、嘉本はその全文を長澤に読み上げさせた。

「では朗読をいたします。第I章　社内調査委員会……」

長澤の声より早く、ページを目で追う役員の間から「うーん」という小さな驚きの声が上がった。報告書が百六ページにも上り、簿外債務に関係する山一の幹部はすべて実名表記だったたからである。

「山一證券には、今回の営業休止に至った最大の原因である『簿外債務』に関する事実を明らかにする義務がある。これは多大な迷惑をかけた株主、顧客、取引先、職を失った全社員とその家族に対する義務であるとともに、本件の社会に与えた影響の重大さに鑑み、社会に対する義務でもある」

簿外債務が発生した原因、その隠蔽と管理手法、海外の債務隠しの実態、そして簿外債務のために営業休止に至った詳細な経緯――。報告書は、一九八五年から約十三年間の山一の不正の歴史を実名で検証し、元社長の横田良男や行平次雄ら権力者たちの営業姿勢を弾劾していた。

「よくぞ、隅々まで調べ上げたものだ。『法人の山一』の内情はこんなものだったのか。何をやっていたんだ」

仁張は調査委員会が明らかにした内容に驚きを隠せなかった。

「突然の自主廃業に、『なぜ、山一は破綻したのか』と悶々とした社員もいただろう。『いまさら犯人探しをしても仕方ない』という人間もいたが、この内容自体に文句をつけられる人間はどこにもいないだろう」

報告書の読み上げは二時間半に及んだ。それを「もういい」と止めようとする役員は一人もいなかった。圧倒されたのだった。

執筆担当者である弁護士の國廣によると、その場で監査役から次のような指摘があったという。

「社内調査委員会の報告だから、社長と取締役に報告すれば足りる。公表すべきではない」

「内容自体が膨大で、即決できない」

しかし、仁張や嘉本らはその抵抗が形ばかりのものであると感じ取っている。取締役たちは何も言わず、暗黙の同意を与えていた。

調査委員会はこの報告書をまとめるために、百人を超す山一関係者と面談していたが、そのうち七割の幹部のヒアリングに嘉本は携わった。証言の真実性と報告書の出来栄えに強い自信を持っている。旧経営陣については、上下関係や相性を考慮しながらヒアリングの担当者を決め、SESCの権威も借りた。

役員懇談会の最後に、嘉本は役員たちに念を押した。

「この報告書に事実と異なることがあれば、私に申し出ていただけませんか。直すべきところがあれば、事実とその客観性に照らして直します」

懇談会が終わって、嘉本が会議室を出ようとしたとき、彼のところにすっと寄ってきた者がいる。國廣と激論を交わしてきた監査役だった。何を言われるのか、と一瞬身構えると、耳元でささやきが漏れた。

「知らなかったことをたくさん教えていただきました。ご苦労様でした」

報告書の内容は承認されたのである。

一方、國廣は作業部屋で待ち構えていた。訂正を求めてくる幹部で長蛇の列ができるかもしれないと思ったのである。ところが、表現を直してほしい、と言ってきたのは二、三人だった。その夜のことを國廣は作業部屋で漏らした。

「どこに文句があるのか、と思ったら、『私の名前は出てこないだろうね』といった、せせこましい問い合わせのような話だったな。自分に累が及ばないようにといった、どうでもいいような話だった」


電話の声はひどく険しかった。

「抗議します」という声を聞き取って、長澤は身を硬くした。

四月十六日。社内調査委員会が報告書を公表する日を迎えていた。長澤や嘉本らは取締役会の承認を取り付け、あと二時間ほどで山一證券兜町ビル講堂の記者会見場に出かけなければならない。ＳＥＳＣ（大蔵省証券取引等監視委員会）から電話がかかってきたのはそのときだった。

「山一證券の社内調査報告書のなかで、うちの検査結果通知書を勝手に引用されていますね。これは大きな問題です」

「はあ？」

長澤は少しとぼけてみせた。大蔵省やＳＥＳＣにはこの日になって調査報告書を届けている。あまり早く届けると、役所が野澤社長のところにクレームをつけてきて混乱するだろう。そう踏んで報告書配付のタイミングを遅らせていたのだが、SESC側は嘉本の記者会見の直前に読んであわてて抗議してきたのである。

「社内調査報告書の第II部第III章第III款ですよ。『平成5年大蔵検査』のところだ。大蔵検査の示達書やうちの検査結果通知書が掲出されています。これらは公表すべき性格のものではないでしょう。それはおわかりですね」

「…………」

確かに、嘉本たちは調査報告書のなかで、大蔵省の示達書や検査結果通知書を引用していた。SESCの抗議は表向き、それを問題にしている。しかし、長澤はそうは思っていなかった。

――役所は、われわれの報告書自体が気に食わないんだろうな。

長澤は受話器を握り締めながら、一ヵ月ほど前、SESCに呼ばれた時のことを思い出した。SESC幹部から忠告を受けたのだ。

「山一の調査報告書は公表する意味があるのですか。これはあくまでも個人的な意見ですがね」

それを無視し、取締役会を乗り切ってここまで来たのだが、公表寸前に監督官庁からクレームをつけられてしまった。

長澤は、役所側に不興を買った理由がよくわかっていた。

簿外債務事件の謎の一つは、大蔵省やＳＥＳＣが過去、定期的に山一の検査を繰り返してきたのに、なぜ債務隠しを発見できなかったのか、ということである。

嘉本たちはその謎を追究し、役人たちが最も触れられたくない事実を調査報告書に詳述したのだった。一言でいえば、役所の検査は生ぬるく、山一の債務隠しチームにだまされていた、と記したのである。

ＳＥＳＣには、彼らの事情聴取に同席させてもらうなどの便宜を図ってもらっていた。彼らから見ると、役所を利用しておいていきなり刃《やいば》を向けられたようなものである。

だが、いくら便宜を図ってもらおうとも、役所が甘い検査を続けてきたことに触れないわけにはいかなかった。そんな甘い検査だったたから、山一は債務隠しを長い間、続けることができたのである。その事実は、大蔵省証券局長が東急百貨店の「飛ばし」を示唆した問題と並んで、山一社員たちの大きな関心事であり、マスコミがずっと抱いてきた疑問であった。

焦点となったのは、一九九三年二月から三月にかけて大蔵省金融検査部とＳＥＳＣ

が実施した定例検査である。この検査の過程で、山一證券は債券の取引高上位二十社のリストを提出するよう大蔵省に求められている。

リストの一位は、取引金額が一兆八千五百三十八億円に上るペーパーカンパニー「エヌ・エフ・キャピタル」、二位も実体のない「日本ファクター」。こちらの取引額は一兆四千四百十二億円である。五位、七位も山一のペーパーカンパニーで、いずれも「飛ばし」の簿外債務を抱え込んでいた。

もし、大蔵省やＳＥＳＣに、これらをそのまま記載した二十社リストを提出したらどうなるか――。

〈(それは) 極めて不自然で大蔵省の関心を引くのは明らかであり、この結果、突っ込んだ調査が行われればペーパー会社を利用した山一證券の「簿外債務」が明らかになってしまう。

そこで、山一證券としては、大蔵省に提出するリストにはペーパー会社の名前を記載しないこととし、ペーパー会社の名前を抜いた手書きの虚偽の「上位者リスト」を大蔵省に提出した。

この結果、山一證券はペーパー会社を利用した「簿外債務」を発見されることはな

かった〉
　嘉本らは社内調査報告書にこう記した。大蔵検査とはこれほどずさんなものか、と思わせる記述である。虚偽のリストを提出する山一は許しがたいが、公的な検査機関が虚偽のリストを鵜呑みにするようでは、それはもはや検査ではありえない。報告書はさらに甘い検査の実態をも暴き出していた。
　実は、大蔵省金融検査部やSESCは九三年の検査で、山一の簿外債務の一端をつかんでいたのだ。その不審点を示達書や検査結果通知書に記し、山一側に突きつけていた。ところがなぜか追及はそこで終わっている。そのお役所仕事ぶりを、嘉本たちは報告書にこう書いた。
〈「検査結果通知書」及び「改善指示書」には、「簿外債務」に直接つながった取引につき「不適正・不適切」であるとの指摘がなされているが、大蔵省も「不適正・不適切」という指摘以上に追及を行わず、「簿外債務」の発見に至らなかった。この指摘に対して山一證券も「改善報告書」に虚偽の事実を記載して、「簿外債務」の発覚を逃れようとした〉

もちろん、悪いのは山一證券である。社内監査を担当した嘉本や長澤たちもまた、山一の債務隠しチームにだまされてきたのだから、役所側を声高に非難できる資格はない。

――しかし、そういうみっともない自分たちであっても、四ヵ月に及ぶ社内調査でわかったことは、包み隠さずさらけ出すことが義務なのではないか。

長澤はそう信じていた。だからSESCの突然の抗議にも頭は下げなかった。

「はい、ご趣旨は承りました」

電話を切ると、心配そうに見守っていた仲間に笑顔を向けた。

「もう報告書にみんな書いちゃってるもんね。後の祭りだよ」

その言葉で、みんなの肩の力が抜けた。

記者会見には約百人の報道陣が詰めかけた。「社内調査報告書――いわゆる簿外債務を中心として」。仰々しいタイトルのA４判文書が配付されている。

正面の嘉本を國廣、深澤の両弁護士が挟み、両端に長澤と竹内が座った。竹内はもう日本証券業協会の職員だったが、海外の債務隠しのトリックについて説明できるのは彼しかいなかったのである。山一の社員だった三人はもちろん、弁護士たちも照明やカメラのフラッシュを浴びるのは初めてのことだった。國廣はくらくらとめまいがした。

「会見では僕が泣いてみようかね」

山一本社で冗談を飛ばしていた嘉本は、一時間前、控え室に入ると、五分おきにトイレに立った。想定問答集はなく、ぶっつけ本番である。「大丈夫か」と國廣が見ていられないほどだった。だが、午後四時、会見が始まると、嘉本は息を吹き返したようによどみなく質問に答えた。

「本番に強い男だ」と國廣は感心した。

郡司由紀子がマイクを持って記者席の間を走っている。顔を上気させ、頬が赤く光っている。彼女もまた高揚感を隠せなかった。元社員たちに背中を押され、それぞれが最初で最後の舞台に立っているのだった。

しかし、報道陣の側には調査委員の緊張や高揚を受け止める余裕は全くなかった。調査報告書を事前に入手したＮＨＫを除く記者たちは、報告書に盛り込まれた新事実と詳細な分析に驚き、圧倒されていた。しかも百六ページという分量である。横山が作った飛ばしマップ（図表）などの極秘資料もちりばめられ、臨時の特集面を設けなければならないほどの内容である。会見場から本社のデスクに指示を仰ぐ記者が続出した。

会見に駆り出された社会部記者たちは仰天していた。関与した首脳たちを実名で特定していたからだ。債務隠しの原因から説き起こし、これまで知られていなかった海外の簿外債務や報道陣が期待した大蔵省の飛ばし関与、大蔵検査の甘さも指摘している。おまけに、自主廃業に至った経緯と首脳陣の詳細な発言まで網羅されていた。

「よくまあ、素人の社員たちが調べ上げたものだ。一体、俺たちは何を調べていたんだろうな」

「大変な中身ですね。どうまとめますかねえ」

会見場を引き上げる記者たちの中からそんな声が上がった。

NHKは正午のニュースで報告書の一端を報じていた。NHKが社内調査報告書の一部、あるいは全文をすでに入手していることは間違いなかった。速報という報道競争で、すべてのマスコミが完敗である。

新聞社の多くが旧経営陣の直接取材に気を取られていた。会社を破綻に導いた旧役員たちの口を開かせることに時間をかけていたのである。そして、記者たちはようやく気づいた。七人の調査委員の使命感や力量を甘く見ていたことを。

報道競争とは多くの場合、秘密を明かす覚悟や度胸を持つ人間を探し当てる競争である。そのためには取材する側が熱を帯びていることが大事だが、言い訳に腐心する当事者や、心の源流が涸れた幹部の自宅にいくら通っても事実はつかめない。

「社内調査なんてどうせ形だけのものになるだろう」という記者やデスクの思い込みを、調査報告書は粉々に打ち砕いた。記者たちの気持ちを見透かすかのように、報告書の冒頭にはこう記されていた。

〈今回の社内調査報告書が、従来、我が国で多く見られた結果の公表を伴わない調査、あるいは、自ら行った事実認定を示さず単に抽象的な「反省」の言葉を並べただけの報告書であってはならないという決意の下で、目的を達成すべく調査してきた〉

記者会見を終えると、嘉本たちは歩いてアジトに戻り、報告書二百部を新たに作った。三月末で全員が退社し、社員はもういない。彼らの代表である支店長の自宅に報告書を送るのだ。ホッチキスで報告書を綴じながら、嘉本はほっと肩の力を抜いた。

会見に出なかった橋詰は作業部屋で待っていて、静かな笑顔を浮かべていた。激高しないこの男の微笑にどれほど励まされただろう。

長澤が冷えた缶ビールを開けた。

「一つ終わりましたね」

「乾杯」の声は起きなかった。嬉しさも湧いてこなかった。

嘉本や橋詰は調査委員会の仕事が終わっただけで、二ヵ月半後に最後の株主総会を控えている。全員が疲労困憊で、報告書づくりが終わると椅子に座り込んだ。その夜、会長の五月女が前触れなしに作業部屋を訪れ、一本のワインを置いて出て行った。会社のねぎらいはそれだけだった。

嘉本は会社の車で帰った。途中まで國廣が乗り合わせた。

「ふーっ」という長いため息があって、嘉本の沈んだつぶやきが仄暗い車内に漏れた。

「よかったんだろうか……」

元社員や役員たちは報告書をどう受け止めるのだろうか。

事実を公表した反発はきっとやってくるに違いない。会社の後ろ楯はなく、嘉本や橋詰には民事訴訟も控えている。袋叩きに遭うかもしれない。

この先はどうなるのか。興奮から覚めた嘉本の顔は疲労と孤独感で昏くふちどられていた。

5　もう一つの報告書

大東証券大阪支店長となっていた堀は翌朝、大阪・北浜の事務所で五紙の新聞を広げ、食い入るように読んだ。「全部の新聞に出とるわぃ」。社内調査報告書は〈日本企業の歴史に残る内省の資料となるだろう〉と新聞で高く評価されていた。

「やっと報告書が出たなあ。これでわしも東京に戻らんでエエ。野澤さんところに怒鳴り込みにいかんでも済むわ」

――この四ヵ月余を戦いに喩えたら、きっと自分たちの勝ちいくさだ。その勝ちは一瞬のものに過ぎないが。

一方、妻の禮子はその記事の見出しを眺めた程度で、新聞をテーブルの遠くにやった。山一破綻の話など、もう読みたくも聞きたくもなかった。生活費はなく、一本気な夫のことを考えると心細くて仕方ないのである。

「涙を通り越して散々な思いや。親がしっかりしてへんから子供に苦労かけるわ。あの時はこうやったと思い出すから、破綻の話はもういやや」

竹内は東京郊外に住んでいた。妻のきっぱりした性格と独立心は、竹内がロンドンで三年間、単身生活をしている間にすっかり鍛えられ、パートの仕事と一人息子に関心は移っている。二人を繋ぐものは趣味の洋楽ぐらいだ。以前はサンタナやスティング、エリック・クラプトンと、好きなミュージシャンが来日するたびに、一緒にコンサートにも出かけた。

今は、竹内に対しては無関心を装う術が身についている。記者会見の記事を読んだはずだが、妻は相変わらず何も言わなかった。

出勤の途上で、山一で息子と記念写真を撮った日の思い出が蘇ってきた。

竹内の一人息子は「僕は検事になる」と言っていた。もともと冤罪事件に強い怒りを覚えていたようだったが、調査に没頭する親の姿に感じるところがあったのかもしれない。「恥ずかしい生き方は見せたくない」。その気持ちが竹内の支えだった。

竹内が調査委員会でヒアリングに明け暮れていたころ、息子は友人と二人で人気のない本社にやって来た。調査委員会を支えた弁護士の國廣と会い、看板を外す直前の山一本社前で記念写真を撮った。

見返りを求めずに会社で何かを成し遂げたことは、初めての経験だった。「それがお前にとって良かったのか」と問われると、表に向かって言いたくはないが、小さな声で「よく頑張ったぞ」というところだ。

検事にはならなかったが、息子はその後、司法試験に合格して裁判官になった。あまり会話のない父と子だったが、自分の声は届いたのだろうか。

竹内にとって聖書のすべてが人生訓だ。その中でも彼がずっと心に留めていた言葉がある。

〈患難が忍耐を生み出し、忍耐が練られた品性を生み出し、練られた品性が希望を生み出す〉


嘉本が出勤すると、後輩の元役員が再就職先から電話をかけてきた。

「頑張りましたねえ。昨日は立派な記者会見でしたよ。山一については、暗く、締まりのない記者会見やニュースばかりでしたから、少し心が晴れました」

見守ってくれる人がいた、という喜びが胸を熱くした。忘れかけていた笑顔が浮かんだ。報告書の公表を苦々しく思う人たちがいる反面、最後列の社員の意地を評価してくれる元社員やOBもきっといる。

「ひょっとしたら……会社に強い不信を残して去った社員に微かな誇りの欠片《かけら》でも提供できたのかもしれない」。そう考えようと、彼は思った。

記者会見から一週間ほどして、ある弁護士事務所から、「取り下げ書副本」という書類と弁護士の手紙が嘉本の自宅に送られてきた。その弁護士は十二都府県の山一の株主二十五名の訴訟代理人で、ほぼ一ヵ月前の三月二十七日、山一と嘉本を含めた役員、監査法人を相手取り、大阪地裁に損害賠償請求訴訟を起こしていた。その訴訟から嘉本らの分を取り下げたというのである。取り下げの日付は調査報告書を発表してから五日後の四月二十一日となっていた。

弁護士の手紙にはこう記されていた。

〈本書が届きましたら、電話にて御一報お願い申し上げます〉

よくわからないまま、事務所に電話をいれると、その弁護士が言った。

「ご苦労様でした。今後とも調査活動をしっかり頑張ってください」

「はい、ありがとうございます……」

嘉本が株主から訴えられた訴訟は計五件に上っている。取り下げ書が届いた大阪地裁のケースを含め、三件についてはその後、嘉本らに対する訴えが取り下げられた。弁護士には嘉本たちの苦労もわかってはいたのだった。ただ簿外債務の調査活動をしたことで、免責されたわけではない。残る二件については嘉本も役員の一人として和解金を支払っている。たとえ簿外債務の事実を知らなくても、役員として名前を連ねている以上、善管注意義務を怠ったということになるのだ。

「申し訳ないが」と橋詰が切り出したのは、調査報告書を公表してしばらく過ぎたころだった。珍しく伏し目がちに打ち明けた。

「五月末で辞めさせてもらいたいんだ。再就職することになった」

嘉本はぴくんとはじけたように橋詰の顔を見上げた。

「株主総会までいられないのか？　六月二十六日だよ。株主総会は」

友人の仁張暢男も四月末で辞表を提出したばかりだった。仁張も橋詰も常務だ。

「常務以上は株主総会で山一の解散決議を見届けるべきだ」という嘉本の考えは固く変わらなかった。

――君までいなくなってしまうのか。

嘉本は橋詰の顔を見つめた。

「そうしたいんだが、向こうさんの意向もある。山一の役員も一人連れて行くことになっているんだ」

橋詰の再就職先は、東京・日本橋の自動車部品商社で、同郷の長野県人が起こした会社である。創業者は彼を専務として迎え、会社再建を託そうとしているのだという。それは慌てて辞める理由にはならないが、橋詰は言い訳をしなかった。

これで、山一のしんがりを務める嘉本一家は、嘉本と長澤、清算センター長の菊野の三人となった。取り残された寂しさが募ってきた。それを郡司が見守っている。

彼はもう調査委員長でもなくなっていた。株主総会が近づき、嘉本たちが想定問答集を書いているころ、それを象徴する出来事があった。

これまで役員や旧経営陣相手に四ヵ月間もヒアリングをしてきた嘉本が今度はヒアリングを受けたのだった。相手は、弁護士の國廣正たちであった。

「嘉本さん、あなたは簿外債務の事実を本当に知らなかったんですか?」

「ご承知でしょう。私は支店営業を統括する役職が長く、知りうる立場にはありませんでした」

山一證券兜町ビルの一室である。そこは「山一證券法的責任判定委員会」という山一の新たな調査組織がヒアリングを行う場であった。嘉本は調査する側から一転し、取締役として損害賠償責任や刑事責任があるか否か、追及される側に身を置いたのだった。國廣の脇には、かつて外部調査委員だった深澤直之らが並んでいる。

「いくら見知った相手でも、囲まれてヒアリングを受けると、さすがに緊張するものだな」と嘉本は思っている。國廣は慇懃《いんぎん》だが、事務的な口調で迫ってくる。

「それでは、いつ簿外債務の存在を知ったのですか」

「自主廃業が迫っていた九七年十一月十八日に、藤橋常務から初めて知らされました」

「どんな内容ですか。その時に示されたものはありますか」

法的責任判定委員会は、山一證券の業務に関わりのないベテラン弁護士や公認会計士を加えた四人で組織されていた。山一の調査委員会は当初、破綻の原因を突き止めたうえで、その資料をもとに破綻に導いた責任者を特定し、刑事、民事上の責任を追及することまで目的にしていた。調査と法的責任判定は一体のものだと考えられていたのである。判定のあとには、「責任あり」とされた経営陣の刑事告発や損害賠償請求訴訟を起こす作業が待っている。ところが、調査が大詰めに入った三月ごろ、嘉本が言いだした。

「國廣さん、私も経営に関わっていた人間です。調査報告書は何としてもまとめます。しかし、そのあと、破綻の責任を負うべき私のような人間が、自分を含めた責任の有無を判定するわけにはいきません」

そこで、國廣と深澤は、社内調査を終えた嘉本を「法的責任判定」の場から外し、五月から新たな追及を始めたのだった。

彼らは現職役員やOBから追加ヒアリングを実施したあと、これまでの「社内調査報告書」に加え、二つの報告書を野澤のもとに提出した。

一つは、株主総会直前の六月にまとめた十三ページの「法的責任判定の第一次報告書」。もう一つは十月、山一の監査法人の責任や九七年三月期の違法配当について追及した「法的責任判定の最終報告書」である。

この報告書の公表をめぐって、山一の取締役会で再び論争が起きた。それを読んだ社長の野澤や会長の五月女、そして民事訴訟の当事者となる監査役たちから「これは……」という驚きの声が起きた。社内調査報告書に増して文言は厳しく、野澤は唖然としている。

第一次報告書の冒頭にはこう記されていた。

〈判定委員会は、法の前に謙虚でなければならず、従来の我が国企業の「常識」から見て許されてきた行為であっても、法の観点から問題ありと認められれば有責と判定することに躊躇しない。

判定委員会は、「会社のため」という抗弁を認めない。従来、我が国において、法に反する行為を行った者が「会社のための行為である」と抗弁した場合、会社がその者の法的責任追及まで行わないのが通常であった。

しかし、このような法から乖離した企業内規範をもつこと（ダブルスタンダード）が許される理由はない。かかるダブルスタンダードに基づく行為は「市場」

の厳しい制裁を招き、企業の存立を危うくするからである〉

喧嘩腰の「國廣節」である。内容は正論だが、「躊躇しない」とか、「認めない」という厳しい言葉に腹を立てた監査役がいた。

「山一から報酬をもらっておきながら、会社に刃を向けるような報告書を書くとは何事だ、と言い出したんだよ」と國廣はあとで漏らした。

法的責任判定委員会はさらに、山一證券に対し、この法的責任判定報告書をすみやかに発表したうえで、債務隠しを続けた次の十人について損害賠償請求の法的手続きを取るべきである、と提言した。

横田良男（代表取締役会長）、行平次雄（代表取締役社長）、延命隆（代表取締役副社長＝故人）、石原仁（代表取締役副社長）、三木淳夫（代表取締役副社長）、高木眞行（顧問・元専務取締役）、小西正純（常務取締役）、白井隆二（常務取締役）、礒守男（取締役）、木下公明（企画室付部長）＝役職は九一年十二月時点

6　リーク

「これは大変なことになった」

五月女は思わず漏らした。野澤は困ったときの常で押し黙っている。自分を引き立

てくれた先輩たちに訴訟を仕掛けなければならない。旧経営陣を訴える場合、民事訴訟の原告として名を連ねるのは、現在の代表取締役ではなく監査役だ。彼ら監査役たちから、強い反発の声が起きた。たじろいだだけでなく、「公表する約束などしていない」と言いだしたのである。

社内調査報告書の公表問題では、腹をくくった嘉本が反対を押し切って記者会見にこぎつけた。しかし、今度は嘉本が法的責任判定委員会に入っていない。「公表は最初からの約束だ」と主張する國廣たちに対して、野澤は間に山一の顧問弁護士を置いた。弁護士同士の論争に発展し、判定報告書は棚晒しにされた。判定報告書に沿って六月の株主総会前に旧経営陣を提訴することが、けじめの証となるはずだったが、野澤や五月女は多額の訴訟費用もかかるとして、提訴も先延ばしにした。

しかし、後で考えてみると、國廣たちはさほど思い悩むことはなかったのである。報告書は結局、明るみに出たからだ。それは全く思いもかけないやり方だったが。

「また、もめているそうじゃないか」

と、菊野晋次が言った。糸球体腎炎のために半年前はとても働けないと思っていたのに、今はまた、居酒屋で一杯やって帰るのが息抜きになっている。今夜は飲み仲間の長澤を呼んでいた。

「そうなんですよ。今度のは法的責任判定報告書というんですがね、なんか公表しないという雰囲気ですね」

長澤は毎日のように飲んでいるが体形が変わらないので、菊野に羨ましがられていた。

「なんで野澤さんたちは報告書を出し渋るんかいな。会社の最後のカネを出してまとめさせたんだろう」

「腹が据わらないんですよ、社長たちは。訴える相手が多いし、自分たちを引き立ててくれた人ばかりだからビビってんでしょう」

「わしは表に出すべきだと思うがな」

「私もそう思います」

長澤がそう言うのは初めからわかっていたことではあった。その声を聞いて、菊野はふさふさした長命眉を寄せた。

「知らんぷりはできんなあ」

梅雨が近づいていることを告げるように、蒸し暑い空から糸を引くような雨が降っている。長澤はまだ求職活動を始めていない。梅雨の終わりには株主総会がやってくる。そうなると意地を張っていられなくなるだろう。

彼は首を振って朝日新聞の夕刊を手に取り、その一面に「山一證券」の文字を見つけて釘付けになった。菊野から呼び出された日のことを思い出し、頬にわずかな微笑みを浮かべた。

〈山一、旧経営陣に賠償請求へ　行平・三木元社長ら約10人〉

大きな見出しが一面で躍っていた。一九九一年十一月に債務隠しを決定した元役員ら約十人に対して、法的責任判定委員会が損害賠償請求訴訟の提訴を提言した、と記されていた。判定報告書の内容が漏れていると即座に読み取れる記事だった。株主総会を十七日後に控えた六月九日のことである。

第一次報告書は、取締役や監査役にしか渡されていない。菊野は役員ではなかったが、ただの社員でもなかった。三月末まで会社に留まっていた組合委員長や書記長も去り、清算の実務責任者である菊野が社員の総代表と目されている。山一最後のご意見番であり、彼が極秘書類を手にしたとしても、誰も不思議には思わなくなっていた。報告書がどう使われたかは、この十年後に明らかになる。

朝日の記事をめぐって、吊し上げられたのは國廣である。「俺は一人でも公表しますよ」と言い張っていたからだ。

翌朝、判定委員会の四人は山一兜町ビルで調査を応援してくれた弁護士とともに内輪の会議を開いた。机の上には前日の朝日の夕刊が置かれている。

「國廣さん、これは大丈夫だよね？」

弁護士の一人が沈黙を破って言った。あなたではないですよね、と國廣には聞こえた。

「俺じゃあ……ないです」

声を絞り出すと、盟友の深澤が「まあ、まあ」と声をかけた。

「國廣さんがそう言うんだから信じましょう」

――えっ、信じましょうって、深澤さんも俺を疑っているんじゃないの？

喉まで出かかった声を抑えて、國廣は野澤や山一の顧問弁護士が待つ部屋に向かった。そのあとに、報告書の公表をめぐって交渉を進めることになっていたのだ。

ところが、交渉どころか、「判定報告書をリークしたのは誰か」と山一側弁護士の猛抗議を受け、公表話など吹き飛んでしまった。

会議が終わって、國廣が真っ赤な顔で判定委員会の部屋に戻ってきた。たまたま居合わせた郡司由紀子に向かって、「俺じゃないんだ」と叫んだ。

「山一の女性弁護士が俺の方を向いて、『誰でしょうね、こんなことをしたのは』と言うんだ。朝日新聞をヒラヒラさせてね。俺のこと、どこの馬の骨だか知れない奴だと思っているんでしょう。『もはや漏らしちゃった人がいるもんね』って」

「國廣さん、そんなに吠えなくても、わかっていますよ」

郡司は笑顔を浮かべていた。しかし、手を振り上げ体をよじって國廣は怒りを表現した。

「『破綻した会社を踏み台に売名する弁護士がいるとすれば問題だ』とも言われたんですよ。売名弁護士呼ばわりされた！」

「それが誰でもいいわ」と郡司は思っている。

──記者発表はされなくても、新聞で公表されたんだからいいじゃないか。封印なんかさせるものか、と義憤を感じた人が山一にまだいるということだから。

十章　その後のしんがり兵

1　最後の仕事

梅雨空を山一の兜町ビルから見上げていた嘉本が、ふと思いついたというような表情を浮かべた。一九九八年六月下旬。清算途上の山一證券は新川の高層ビルから兜町の持ちビルに引っ越している。

「ところで君、総会が終わったらどうするんだ？」

嘉本は少し色の入ったメガネの奥から長澤を見据えた。長澤は再就職の話題をずっと避けている。

「…………」

男がじたばたするのはみっともない、と長澤は考えてきた。二人の子供は就職していたが、千葉県船橋市に構えた自宅のローンが一千万円ほど残っている。妻の理恵子に相談すると妙に達観したようなことを言った。

「あなたも山一で一度、清算したんだから、幕引きのあとは好きなようにすればいい。まだ五十一歳でしょ。なんとかなるよ」

その言葉で、食べていければ十分だと思えるようになった。長澤が妙に落ち着いているので、周囲は彼が独自に再就職先を探していると受け取っている。嘉本もそう思ってきたのだが、どうも様子がおかしいので問い詰めたのだった。

「君、六月末で辞めるんだろう。あと半月だよね」

「ええ」。長澤は答えに窮した。

「何か考えているの」

「考えていません。株主総会が終わってから考えます」

「そんな馬鹿なことを言うんじゃないよ」

時間がないな、とつぶやきながら、嘉本は慌ただしく電話をかけ始めた。自動車部品商社の役員に就いている橋詰や大東証券大阪支店長の堀たちに相談するのである。

「今度は、長澤プロジェクトだ」。嘉本自身も求職活動をしていなかったが、彼や菊野たちは社内調査や清算業務に携わった仲間を手分けして次々と再就職先に押し込んでいる。それを「プロジェクト」と呼んでいたのだった。ちょっと前のプロジェクトでは、橋詰の知り合いをたぐって、郡司由紀子を不動産開発会社に入社させている。

——役員はともかく、調査活動や清算業務のために再就職が遅れた社員はそれなりに遇されてもいいはずだ。嘉本はそう考えていた。会社の最期を見届け、けじめをつけるために働いた。それも会社に尽くしたということではないか。

ただ、プロジェクトは恰好のいいものではなかった。退職が八日後に迫ったころ、嘉本たちは長澤に証券会社を紹介した。

「営業関係だよ。年俸で六百万円ぐらいだろうかなあ。やっていけるかい」

「はい、お願いします」。嘉本から打診を受けた長澤はすぐに受け入れた。「小さな証券会社でも構わない」と思っていた理恵子も承諾してくれている。証券会社に返事をして、あす午前中に内定のお礼に出向くという夜、嘉本から携帯に電話がかかってきた。

「今どこにいるの？　ちょっと会社に戻れないかい？」

「電車のなかです。何でしょうか」。長澤は帰宅途中だった。

「いい話だよ」

慌てて会社に戻ると、嘉本がニコニコしながら待っていた。

「君の就職先のことだけど、証券じゃなくて損保はどうだい」

嘉本はそう言って、大手損保会社の名前を挙げた。アジトに顔を出していた山一の代表取締役常務・飯田善輝が持ってきた話だという。

「飯田さんに相談して、君を売り込んでもらっていたんだ。君がいよいよ証券会社に行くというからね、改めて飯田さんに問い合わせてもらったら、さっき返事があったよ」

長澤の身内いっぱいに温かいものが満ちた。本心では「もう証券会社はこりごりだ」と思っていた。それが嘉本たちに伝わったのだろうか。

——俺は他人のために何かをしてやるような人間じゃない。冷たい男だ。ずっと人間を信用してこなかったから本当の友達もいない。そんな俺のために、この人たちは八方手を尽くしてくれていたんだ。

涙がこぼれ落ちそうになった。

「おめでとう。祝杯を挙げよう」。長澤が頷くのを見て、嘉本は向かいの中華料理屋に誘った。

長澤はしたたかに飲んだ。酔いながら思った。「この日のことは生涯忘れないだろうな」。翌日、彼は内定していた証券会社に詫びに走り、その足で損保会社の面接に向かった。

長澤と郡司が山一を去ったのは六月三十日、株主総会が終わって四日後のことである。嘉本たちが集まって、日本橋の永代通りに近い天ぷら屋で送別会を催した。永代通りはそのころ、兜町界隈で、「倒産通り」と呼ばれている。永代通り沿いに山一證券や三洋証券、北海道拓殖銀行東京支店があって、前年の金融危機で次々と倒産していたからだった。だが、長澤にとっては懐かしい道であり、街であった。

「倒産通りともお別れです」。もう兜町には戻らないつもりだった。

「ご苦労さん。長澤君はよくやったな。郡ちゃんも頑張ったぞ」

嘉本に優しい眼差しで言われると、長澤は誇らしい気持ちでいっぱいになる。

「やっとヤクザな世界から抜け出せます。嘉本さんはどうされるのですか」

「もう少しだけ頑張るよ。やることが残っているんだ」

目前に緑の山襞が迫っている。晩秋とは思えない日差しにあぶられながら、嘉本は山を切り開いた墓地にたどり着いて息をついた。ワイシャツは汗まみれで、手にした造花に腕から汗が滴り落ちた。

「大丈夫か。ひどいことになっているぞ」

同行した飯田が声をかけた。一九九八年十月九日。長澤たちを送り出して百日が過ぎている。嘉本たちは四万十《しまんと》川を抱く高知県中村市（現・四万十市）で、ようやく岡村真苗の墓を探し当てた。

真苗は山一證券の顧問弁護士だった岡村勲の妻で、この日が命日だった。ちょうど一年前、山一を恨んだ暴漢に自宅で刺殺され、静かなこの地に葬られているのだった。

彼女が暴漢の標的になる理由は何もない。夫が山一の代理人で顧客のトラブル処理にあたっていただけのことである。ただそれだけで、株取引で損をしたという男に押しかけられ、犠牲になった。会社が消滅したこともあって、一年後のいまは、不条理な殺人事件が起きたことさえ忘れ去られようとしている。

嘉本の最後の仕事は、犠牲になった岡村夫人の霊前にお参りし、彼らの調査活動を報告することだった。

生花を売っているところが見つからなかったから、造花を供えることにしたのだが、この暑さなら造花で良かったかもしれない。墓参を終えると、嘉本は中村市に帰省していた岡村の実家を訪ね、謝辞を述べた。

嘉本は刺殺事件直後に見せた、この老弁護士の強靱な意志力を忘れることができない。岡村は妻の葬儀を済ませるとすぐ山一を訪れ、総会屋事件で逮捕された山一幹部の弁護活動を再開した。憤りに燃えながら、凛とした姿は不幸の陰りを感じさせなかった。のちに、彼は全国犯罪被害者の会を設立している。嘉本はその姿に感動して、その会に加わった。

「先生、長い間、お世話になりました。私はあすで山一を辞めるつもりです」。嘉本は岡村に深々と頭を垂れた。

彼が山一の業務監理本部長という職にあった時期は、最後の九ヵ月間に過ぎない。その間に業務監理本部は、岡村夫人に加え、顧客相談室長だった樽谷紘一郎を失っている。樽谷は山一の池袋支店時代には、嘉本を教える立場にあった。その樽谷を刺殺した犯人はとうとう捕まらなかった。

樽谷の墓は富山県高岡市にある。嘉本は岡村夫人の墓参の直前に、樽谷の墓にも花を手向けた。やはり暑い日だった。

人はいつか死んでいく。だが死別はすべての喪失を意味するわけではない。その人を記憶する者がいる限り、他人の心の中で生きることができる。悼《いた》む人の存在は命を超えて、亡くなった人を生かし続ける。

岡村真苗の墓参の翌日、嘉本は辞表を提出した。

清算業務センターの仕事は再雇用された百八十六人の臨時社員で進めてきたが、十一月からは体制を縮小し、「清算業務事務局」と名前も変えることになっていた。嘉本らが追及した債務隠しの責任者たちについても、九人の役員経験者に限って損害賠償請求訴訟を起こすことがようやく決まった。

嘉本の辞表を前に、社長の野澤は何も言わなかった。「もう少しやっていただいても……」と会長の五月女は語尾を濁した。十月十日と中途半端な日に辞めなくても、十月末日までいればいいではないか、と訝しがったのかもしれない。

しかし、二つの墓参が三十八年間働いた嘉本の締めくくりなのだった。会社を出ると、寂寥《せきりょう》感が胸を締め付けた。

「樽谷さんや岡村夫人は優しい人だった。あんな人たちまで巻き込んでしまった。彼らと、俺の人生は何だったのだろう。これからゆっくりと考えよう」

2　それぞれの「それから」

かつては、どこの会社にも二通りの人間がいた。終身雇用を疑わず、嘉本のように一生に一業、あるいは一社で通したいと思う人と、いつかはこの職、この会社から抜け出たいという人と。

ただ、この世界には慣性や惰性の力が働いていて、多くのサラリーマンは今ある状態のままで留まろうとする。就職して時間が経てば経つほど、後者が減っていくのはそのためだ。

ところが、会社が破綻したとき、山一の全社員に否応なく、転機のエンジンがかかった。特に、自分の心に始動スイッチを持たなかった若い女性が、それを前向きの力とした。

例えば、山一吉祥寺支店では、三人が航空会社の面接を受け、憧れの客室乗務員になった。地上勤務のグランドホステスになった者もいる。ラジオ局に勤務した者、IT社長秘書、美容系の事務所、不動産業や公益法人に転職した人。留学した社員もいる。入社一年目だった藤沢陽子は、念願だった出版社の編集者に転職した。

彼女は明治大学商学部を経て、山一證券吉祥寺支店のカウンターレディとして店頭販売をしていた。「こんな仕事をしたかったんじゃないんだ」と思い続けていた。

二通りの人種のうち、藤沢は後者だったのだ。吉祥寺支店に配属されて間もなく、こっそりと出版業界に転職活動をして中堅の出版社から内定通知をもらっていたが、踏み出せなかった。いまいる場所がそれなりに心地よいと、転機を前に人は怖気付くのである。ところが、藤沢が出版社の内定を断って三ヵ月後、山一は破綻してしまった。

「自分はなんという愚かな選択をしたのだろう」。その後悔はほかの誰よりも強かった。

た。以前、内定をくれた中堅出版社には入れなかったが、別の出版社に再就職した。いまは二つ目の出版社に転じ、これまでに約百冊の出版を手がけている。スポーツ新聞の記者と結婚して男児を産んだ。

「ほとんどのことは何とかなる」。彼女が廃業を通じて、つかんだものは単純な事実だ。

「人間はその場に合わせて咲く能力がある。突然の失職もたいしたことはなかった。人生は何とかなる」。それが藤沢の人生訓となった。

転職から約一年、彼女が新しい仕事にようやく慣れたころ、嘉本は群馬県高崎市で再び単身赴任生活をしていた。彼は九八年十一月から社員八十人のソフトウェア開発会社に再就職し、営業マンとして働いていたのである。

足先がひやりとして、思わず靴の裏を覗いた。靴底が擦れ、ひび割れている。履きつぶした靴は泥水を吸って、嘉本の心を重くした。

「俺はここで何を求めているのだろう。だが、弱音は吐けないな」

山一を辞める直前に、彼は二つの証券会社から声をかけられた。そのうち一つは役員含みの話だったが、直前になって幹部との面接を断った。

——自分は自主廃業を決める取締役会にいた。山一の株主たちに訴えられている一人でもある。そんな人間が証券会社に横滑りしてもいいのだろうか。

「いまさら証券界に……」と思う心の奥で、青臭い憧れのようなものが嘉本に浮かんできた。「今度は実業の世界で働きたい」。

証券界は客の資金を右から左に動かすことで、新たなカネを生み出す世界だ。モノ作りに携わる人々には「虚業」と映ることだろう。嘉本はその虚業の中で生き、二千六百億円という見たこともない簿外債務に翻弄された。

嘉本は山一で働き続けることを絶対視していたわけではない。だが、経営破綻という出来事がなければ、証券界からの転身は五十五歳になった人間が考えることではなかった。「これからは実際にモノを売って稼いでみたい」という思いで揺れていたころ、墓参にも同行した飯田が知り合いのソフトウェア開発会社の話を持ってきた。

「俺と一緒に高崎に行かないか」というのだ。

ところが、誘った飯田は途中で、地場証券の一つである前田証券（現・ふくおか証券）から「経営を任せたい」と請われ、本社のある福岡に行ってしまった。それでも、嘉本は実業の夢を選んだのだった。

最初に三十万円を払ってノートパソコンを買い込んでいる。ワープロも扱えなかったから、ワードからエクセル、パワーポイントに至るまで、若い社員に操作方法を学んだ。ここでも肩書は「常務」だったが、若い社員にはリストラにあったおじさんぐらいにしか思われていない。それは少し寂しかったが、楽な気持ちで働くことはできた。

会社近くのマンションに住みながら、自治省や都道府県庁、経団連、各地の消防局など、北海道から山梨県まで官公庁向けの地図ソフトを売り込みに歩く。飛び込み営業も当然のようにこなした。入り口は突破できても、若い職員に門前払いを受けることが少なくなかった。ただ、頭を下げることは慣れていた。

そのころ、「嘉本一家」の最後の一人が山一を去ろうとしていた。菊野晋次である。最後の肩書は「清算業務事務局長」だった。

「間もなく官憲がきますわな。私も契約社員たちとともに辞めさせてもらいます」

そう野澤たちに告げて辞表を提出した。「官憲」とは、裁判所によって選任された破産管財人のことだ。郷土の英雄・西郷隆盛を信奉する菊野は時折、こんな古風な物言いをする。民草の一人であることに小さな誇りを持っている。

嘉本が山一を辞めてから約七ヵ月後の九九年四月末。経営破綻から二年目の春のことである。

山一は清算業務事務局の規模をさらに縮小せざるを得ない時期にきていた。顧客が受け取りに来ない資産を各地の法務局に次々と供託し、破産管財人が乗り込んでくることになっている。菊野は嘱託契約で再雇用している全社員を集めて淡々と話した。

「清算業務も大詰めが近づいています。残念ながら、私たちの宿命としてさらに人員の縮小をしなければなりません」

清算業務事務局の縮小は、再就職先が見つからない社員のリストラを意味するのだ。

菊野は九九年一月で六十歳になり、もう山一から給料を貰ってはいられないという気持ちになっていた。糸球体腎炎の持病もある。「部下たちの就職先は探すが、わしは辞めよう」。沈みゆく清算丸の船長のような心境である。

ところが、辞意を固めた彼に会いに来た人物がいた。

「ぜひ、うちに来てくれませんか」。証券準大手の勧角証券（現・みずほ証券）に転職していた元山一の幹部だった。

「こんなじいさんに何をしろというのかね」

「監査部門です。上の方もぜひ、と言っています」

勧角証券は当時、監査部門を廃止し、一〇〇%子会社の勧角ビジネスサービスに監査業務を委託する計画を立てていた。ところがその一方で、徹底したリストラで人材が流出したため、適当な人間が見当たらないというのである。

「上の方とはどこのことじゃ」

「奥の院です」

「というと？」

「うちの社長です。あなたが清算作業で頑張っている姿が先日テレビで放送されていましたよね。それを見た当社の役員が社長に進言して、『何としても採って来い』ということになったんです」

社長とは、第一勧業銀行から送り込まれた沼田忠一のことである。

「そんならわしを社長に会わせてくれ」。菊野は社長から直接話を聞いて決めようと思っていた。こちらも条件を持ち出そうとしたのだ。

しばらくして、損保会社に転職していた長澤に、菊野から電話がかかってきた。

「勧角証券の社長に食事に誘われたんじゃが、一人じゃ寂しいから、君がついてきてくれんか」

「私が……ついていくんですか」。相手が社長では食事も喉を通らないのだろう、と気軽に引き受けた。会食の場は、人形町に近いロイヤルパークホテルである。

「うちの役員がテレビ番組を見て感激したそうです。経営破綻で大変なのに、さらに清算作業とは、本当にご苦労ですね」

沼田は労をねぎらい、うちでもうひと働きしてもらえないだろうか、と穏やかに言った。「コンプライアンス」という言葉にまだ馴染みがない時代に、組織の秩序や社内監査の重要性に気づいている沼田の経営感覚に小さな驚きを感じた。紹興酒を勧められた菊野は、一つだけはっきりとした口調で言った。

「山一にはたくさんの人材が残っております。お眼鏡にかなうならば、そうした人材を入れていただけませんか」

数日後、再び、長澤に電話がかかってきた。

「勧角証券に呼ばれたんじゃが、君も付き添いで頼むよ」

「またですか？　一人で行けるでしょう」

「いやいや、頼むよ」

菊野から言われると断れなかった。再び、ロイヤルパークホテルに赴くと、菊野の横で勧角証券幹部の話を聞いた。

「菊野さん、いい話じゃないですか。お受けすべきですよ」

そう言って菊野に再就職を勧め、自分は帰ろうと腰を浮かせたとき、人事担当幹部は長澤を押しとどめた。

「まだお話があるんです。長澤さん、この話はあなたもセットなんですよ」

「えっ？」

「菊野さんは、あなたを勧角証券の取締役にしてくれるなら、自分も転職する、と言っているんですよ。ご一緒にぜひ、当社に来ていただけませんか」

菊野が出した転職の条件は、清算業務で汗を流した社員を連れて行けるなら、というものだった。その中には長澤の話も含まれているのだった。

「山一のギョウカンで悔しい思いを重ねた長澤や、清算業務で苦労した人間はきっと役に立つ」。菊野はそう信じていた。

長澤が驚いて隣を見ると、菊野が目尻を下げていた。彼が「ついてきてくれ」と言ったのは、長澤を引っ張り出すための口実だったのである。

転職した大手損保会社で、長澤は「長期保険業務部課長」に就いていた。この損保会社から勧角証券に転じると、年収は百五十万円もダウンすることになる。だが、長澤は、「嘉本一家」の幹部であると同時に、嘉本の兄弟分の菊野組の一員だと思っている。つまり、「嘉本一家系菊野組」の構成員だ。ここは「オジキの菊野組長についいていこう」と長澤は思った。

長澤は大手損保会社に事情を話し、菊野と同じ時期に退職した。菊野は勧角証券顧問兼勧角ビジネスサービス副社長、長澤は勧角証券監査部の副部長である。

勧角証券は菊野の転職をマスコミに発表し、「菊野氏に不正調査や清算活動で培ったノウハウを活かしてもらいたい」とコメントした。そのニュースは各新聞に報じられた。役員でもなかった人物の転職が新聞紙上に掲載されるのは異例のことだ。

一方の長澤は、勧角証券に転職してから二ヵ月後に、取締役法務室長に昇格した。

「取締役なんて私は冗談だと思っていましたよ」

九九年六月の取締役会のあと、長澤は菊野を茅場町の居酒屋に誘った。

「いや、君なら当然じゃ」

「私を買いかぶっていますよ」

菊野は笑いを浮かべて付け加えた。

「倒産した会社のことは禁句じゃ。もう過ぎたことじゃからな。山一の倍は働こうな」

菊野と長澤は男女を問わず、特異な能力を持つ元山一社員を一人ずつ勧角証券に集めた。いずれも監査部門である。

社内調査委員会で飛ばしマップを作成した横山淳は、山一から富士証券、シュワブ東京海上証券へと次々にヘッドハンティングされていた。そのシュワブが日本を撤退することになり、これからどうしようかと考えていた時に、菊野と長澤に呼び出された。

「もう次は決まったのか」。いきなり長澤に問われて、横山はのんびりとした口調で答えた。

「いや、特に……。管理や監査部門をやっていたんですが、先のことは考えてません」。山一の経営破綻は、会社は自分を守ってくれないこと、自分の身は自分で守るしかないことを、横山に教えた。しかし、悲愴感が顔に表れないのが彼の美質である。昔の仲間に会った気安さも加わって笑いを浮かべていた。

「どうするんだよ」

「割増退職金をもらったので、しばらくのんびりしようと思っています」

とたんに長澤が怒鳴りつけた。

「この野郎、仲間はみんな苦労しているんだ。お前だけが楽するなんて許さないぞ」

まあ、まあ、と菊野はにこやかに笑っている。

「そこでだ、勧角で働かんかね」。絶妙の勧誘である。

他にも、向こう意気の強い郡司由紀子、清算事務の女性を束ねた年嵩の木戸みね子、元清算業務部長、清算業務センター総務……最終的に山一から集まったギョウカンの仲間は十数人に上った。

「場末」の組織に属していた彼らは、もちろんエリートではない。株や債券を売って会社に儲けさせたわけでもない。しかし、組織が健全であることが市場で生き残る道であり、社員に向上心を抱かせることを、涙とともに学んだ人間たちである。そして、最悪の状態に置かれた会社を最後まで見捨てなかった。

そうした人間たちは伝えるべきものを持ち、体験に裏打ちされた説得力があった。

「だから、彼らの採用は当たり前のことだ。会社が潰れても見ている人はどこかにいてくれるんじゃ。心配ないよ。何とかなるもんさ」と菊野は語るのである。

長澤はのちに他の証券会社にも講師として招かれるようになった。転職翌年の二〇〇〇年には「シグマベイスキャピタル」という出版社から求められ、『コンプライアンス入門』を出版した。その本に繰り返し出てくる言葉がある。

〈コンプライアンスは難しくない。常識的であることだ〉

3 「うちにおいでよ」

郡司もまた居酒屋で菊野と長澤にスカウトされた。山一を辞めた後、不動産開発会社にいたのだが、三人で飲んでいる時に「どうも私には肌が合わない」と愚痴をこぼし始めた。

「社長のひと言で何でも決まってしまうんです。社員もね、帰ればいいのに仕事が終わっても帰らないんです」

山一に勤めた女性社員は恨み言を言わない人が多い。破綻の記憶が薄まり、そこへ諦観が重なっている。山一の揺りかごで育てられた者も少なくなかった。悪く言えば、ぬるま湯につかってきたのだ。

しかし、しんがりにいた、特に夢見る年頃を過ぎた女性はそうではなかった。経営破綻と社内調査、清算業務の修羅場を目の当たりにした郡司は、はっきりと不満を口にし、苦しむ価値のある仕事がほしいと身悶えしていた。

「じゃあ、ちょうどいい。郡ちゃん、うちにおいでよ」。菊野が言った。

勧角証券では女性社員がからむトラブルや証券事故の担当者を探していた。肩書は「法務室調査役」。社内監査などで発覚した不祥事について、大蔵省に提出する事故届け書を作成し、懲罰案を検討するのが仕事だった。女性に女性を充てるというだけでなく、世知に長けた女性の存在は男社会の監査部門に新風を吹き込む、という発想である。

ただ、勧角では仕事のやり方も教えてもらえなかった。大きな会社から来たのだから、これくらい教えなくてもできるだろう、ということだったのか、女に仕事を取られるという意識が働いていたのか。よく言えば「お手並み拝見」、はっきり言うと、「なんであんたが来たの？」。山一の元社員たちがあちこちで突き当たった壁だ。

「人の山一」と言われた会社にいたことを、彼女は誇りに思っている。それでも現実を受け止め、菊野の言に従った。「山一のことは禁句にして、以前の二倍は働こう」。五十歳を目前にして、郡司は受験生のように勉強した。内部管理責任者の資格や外務員資格、保険、年金、変額保険の販売員資格、法学検定、ファイナンシャル・プランナー資格――思いだせないほどたくさんの資格を取った。

資格の数が増え、経験を積むにつれて、自分を無視していた人たちが話を聞いてくれるようになった。

証券事故を起こした支店から顚末書を取った時のことだ。その支店長が言い張った。

「なぜ、僕が顚末書を書かなければならないのか」

「支店長には管理監督責任があるでしょう」

男性調査員ならすんなり提出されるはずの顚末書であった。

「今回の場合、それが必要なのですかね」

小生意気な女に顚末書など出せるか、という態度がありありと見えた。悔しかったが、努めて冷静に言い返した。

「では、提出しなくても結構です。その旨、社長に申し上げます。よろしいですね」

事故が発覚した社員は「お預かり」と呼ばれ、法務室付きで処分を待つ。調査結果や懲罰案はその人の人生を左右するのだ。だからたいていの人が言い訳をする。証拠を手元に置いて釈明を聞き、懲罰案をまとめるのは辛いことだった。訴訟に発展することもあった。裁判所で傍聴し、その結果を社長あてに報告するためにパソコンに向かう。そのたびに家族のことを思い浮かべて、「切ないなあ」とつぶやいた。

「Yes, we can.（やればできる）」というフレーズは、バラク・オバマが二〇〇八年のアメリカ大統領選挙で使って流行語になった。だが、彼女はそれより三十年も前、山一證券時代に英会話教室に通い、「Yes, I can.」という言葉を覚えた。特に山一を辞めてからは、その言葉を呪文のように繰り返し呟いてきた。

山一が破綻したとき、母親に言われた。「しばらくは私が面倒みてあげるよ」。その母とともに食べていくには、「私にはきっとできる」と自分を奮い立たせるしかなかったのだ。

法務室調査役として六年間務めたあと、郡司は検査役となった。かつての竹内や横山と同業のギョウカンの一員である。初めは山一出身の女性と二人で働いたが、数ヵ月後、彼女は唯一の女性検査役となった。

検査役は本社や支店に抜き打ち監査に入り、借名取引や無断売買、回転売買（過当売買）など不正の有無をチェックするのが仕事だ。四、五人で一チーム。勧角には四チームあって大きな支店には二チームで一斉に立ち入り監査に入った。

都内なら始発電車に乗って駅前で落ち合い、午前六時半過ぎから支店前で待ち構える。服装は目立たないように黒かグレーのスーツにしていた。最初にやってきた従業員に、同僚が捜査令状のようなＡ４サイズの書類をバッと見せ、支店の鍵を開けさせる。事前に勘定元帳を精査しておき、支店に保管されている各種管理台帳を一斉に調べ、突き合わせた。映画「マルサの女」のガサ入れに似た現場を踏んだ。

池袋支店に入った時は、東京芸術劇場のある池袋西口公園で待ち合わせた。かつてはホームレスやヤクザが群れる仄暗い場所だった。近づきがたく、それだけに印象深い場所だった。始発電車を乗り継ぎ、仲間の検査役を見つけるとほっとしたものだ。「過去・現在・未来」という言葉が検査役たちの世界にはあった。監査した支店の報告書を作成するのが「過去」、現在進行中の監査案件が「現在」、そして、これから監査に行く部署の事前調査が「未来」だ。三つの次元を同時に生きているので、時は瞬く間に、山一時代よりもはるかに速く過ぎていった。

4　働く意味

山一社員は再就職に困らなかった、というデータがある。

破綻からひと月余り経った一九九八年一月一日の社員数は七千四百九十一人（男性四千五百九十六人、女性二千八百九十五人）。そのうち約四分の三の五千六百八人（男性は七四・四％、女性七五・四％）が同じ年の十月末までに再就職を決めた。残りの人たちの多くも、失業保険が切れる前には転職先を決め、マスコミ報道では「九割以上が再就職できた」とされた。四大証券の一つで、社員が優秀と判断されていたことに加え、山一が退場した市場に、メリルリンチなどの外資が進出したこと、まだ平成不況の入り口であったこと、そして、野澤の号泣が話題を集めたことなどがあげられる。

ただ、山一社員たちの本当の転職はそこから始まっている。

元人事部幹部によると、社員の再就職の道はおおむね六つに分かれたという。最も多かったのはメリル以外の証券会社を起点に転々とした人たちだ。

二番目はメリル以外の証券会社。旧東海丸万証券（百人）、旧ユニバーサル証券（九十一人）、日興證券（八十人）、大和証券（五十二人）――のように、地場証券を含めて同じ業界にとどまろうとした人たちである。

三番目に旧住友銀行（八十一人）、旧さくら銀行（四十六人）などの金融機関。九八年に銀行での投資信託の窓口販売が解禁されることを見据えて、金融機関は人材を求めていた。定着率は高いように見える。

四番目に金融業界を離れた人たち。実績・実力主義にさらされることに嫌気がさして異業種に転じた人々である。五番目に地元に回帰した組。六番目が山一退職後、定職が見つからずパートなどで生きる人たちだ。残る一部の人たちは消息が途絶えた。

長澤と郡司の場合は、勧角証券がすでに二度目の転職先となっている。横山になると、菊野から勧角証券入社を打診されたとき、すでに転職は三度目。「転職は怖くない」という信念を持ち始めている。

そして、長澤が勧角証券に転じたころ、長澤の部下だった竹内透もまた辞表を用意していた。

竹内は日本証券業協会監査部に再就職していたのだが、上司の天下り組に嫌気がさしていた。協会監査部は混成部隊だ。協会生え抜きの職員に証券会社出身者を加え、さらに大蔵省財務局検査課のＯＢが天下っていた。監査部長は大蔵省出身で、大蔵ＯＢが幅を利かせている。

竹内も委員を務めた山一の調査委員会が、社内調査報告書で大蔵省検査の甘さを指摘したことはよく知られていた。その意趣返しもあったのか、それとも、追従しない竹内が生意気に映ったのか、足を引っ張る大蔵ＯＢがいた。監査の現場では黙っているのに、監査部の会議になると、竹内のミスを責め立てたり、言いがかりのような嫌味を言われたりした。

「木っ端役人だから仕方ない」。胸に湧く軽侮を押し殺して従っていたが、新たに天下り役人が来る、と聞いて、竹内は辞表を提出した。新監査部長に山一の簿外債務を調べていたＳＥＳＣの室長が天下ってくるというのである。

協会監査部は、協会加盟の証券会社に対して、証券業協会規則に基づいて独自の監査を自主的に行うことになっていた。しかし、実態は大蔵省が監査部の人事まで関与している。「協会監査部までが役人の再就職先なのか」。苦い思いと、新監査部長の顔を思い浮かべ、竹内は気が重くなったのだった。

新たな監査部長は、無口な役人である。竹内は簿外債務事件の調査が終わりに差し掛かった日曜日、この人物から一人呼び出されたことがあった。

休日で霞が関の大蔵省別館にあったＳＥＳＣの部屋にはだれもいなかった。挨拶をすると、「そこに座って」と自分の机の前に座るように指示した。

「うちが調べたことを今から話しますから。君は書き留めてください」

「はあ……」

ＳＥＳＣが簿外債務事件で調査した内容を少し教えてやるからメモを取れ、というのだった。

――これが役人流の教え方なのか？

彼は室長の目を覗き込んだが、説明する様子はない。室長は自席に座って独白を始めた。竹内は慌ててボールペンを動かした。ノートに顔を落としたまま、一字一句漏らさずに書き留めることに集中した。先生の前で罰を受ける生徒のように思えた。

情報提供は有り難いことである。だが、調査内容を伝えるのであれば、室長のレポートを渡せば済むことだろう。調査委員会のためにわざわざレポートをまとめるのは面倒だというのか。それとも情報漏洩の証拠が残るというのか。

のだった。

——あんな傲慢な親切があるのだ。でも、情報を下げ渡すなんてどこかおかしい。

「だったら、高崎に来いよ」。竹内が首をかしげているところへ、嘉本が声をかけた

ソフトウェア開発会社の社長を東京に連れてきて、嘉本は熱心に勧誘した。

「実業の世界で働くのはいいぞ」。東京に支店を設ける計画があったことも竹内の心を動かしたが、何よりもかつての上司の言葉が嬉しかった。先のことはあまり考えずに転職を決めた。

ところが、そのわずか二ヵ月後に、竹内は嘉本と行く末を話し合う羽目になっていた。

「お互いにがんばろう」と定食屋で励ましあってはいたのだ。しかし、会社の業績は上がらなかった。

「地図ソフトの需要がいますぐ官公庁にあるわけではないですね」

竹内の声に嘉本が答えた。東京支店設立の話も見通しが立っていなかった。

「温かく迎えてくれた会社だけどね。資金繰りも大変なようだ。この会社が我々の給料をいつまでも払うのは難しいよ」

「すぐには売れるものではないですから」

「君はまだ若い。早く次を考えた方がいいかもしれないね。次の就職先は僕が必ず見つけるから」

嘉本はそう言って菊野たちと連絡を取った。竹内を高崎にまで誘った責任を感じていて、竹内の再転職先がないか相談したのだった。

竹内は「山一が破綻していなかったら」、と後ろ向きに考えることがなかった。妻は時折、悔しがったが、もともと山一でいいことばかりだった人がどれだけいるのだろうか。簿外債務がなかったとしても、山一は証券業界で勝ち残ることができたのか——勝ち抜いた山一の姿を竹内は思い浮かべることができなかった。

クリスチャンだからというわけではないが、彼の中にはもう一人の自分が住んでいて、山一破綻後は特に、突き放したように見つめているのである。もう一人の自分は高いところからこう言うのだ。

——もし、山一に優秀な人材がたくさんいたのなら、あちこちに散らばって活躍しているはずだから、それでよかったではないか。悔しがることなどない。

竹内が銀行系証券会社の監査部に転職するのは七月のことである。自分に向かってこうつぶやいた。

「お前はまた証券界に戻ってきた。虚業から実業の世界に転身したのに、やり直しだな」

彼の転職を見届けて、嘉本も東京に戻ってきた。彼も高崎と東京の二重生活に疲れていた。そして、東京のM&Aを扱う「レコフ」の役員に就いた。経営者の吉田允昭《まさあき》からこう言われたのだった。

「お前はそこで何をしているんだ？　もっとやることがあるんじゃないか」

吉田は、山一證券で行平に抵抗した元取締役営業企画部長で、一九八六年の三菱重工業CB事件のあと、山一證券を追われている。

「吉田がいれば山一は破綻せずにすんだかもしれない」。大蔵官僚にそう言わせた吉田は、山一が自主廃業したあと、元常務国際本部長ら約十人の山一社員を受け入れていた。

彼に「そこで働く意味」を問い詰められて、嘉本はやり残していることがあるような気がしてきたのだった。

5　十年後の追跡

二〇〇六年春から嘉本は、山一證券の副社長だった青柳與曾基《よそき》の評伝を書き始めた。青柳は伝説的な営業マンで、嘉本が宮崎支店次長時代に、三年三ヵ月間仕えた支店長でもあった。

青柳は悪性の前立腺がんを告知されている。九州大学病院に見舞いに行った際に、青柳から唐突に、「君に弔辞を書いてほしいんだ」と言われたのだった。

「僕の葬式で読んでほしいんじゃない。孫たちに自分の仕事を知ってもらいたいんだよ」。青柳はかすれた声で付け加えた。嘉本は青柳が履いた大きなサンダルをじっと見つめた。

——晩年に病を得て、自分の来し方を残したいというのは人間の本能のようなものだろう。元上司に託されたのだから断るわけにはいかないな。

嘉本はすでに還暦を迎えている。「レコフ」の専務理事や人材派遣業顧問の後、福岡に本社を置く前田証券の顧問に就いていていた。前田証券の社長になっていた飯田から誘われたのである。

「破綻からもう七年目だ。もういいだろう、戻ってこいよ」。そう言われて証券界に復帰し、さらに二年半が過ぎていた。ふだんは東京支店に詰めていたから、青柳の容態を聞きながら東京と福岡を往復することになった。

青柳は福岡市の農家の出で、身長百九十センチという偉丈夫である。福岡工業高校を卒業して富士電機に二年勤めた後、九州大学に入学し直した経歴を持っている。豪放磊落に見える一方で、「僕は嘘をつきません」と笑いながらギュッと相手の手を包み込むので取引先に人気があった。

山一は支店営業員の月間手数料収入実績を発表していたが、青柳は福岡支店に営業次長として赴任して間もなく、三千万円を超える月間手数料収入を記録した。一人の支店営業マンとしては驚異的な数字で、もちろん全国一位である。その八年後、一九八三年に新設の宮崎支店長として送り込まれ、嘉本らとともに三年間で六百億円を超える預かり資産を集めた。

嘉本は九大病院での面会以来、東京と福岡を往復した。青柳家を宿舎代わりに、毎回、青柳夫妻や地元の知人、山一の元同僚らにインタビューし、自宅のアルバムや作文、スクラップを複写したり、関連記事を集め歩いたりした。評伝は九章にまとめようとしたが、第八章で疑問に突き当たった。

社長候補の筆頭だったはずの青柳が突然、左遷された一九九五年三月の人事のことである。これを報じた日経金融新聞の記事を読み返すうちに、嘉本は山一社内の驚きを鮮明に思い出した。

〈後継候補が相次ぎ転出　役員人事　見えぬ「ポスト三木」〉

こんな見出しに続いて、三月二十八日付の一面記事はその人事に強い疑問を投げかけていた。

〈山一證券は三一日付で七人の取締役が退任するが、この中には三木淳夫社長（六〇年東大法卒）の後継候補といわれていた青柳與曾基副社長（六三年九州大法卒）、石川弘道専務（六一年茨城大文理卒）も含まれる。ポスト三木がみえなくなったとの声が広がる一方、六〇年に入社した役員の待遇に首をかしげる向きも多い〉

青柳は代表権を持った副社長で、専務以上の役員では最も年次が若かった。おまけに法人営業本部と事業法人本部を管掌し、「法人の山一」を率いている。宮崎支店に送り込まれる直前には、第十代社長・横田良男の秘書役を務め、中枢の人脈に連なってもいた。

だから、日経の記者が、青柳の早すぎる転出を、〈次期社長候補の呼び声が高かっただけに、意外な感じを持つ向きも多かった〉と書くのは当然のことであった。

青柳の転出先は、山一グループの不動産を管理する山一土地建物の社長だった。山一社内で、政変か不祥事が起きたことは容易に想像がついたが、社員たちの疑念が、東京の兜町から外に広がることはなかった。テレビ局や新聞社は一月の阪神・淡路大震災や三月のオウム真理教による地下鉄サリン事件に気を取られていたからである。

そのなかで、日経の記事にも触れられなかったことがある。青柳と同じ日に、直属の部下であった専務取締役事業法人本部長が「大阪店長」に左遷されていたことだった。その内幕を青柳は、嘉本のインタビューを受けて初めて明かしたのである。

青柳によると、役員人事が発表される前日、社長の三木から呼び出された。青柳が社長室に入ると、三木はソファを示し無表情のままいつもの小さな声で言った。

「退任していただく。山一土地建物の社長をお願いします」。それ以上は何の説明も加えなかった。

左遷人事について、青柳が思い当たるのは約一ヵ月前の事件である。青柳は同時期に転出させられた、この専務取締役事業法人本部長と激しい口論をした。

専務の横には常務取締役事業法人副本部長が付いていたから一対二、つまり副社長対専務・常務連合のようなものであった。青柳は企業の資金を調達する事業法人本部と、企業の資金を運用する法人営業本部の両方を管掌していた。

激論のきっかけは、取引で損を出した企業に対して、法人担当の社員が違法な補塡をしたことである。損失補塡は改正証券取引法で禁止されており、大蔵省証券局やSESCにその事実を報告したうえで、社内処分を検討しなければならなかった。しかも、この一年半前の一九九三年七月、山一證券は不祥事や証券事故の根絶を目指して、業務監理本部長を委員長にした内部管理改善チームを発足させている。

そうした中で、部下がいまだに損失補塡を続けていたことに青柳は激怒し、当時の業務監理本部長に通告した。

「私自身も処分を甘んじて受けます。きちんと調べ、証券事故として厳正に対処するようにお願いします」

法人部門は騒然となった。大蔵省に報告するとなれば、当事者だけでなく上司まで処分せざるを得なくなる。補塡を受けた取引先も黙っているわけがない。すぐに、法人部門の親分格である専務と常務が青柳のところに怒鳴り込んできたのだった。

「副社長は何をお考えになっているのですか」

「青柳さん！　部下を守るべき立場の方が、その部下をやり玉に挙げるとは何事ですか」

部下に罵倒された青柳が反論する。

「これは違法行為です。業務監理本部長はもう知っています。嘘はつけませんよ。職場の透明性を高めて、堂々と仕事をしてほしいんです」

だが、専務と常務は満面に朱を注ぎ、一歩も引き下がらなかった。

「部下たちは一生懸命やっているじゃないですか！」

青柳が代表取締役副社長のポストに就任したのは一年前のことである。しかし、行平たちは債務隠しに青柳を近寄らせなかった。青柳は就任三ヵ月後の事業法人営業会議で、部員たちに「正々堂々たる仕事をしてもらいたい」と発言している。当時のメモには、法人営業の姿勢を厳しく批判する内容が含まれていた。

「最も大事なことは、顧客に対しても、上司に対しても、同僚に対しても、決して嘘をつかないということだ。情報を粉飾しないで誠心誠意、王道に徹した仕事をしてもらいたい。心の清涼感こそが力の源泉だと私は信じている」

社員の損失補塡が発覚したのはそのあとのことだった。これを「法人改革」の突破口にするしかないと覚悟した青柳と、法人営業幹部が決定的に対立したのである。

専務や常務の行為は法人部門のトップに対する反乱である。当時の業務監理本部長の耳に届いていたのだから、損失補塡を実行した社員らの処分は免れないところだが、結局、処分は行われず一切が闇に葬られた。業務監理本部長からはその後、何の連絡もなかった。

そして、法人支配に抵抗した社長候補は左遷されたのだった。大蔵省にはもちろん報告されていない。

「帰還不能点(point of no return)」という言葉がある。「引き返し限界点」ともいう。そこを踏み越えると戻れなくなり、取り返しのつかない結果に陥るという一線のことだ。青柳は法人支配に抗うことのできる代表取締役であった。次期社長候補にして、その最後の抵抗者を失ったところで、山一は帰還不能点を越えたのだ。

青柳の評伝は二〇〇九年夏、自費出版の『フナ釣りの詩——青柳與曾基譜』として三百七十五ページのハードカバーにまとめられた。青柳が亡くなった時、その本が孫たちの手に渡るだろう。

九大病院の面会から三年が過ぎている。数えてみると、青柳が住む福岡には計五回、自腹で訪れていた。「なぜ、あんなにのめり込んだのだろう」と嘉本は思うことがあった。

人間の中には見たくないものがたくさんある。打算、保身、高慢、追従、いじめ、裏切り……。自分の中にも間違いなくある、サラリーマンのいやなところを、山一の破綻時に嘉本は一度に見てしまった。だから、「心の清涼感が生きる力になるんだ」と言う青柳を取材しながら、いつしかそこに自分なりの理想像を重ね、追い求めていたのであろう。

そして、取材の末に思いがけず、青柳が暴走営業に一人で立ち向かっていたことを嘉本は知った。結果はどうあれ、問題を知ったまさにその時、抵抗し、組織を変えようとした代表取締役がいたのだ。

しかも、青柳は理不尽な左遷を経て、中央証券（現・ちばぎん証券）という山一の関連会社に社長として転じ、同社の経営危機を救っている。山一破綻で関連倒産の波が中央証券に押し寄せた時、即座に千葉銀行グループ入りを決断して、中央証券の社員を守ったのだった。

「左遷は終わりじゃなくて、ただの通過点だったんだな」

そんな人間が山一の、しかも身近なところにいたことを嘉本は突き止めて、心が晴れるのを感じた。そして、やり残していた自分の調査がようやく終わったことを悟った。

——俺たちはたいした仕事はしなかったが、あの時に逃げはしなかったから孫たちに胸を張れるな。

そのとき、妻の千恵子が「青柳さんの本は分厚くなりましたね。頑張りましたよ」と笑いかけた。

嘉本は突っ張り続けた自分の日々までが報われたような、不思議な感慨に包まれた。それは、社内調査報告書をまとめた時にも感じなかった、ふんわりと満ち足りた気分である。

エピローグ　君はまだ戦っているのか

「山友会」は山一證券に勤めた者たちの親睦会である。

定期会員総会を毎年開き、東京、大阪、名古屋で懇親会やゴルフ、囲碁、麻雀の同好会を催している。山友会ホームページには、何百枚という懇親会参加者の写真がアップされ、会員には訃報やニュースを掲載した「山友会だより」が定期的に送られてくる。そこまでは大企業のOB同窓会と変わりはない。

この会の不思議は、会社という母体を失いながら、二〇一三年五月の時点でも千三百六十六人の会員を抱えていることである。

山一が経営破綻するまで、会員資格は勤続二十年以上の社員に限定されていた。老齢者も多いため会員は毎年数十人ずつ減少している。それでもいまだに会員数が元社員の二割近くを保っているのだから、これは大変な加入率である。

いまだに新入会員が毎年加わっていることも不思議なことの一つだ。もちろん、数人といった程度だが、一万円の入会金や四千～五千円の懇親会費を払っても、集いたい理由があるのだ。

事務局は、旧山一證券本社ビルから歩いて十分。茅場町のビルの四階にある。専従の事務員を抱え、分厚い会員名簿と物故者名簿も備えている。自主廃業の際、二億円と言われる山友会の資産を分配して解散すべし、という声があったが、OBの強い意向で元社員の求心点として残され、資産はそのまま引き継がれた。今も約八千七百万円の資産を保有している。

「あれは同窓会というより、檀家の集まりだな」と言う会員がいる。突然死した山一を弔う檀家。山友会懇親会は法事というわけだ。そう考えると、会の不思議な結束力が理解できる。

嘉本たちの小さな集まりも、山一の「命日」の月——つまり、自主廃業が発表された十一月——に毎年開かれてきたから前述の「法事」のようにも見えるが、長澤正夫に言わせると、こちらは一種の戦友会なのだという。参集するのは、山一の社内調査委員の七人と、彼らを支えた菊野晋次、郡司由紀子、印出正二、虫明一郎、白岩弘子の五人、いわば「最後の十二人」である。

二〇一二年の場合、参集を六月に繰り上げたのは、竹内透が還暦を迎え、その祝いを兼ねたからである。会場は、かつての倒産通りから少し入った日本橋の寿司屋の二階だった。

ふすまを取り払って二間続きにした座敷の真ん中に、調査委員長だった嘉本が小柄な体を沈めていた。山一を退職したのが五十五歳。そのあと、群馬県高崎市のソフトウェア会社から、M&Aを手掛ける「レコフ」、東京・赤坂の人材派遣会社「マーキュリースタッフィング」の顧問、そして前田証券の顧問と四社で九年間働いた。無職だった一年はあったが、六十五歳になった時に、「これからは自分の時間を売らずに生きる」と定年宣言をして辞めた。

マーキュリースタッフィングは三万人の登録者を抱える中堅人材派遣業だ。山一證券千葉支店の副支店長たちが設立し、転職先の見つからなかった社員を採用したり、派遣社員として雇ったりして、山一の人材交差点になろうとしていた。ちなみに社長となった元千葉支店副支店長は特許庁長官あてに「山一證券」の商標登録申請をし続けている。認められずにいるが、「お家再興」を目指し、社外取締役に野澤正平を迎えている。

いずれにせよ、山一の元社員たちはお互いに助け合い、嘉本もその輪の中でサラリーマン人生を生きた。いまは、年金で暮らす「由緒正しい貧乏人」を名乗っている。財産と言えるものは、大量の本と千葉郊外の古いしもたやぐらいのものだが、質素を覚悟すればそれなりに幸せに生きていくことはできるのだ。

嘉本の傍に、赤い頭巾にちゃんちゃんこの竹内が照れながら座っていた。ちゃんちゃんこは菊野、嘉本、長澤らに順番に回されていた。
十二人のメンバーのうち、元常務の橋詰と杉山の二人が欠けた。外資系投資顧問会社にいた杉山は「所用のため」と連絡してきた。

橋詰は骨髄不全と診断されて入院中だった。この戦友会から半年後に白血病を発症し、二〇一二年の大晦日の夜に亡くなった。その訃報は、華やいだ正月のさなかに友人や親族に伝えられた。その時、すでに橋詰が年末に出した二〇一三年の年賀状が友人たちに届けられている。年賀状を手にして、友人たちは橋詰がもう少し生きるつもりだったことを改めて知った。闘病を続ける妻のためにも、時間が欲しかったのであろう。

訃報を聞いて、橋詰が山一を去った十五年前の記憶が嘉本の中に戻ってきた。
当時の嘉本は「常務以上の役員は、最後の株主総会を凌いでから辞めるべきだ」と思い詰めていた。ところが、橋詰は株主総会のひと月前に辞表を提出して去っていった。「俺を残して」と思ったものだ。橋詰は辞めてから数年後、そのわけを恥ずかしそうに打ち明けた。

「あのとき、俺には二百万円しか貯金がなかったんだよ。株主総会まで、本当はいたかったんだけどな」

カネがなかった、という悲しい響きに、嘉本は心を強く打たれた。

――そうだったのか。なぜ打ち明けてくれなかった。

橋詰の葬儀は朝九時から執り行われた。嘉本、菊野、長澤、仁張の四人は出棺のあとも立ち去ることができず、立川駅近くの寿司屋の前で開店を待った。

「いい奴は先に逝くなあ」

「言い訳をしなかったよ」

「絵が上手かったな。暑中見舞いに彼の水彩画が描かれていたよ」

「時間ができたら絵を勉強し直したい、とおっしゃっていましたね」

「出棺のとき、奥さんがお棺にとりすがっていたね」

「うん。泣き崩れていた」

そんなやりとりがあって、嘉本がぽつんと言った。

「死んだら俺も送られたいな。あんな風に」

再び、日本橋の戦友会に戻る。

「じゃあ、酔わないうちに時計回りで近況報告をしようか」

感傷を振り払うかのように嘉本が声をかけた。

「今年も何とか、会を開くことができた。お互い歳を取ったな」

嘉本が口を開くと、「竹内君が還暦だもの。あの時、四十五歳だったわけだ」という声が、長方形に卓を据えた座敷に明るく響いた。元調査委員の平均年齢はいま六十四歳を超えた。役員だった四人がそれを引き上げているのだ。

最年少の虫明が短く刈り込んだ頭を掻きながら照れくさそうに立った。当時は清算業務センターの事務局にいた彼は、若く見えるが、もう「知命」。天命を知る五十歳というわけだ。

「僕は小菅（東京拘置所）に通いました。今は外資系証券で内部管理担当です。自分の勤める会社からは二度と逮捕者を出さないようにと、仕事をしています」

小さな笑いが起きた。丸みを帯びた虫明の眼鏡の奥が優しい。

虫明は破綻から約七ヵ月後、メリルリンチ日本証券に迎えられた。メリル日本は千六百六人の元山一社員を採用して誕生したが、四年目に支店統廃合と社員の十分の一削減の方針を打ち出した。嘉本の仲間はリストラをする側とされる側に分かれた。

本社のマネージャーだった虫明は、四十歳でリストラを実施する会社側に回った。

会社も日本市場で生き残りをかけている。山一から転じた先輩もリストラの対象だった。

「あなたの実績、能力は否定しませんが、会社の期待とあなたの能力はマッチしていません。この会社に残って頑張るよりも、あなたの能力を生かすために転職をお考えいただけないでしょうか」

自分に合わない会社があり、給料が上がらない企業もある。そこで我慢するより、自分の力を発揮できるところがきっとある、と虫明は信じた。

「運だけで成功する人などいない。神様はきっといる。頑張っていればいつか助けてくれる。世間も見る人は見ていて、自分の心を高く保っている人には救いの手を差し伸べてくれる」

そのリストラの際に、堀嘉文はメリルリンチを去った。

堀は大東証券に再就職した二年後、四人の元山一社員とともにメリルリンチ京都支店長に転じていた。ヘッドハンティングを受けたのである。ところが、その京都支店は証券不況のただなかで閉鎖されてしまった。

今度は山一やメリル京都で知り合った社員の計九人を連れて商品先物会社に移った。それからも転職を繰り返し、転職回数は七回に及んでいる。

彼は大蔵省に裏切られた、という冷めた思いを引きずり、「お国は信用しない」と心に決めている。会社にも隷属しないで生きるんだ、という気持ちさえあれば不安定でもなんとか生きてこられた。

「経営のやり方がおかしい」と幹部に直言して飛び出したこともある。役員昇格の話を断ったこともあった。自分の責任で物事を決められない役員なんか、こっちから願い下げだと。

「これで終わりやと思ったら、また始まりやった。しかしね、自分に正直に暮らすことが生きる秘訣や。『辞めるならうちに来てくれ』という会社がいつもあって、一日も途切れることなくサラリーマンやった」

給料は少しずつ下がっていったが、嘉本がそうであったように、世間はいつも手を差し伸べてくれたのである。

「また給料が下がるの。不安やわ」。妻の禮子はそう漏らしながら、二人の息子を医者に育てあげた。

堀は七十歳のいまも大阪の証券街・北浜で投資アドバイザーとして働いている。証券会社に一畳ほどのスペースを借り、個人事業者としてしぶとく生きている。戦友会の近況報告で、証券仲介業など三種類の名刺をひらひらとかざしてみせた。

「いまも三つの名前でやってますわ」

戦友会メンバーの大半は、就職を「就社」と捉えるような終身雇用世代である。人生が山一とともにあった。しかし、山一の破綻後は、全員が冷めた目で会社を見るようになっている。

「金縛りのようなものが解けましたね」と嘉本。彼は転職を四度、長澤と竹内は三度体験し、杉山は二度。前述したように堀は七度に上っている。この戦友会の直前、横山は七番目の転職先だった資産運用会社の内部監査部部長を退き、いまは八番目の会社にいる。

「退職金ドロボウです」と彼は挨拶を切り出した。

「娘もいるので、これからどうしようかと考えていますが、お金のために働くのはやめようと思っています」

若者の間で再び、終身雇用願望が強まっている。二〇一三年の日本生産性本部の調査によると、「定年までこの会社でずっと働きたい」という新入社員はこの三年間、三〇％を超える高率だ。二〇一〇年までは、「状況次第で変わる」という者が圧倒的で、「定年まで働きたい」という若者は十数％から三〇％未満だったのだ。堀や横山たちは十五年をかけて会社のくびきから解き放たれたのだが、現代の若者は将来に強い不安を抱き、会社にしがみつこうとしているように見える。

しかし、嘉本一家の全員が異口同音に言う。

「心配することはないよ。一生懸命生きていれば、必ず誰かが見ていてくれる」

はにかみながら、郡司由紀子は立った。

「イヨッ」という掛け声がかかったが、彼女が硬い表情で、「私は見ていました」と話を始めたので、すぐにシーンとなってしまった。

「嘉本一家の皆さんと会ったとき、最強のメンバーだなと思いました。調査委員会の役員は給料もなく、株主代表訴訟の心配もあったのに、潰れた会社に何日も泊まり込んだりしていました。夜遅く、床一杯に資料を広げていた姿は忘れられません。私は感動しました」

彼女は証券会社の検査役を辞め、いまも母と二人で暮らしている。リストラの逆風の中で早期退職に応募したのだ。

「この世は理不尽なことがたくさんあります。でも流されちゃいけない。言いたいことが言える人間じゃないとね」

そう言って、彼女は長澤にお酌をしてやった。

郡司の話の途中で、印出正二が遅れてやってきた。彼は山一の清算業務センターを作った一人で、今は信託銀行のコンプライアンス・リスク管理室調査役である。山一が破綻した後、この印出や菊野、長澤、竹内、虫明、横山、郡司と、ギョウカンのしんがりたちは、新たな会社の業務監理部門で働いた。場末と言われながらも、結局、山一のギョウカンで働いた経験が役立っているのだ。

「山一に育てられました。だから山一の誰も恨んでおりません」。そう言ったのは、営業企画部付店内課長だった白岩弘子である。

「そうだねえ。受け入れ難いことじゃったが、過ぎ去ったことを忘れて出発しないとな」と、傍に座っていた菊野晋次が静かに相槌を打った。

「そういえば、何年か前に、國廣さんをこの戦友会に招いたことがあったな」。菊野はそう言って、二〇〇七年秋の戦友会を振り返った。

それは破綻から十年後のことだった。外部調査委員だった弁護士の國廣正が戦友会の会場の真ん中にいた。座が落ち着くと、菊野は國廣の前にどんと座り、「まあ國さん、一杯飲めや」と日本酒の徳利を傾けた。

「あの時な、やったのはわしじゃ。ほら、朝日新聞にな、法的責任判定委員会の報告書をあげたんじゃよ」

口をぽかんと開けた國廣に、菊野は、「すまんかったなあ。あんたにひっかぶせて」と言ってワッハッハッと笑った。

「あっ」と國廣は漏らした。山一の最後の株主総会を控えた九八年六月、朝日新聞夕刊に、國廣たちがまとめた法的責任判定委員会の報告書がすっぱ抜かれたことがあった。そのために國廣はリークの犯人と叩かれたのだが、あれをやったのは自分だ、と菊野は告白したのだった。

「まあ、勘弁してくれ。あれもわしのお勤めの一つだからな。世のため人のためじゃ」。呵呵大笑する菊野のそばで、事情を知る長澤もまた微笑んでいた。

菊野は自分の信念に忠実に生きることを人生訓にしている。判定報告書のように、封印されたものを元社員や家族たちに知らせることもまた、彼に課せられた「お勤め」なのである。

「わしのような者でも六十七歳まで働くことができたものな。必要以上の欲を持たんことじゃよ。いつ会社が潰れるか、経営者が替わるか、わからん時代になったが、努力する能力さえ磨いておけば、軋轢はあっても人は温かく迎えてくれるよ」

長澤正夫が立った。彼はいつも、「健さんが僕に人生を教えてくれた。あの任侠映画に共感するんだよ」と言ってきたので、出席者は威勢の良い言葉を期待していた。

ところが、「恥ずかしながら、あの時まで自分の生き様や在り様に正面から向き合ったことがありませんでした」と話し始めたので、戦友会の座は再びしんみりとしてしまった。

「自分はこの時のためにいたんだな、と思いました。これが自分の人生なんだと感じています。会社人生の最後は一緒にやりたいと思っていた人達がしんがりにいました」

そういって会場を見まわした。

もし、山一が破綻していなければ、長澤は山一という小さな世界しか知らなかったことだろう。

——自分はきっと無批判、無自覚に会社人生を終わったのだ。恥多き人生の途中で、自分は貧乏くじを進んで引く人間を仲間に得た。そして彼らに教えてもらった。「それは、転じることを怖がらなくなったことだな。ここに集まった者はみんなそうだった」。長澤はそうつぶやいて、焼酎の水割りをぐっと飲み干した。

山一破綻後、竹内は三つの職場で働いた。ある職場にいたとき、たまたま社内の経費をチェックしていて、偶然に幹部の不正を見つけてしまった。タクシー代の請求が異常に多かったのである。

会社の幹部は深夜業務の後、タクシー帰宅が認められている。幹部はそこを利用してタクシー代のカラ請求をしていたのだった。タクシーの領収書さえないものや、海外出張中に深夜タクシーで自宅に帰ったことになっている、ずさんな請求書もあった。同僚と集計してみると、カラ請求の金額は多い月で二十万円にも達している。しかも、その不正は二年半以上も続いていて、総額は数百万円に上っていた。

問題の幹部は社長に近い人物である。不正を指摘すれば恨みを買ってトラブルに発展することもわかっていたが、金額も多かったから見過ごすことはできなかった。幹部の年収は二千万円をはるかに超えているはずだ。カラ請求を知った社員は、「いいなあ、税金取られない小遣いが毎月入るんだあ」とうらやましがっている。

哀しいと竹内は思った。幹部の不正はやがて組織をむしばんでいくのだ。そもそも、カラ請求で得たカネで少々贅沢したところで気が晴れるのか。若いころの幹部自身が今のせこい自分を見つけたらどう思うか。

竹内は調査の結果を別の幹部に打ち明けた。反応は芳しくなかった。トップを信じ、内部告発手続きを取らないまま、社長に宛てて告発する。ところが、不正は握り潰され、竹内は干されてしまった。

それは妻にも話さなかった。

「トラブルを起こさないで」と言われるのがいやだったのだ。しかし、それ以上に辛かったのは、事情を知った社内の者が怒らなかったことである。

「許せない」「俺が言ってやる」。そうした言葉でなくても、せめて「頑張れ」という一言がほしかった。だが、社内では私怨か喧嘩のように受け取られている。

苦しかったその思いの一端を、竹内は戦友会で漏らした。

「不正をつかんだ途端に、私は疎まれてしまいました」

とたんに、寿司屋の座敷によく透る声が響いた。

「竹内さん、たいしたもんだ。君は自分に損なことをするから信用できる」

嘉本だった。「君はまだ、やっているんだな」と目が笑っている。普段なら「竹内君」と言うところを、嘉本は確かに「竹内さん」と声を上げた。

菊野たちもにっこりとうなずいている。竹内の職場の不当な仕打ちに怒ったり、嘆いたり、あきれたりする者はその場にはだれもいなかった。

わかっているよ、あんたならやるだろう。

竹内は会社での孤独な日々を忘れて、微笑みを浮かべた。

――みんなまるで、「俺も一緒に戦いたいな」とうらやましがっているようじゃないか。

あとがき

サラリーマンとは、会社が在って初めて成り立つ職業である。

会社が潰れれば、社員たちは雪崩《なだれ》を打って新たな会社に走ろうとする。家族を抱え、その脳裡に、「時代は変わった」という危機意識が働けば、なおさら必死になるだろう。

ところがここに、崩壊した会社に踏みとどまり、仕事を続けた人たちがいた。「山一證券社内調査委員会」という。名前は仰々しいが、その名前も後でつけられたもので、会社はすでに破綻していたから、看板や辞令もなく、権限のはっきりしない人々の集まりに過ぎなかった。

彼らを陰で支えたのは、「清算業務」という、もう一つの貧乏くじを引いた社員たちである。こちらの業務にあたった社員たちもまた、それまで目立たない部署で仕事をしてきた社員たちだ。こういった後列の社員たちが敗走する社員たちの楯となり、もっとも忠実にしんがりの仕事を果たしたところに、破綻の時代の教訓がある。土壇場で力を発揮した人々は、地位や名誉に関わりなく、失うものがないか、失うことを恐れない人間である。

彼らが「後軍《しんがり》」に加わった動機と結末について、私はずっと疑問に思っていた。見返りのない、ひどく損な役回りではないか。

山一證券が破綻したのは、日本が金融危機のさなかにあった一九九七年のことだ。私は当時、読売新聞の社会部デスクで、山一の社内調査や清算業務に携わる彼らの姿を新聞や本で取り上げながら、世間の同情や関心が去ったあとのことを考えていた。

――怒りが鎮まった後で、彼らは辛い人生を迎えるのだろう。

仕事を失い、自社株の形で残してきた老後の資金を失い、さらに会社に踏みとどまった分だけ、第二の人生は遅れて始まっていたからである。

私の予感通り、「しんがり」の人々は転職を繰り返した。調査委員の七人のうち、山一から転じた再就職先で第二の人生を全うしたものは一人もいない。彼らは行く先々でリストラやいじめに近い行為や不正に直面した。

だが、会社崩壊から十五年後、たまたま会った彼らの中から、私は不思議な声を聞いた。

「自分たちが引いたのは貧乏くじではない」というのである。

私は、二〇一一年暮れからひとりのジャーナリストに戻り、組織を離れても悔いなく生きている人たちを取材し続けている。一言で表現すると、「辞めても幸せ」というサラリーマンやOBに出会うことを喜びとしている。その中に、山一證券のしんがりの人々がいた。

例えば、社内調査委員会を率いた嘉本隆正元常務は、こう言う。

「会社が潰れて全員が不幸になったのか。否《いな》ですよ。会社の破綻は人生の通過点に過ぎません。私はサラリーマンとして、幸せな人生を過ごしました」

嘉本さんを支え、清算業務センター長でもあった菊野晋次さんも、「極めて幸せな人生でありましたよ」と胸を張った。

破綻の騒擾《そうじょう》は、遥かな過去の記憶の中に埋もれつつある。思い出はすべて美しいというが、時間の経過が彼らに「それでも幸せだ」と言わせるのだろうか。それともこれまでの私のとらえ方が一面的すぎたのだろうか。

私は、彼らが「戦友会」と呼ぶ、毎年一回の懇親会に参加させてもらって本音を聞くことにした。それがエピローグの「戦友会」の場面である。そのうえで、七人の調査委員と彼らを支援した五人の合計十二人にアンケートを送り、これをもとにインタビューを始めた。二〇一二年六月のことである。

「なぜ、社内調査委員や清算業務を引き受けたのですか？」

「苦しかったことは何ですか？」

「許せないと思ったことがありますか？」

「再就職先でどう受け入れられましたか？」

「経営破綻と再就職を通じて、人生にどんな感想をもっていますか？」

「会社破綻などに直面したとき、どう生きるべきですか？」

「若いサラリーマンに言いたいことがありますか？」


アンケートの設問は二十問。三日後から、分厚い封書や電子メールが、私の自宅へ次々に届いた。封印していた憤りや仲間への感謝の言葉に加え、人生訓や第二の人生を生き抜いた前向きの知恵がびっしりと書き込まれていた。

中には、杉山元治さんのように書いてきた方もいる。


〈末席とはいえ、経営に参画していた者として、山一證券の顧客、職員及び社会一般に迷惑をおかけしたことは事実です。自責の念から、本件に関しては黙して語らずと心に決めております。どうか心情をおくみいただき、ご海容くださるようお願い致します〉

しかし、これも回答の一つだと考えれば、回答者は十二人中十人に上った。非回答者には、橋詰武敏さんのようにアンケートを送ったときに病床にあり、その後に亡くなった人も含まれていたから、驚異的な回答率と言わなければならない。

「もし、破綻しなければ、山一に勤め続けたかったですか?」という質問に、ほぼすべての人が「勤めたかった」「絶対視していたわけではないが、そうしただろう」と答えた。

私が何度も繰り返したのは、「なぜ、あなたは貧乏くじと思われる仕事を引き受けたのですか?」という問いかけである。

圧倒的に多かったのが、「誰かがやらなければならなかったから」という趣旨の回答であった。

「自分の宿命だった」「そういう定めになっていた」「否応なく自分に回ってきた」。——言葉は様々だが、私はサラリーマンの哀しいほどの律儀さと志操の高さに圧倒された。長澤正夫さんのように、「そのために自分はここにいたのだと思った」という人もいる。

中でも、菊野さんの説明はわかりやすかった。

「自分の母親の介護だったらどうですかな。損か得かはあまり考えず、子供たちの誰かがやるでしょう。どの会社も最期は誰かが看取ってきたんじゃ。どんなサラリーマンにも、そんな気持ちは眠っているんですなあ」

ここに登場する「嘉本一家」の十二人はいずれも平凡なサラリーマンやOLである。それまでは驚くようなことをしたわけではなく、何事もなければ他人に知られることはなかった人々であろう。たまたま企業敗戦という時に、しんがりを務めたために隠れた能力と心の中の固い芯が表れた。

彼らの生き方はサラリーマンの人生の糸をよりあわせたようなものであって、私たちと無縁なものではない。言葉を変えれば、彼らの姿は苦しい時代を生きるあなたにもきっと重なっている。

一年五ヵ月近い再取材を通じて、多くの山一関係者にご協力をいただいた。元取締役の長嶋栄次、元人事部付部長・小森正之、元債券トレーディング部付部長・陳恵珍、営業企画部の谷本有香（現・経済キャスター）、竹崎ひかる、世戸幸子、木崎も恵、文野清美、篠原浩美の各氏には特にお世話になった。山一證券の元社員の半数は女性だ。この本ではあまり掲載できなかったが、彼女たちのその後の人生を描く機会があればと考えている。

最後の社長となった野澤正平氏には、手紙で面談のお願いをしたところ、向こうから電話が掛かってきた。「取材はお断りしています。いまは通院の毎日です」という話だったが、自分から電話を切ろうとはしなかった。

「従業員組合の若者から『社員は悪くないと言ってくれ』と求められたそうですね」と尋ねると、こんな答えが返ってきた。

「そんな意識もあったかもしれませんが、あれはスポーツ選手が頑張ったけどダメだったというような悔しさと、社員と家族、三万人が路頭に迷うことを思うと涙が出てきたんです」

その元社長を含め、ここに取り上げた方々の敬称は本文中では省略させていただいている。事件のカギを握る人物についてはごく一部だが、役員ではなくても実名で記した方もいる。彼らに破綻の責任はないが、債務隠しに重要な役割を演じており、その特異な能力は記録に値すると考えた。出版にあたっては曲折があり、講談社学芸図書出版部の青木肇氏に導かれてここまで来た。この場を借りて深く御礼申し上げたい。

平成二十五年十月

清武英利

文庫版　あとがき

『しんがり』を書き始めて数か月が過ぎ、迷路のようなところに入り込んだ。

「いまさら、山一證券の破綻を取り上げる意味があるのか」

出版社のベテラン編集者がそう言っているというのだ。書き手として独り立ちした翌年のことで、読売新聞グループとの間で片手に余る訴訟を抱えていた。そんな時期、ことさらに「書く意味」を問われ、私は珍しく考え込んだ。

ある日、敬愛する植村直己の『青春を山に賭けて』（文春文庫）を手に取った。あとがきを読み返しているうちに、山は他人のためではなく、自分のために登るものだと思う、という趣旨の一文が目に留まった。チーム登山よりも単独行を好んだ彼は、こう文章を続けている。

〈誰からも左右されない、自分の意志ひとつで行動できる単独行であれば、それが人のためではなく自分のためであればあるだけ、すべてが自分にかえってくる。喜びも、そして危険も〉

当たり前のことなのに、それを読んでずいぶん楽になったことを覚えている。私もある意味で、自分のために書こうとしているのだ。

山一の「しんがり」として戦った嘉本隆正・元常務や菊野晋次・元理事という男たちに、私は確かに惹かれていた。消滅する会社に踏みとどまった彼らの苦痛や屈辱、喜び、心に秘めた固い芯を知りたいと思った。だが、彼らを訪ねて話を聞くことは、そのころの私の喜びであり、慰めでもあった。

嘉本さんはほぼ無給で山一崩壊の真相究明と清算業務にあたった硬骨漢である。彼は私の心の揺れが分かっているようで、どんなときにも丁寧に取材に応じてくれた。そして、「嘉本という人物を多くの人に知ってもらいたい」という私にこんなことを言った。

「私にはさらさらそんな気はありません。どんな意味でも、私を世間に知ってもらうような価値を認めません。恥多き人生ゆえ恐いことですが、良いことも悪いことも客観的に見つめようという、ノンフィクション作家の行動力に敬服あるのみで、その一点でお答えしているのです」

山一崩壊は1997年のことで、関係者の記憶は薄れ、証言や当時の会話は食い違うことがあった。私が悩んでいると、嘉本さんは自宅に仲間たちを集めたり、菊野さんらと集ったりして記憶の糸をたどってくれた。だから、この本の会話の一言ひとことが事実の近似値という自信が私にはある。

そのころには、講談社という新たな受け手と、癖のある編集者が現れていた。しかし、同社から『しんがり　山一證券最後の12人』が出版されると、嘉本さんは私と一定の距離を置くようになった。「私にできることはもうありません」というのである。

昨年、『しんがり』が思いがけず、第36回講談社ノンフィクション賞を受賞した時、真っ先に嘉本さんに電話を入れた。

「授賞式に是非お越しいただけませんか」

すると、嘉本さんはこう言った。

「あれは清武さんの作品ですよ。私の仕事は、社内調査報告書をまとめた時点で終わっています。責任を取るべき山一役員会の末席にもいたので、晴れがましいところはご遠慮したい」

私は事実を書いたけれども、筆者の存在を離れた客観的事実というものは存在しない。嘉本さんには彼なりの、会社を崩壊へと導いた首脳たちにはその人なりの〝事実〟があり、かつての先輩や仲間をもう傷つけたくないという気持ちが嘉本さんにはあったようだ。さらに、旅行の予定も重なって、授賞式に彼の姿はなかった。

今年春になって、『しんがり』をＷＯＷＯＷでドラマ化したいという話があった。

監督や脚本家が12人の主だった人々に話を聞きたいと申し出てきた。嘉本さんにそれを伝えると、予想通りぴしゃりと断られた。

「どんなお話をしたところで、ドラマは一人歩きするものです。私が関わることではありません」

清廉で頑固なリーダーである。その話を菊野さんにすると、「彼らしいなあ」と呵々大笑した。菊野さんは授賞式にも駆け付けてくれた。「よかったな」と肩を叩かれ、「山一戦友会」の仲間になったような気がした。

山一の最後は、こんな硬軟取り混ぜた「後列」の社員たちが看取っている。私も彼らに囲まれていたから、逃げ出さずに書き続けられたのだ。

平成二十七年七月

清武英利

清武英利―1950年宮崎県生まれ。立命館大学経済学部卒業後、75年に読売新聞社に入社。青森支局を振り出しに、社会部記者として、警視庁、国税庁などを担当。中部本社（現中部支社）社会部長、東京本社編集委員、運動部長を経て、2004年８月より、読売巨人軍球団代表兼編成本部長。「清武の乱」直後の2011年11月18日、専務取締役球団代表兼GM・編成本部長・オーナー代行を解任される。現在はジャーナリストとして活動。著書『しんがり　山一證券最後の12人』で2014年度講談社ノンフィクション賞受賞。近著に『切り捨てSONY　リストラ部屋は何を奪ったか』（講談社）ほか。

講談社+α文庫　しんがり
――山一證券 最後の12人
清武英利《きよたけひでとし》

2015年８月20日第１刷発行
2015年12月18日第10刷発行
発行者――――鈴木 哲
発行所――――株式会社 講談社
東京都文京区音羽2-12-21 〒112-8001
電話 編集(03)5395-3522
販売(03)5395-4415
業務(03)5395-3615
デザイン――――鈴木成一デザイン室
本文データ制作――講談社デジタル製作部
カバー印刷――――凸版印刷株式会社
印刷――――豊国印刷株式会社
製本――――株式会社国宝社
落丁本・乱丁本は購入書店名を明記のうえ、小社業務あてにお送りください。
送料は小社負担にてお取り替えします。
なお、この本の内容についてのお問い合わせは
第一事業局企画部「＋α文庫」あてにお願いいたします。
Printed in Japan ISBN978-4-06-281609-0
定価はカバーに表示してあります。